Josh McDowell und Bob Hostetler

Die neue Toleranz

Wie eine kulturelle Bewegung Sie, Ihren Glauben und Ihre Kinder zu zerstören droht

clv
Christliche
Literatur-Verbreitung e.V.
Postfach 11 01 35 · 33661 Bielefeld

1. Auflage 1999

Originaltitel: The New Tolerance
Herausgegeben von Tyndale House Publishers,
Wheaton, Illinois, USA

Postfach 11 01 35 · 33661 Bielefeld
Satz: CLV
Umschlag: Dieter Otten, Gummersbach
Druck und Bindung: Ebner, Ulm

ISBN: 3-89397-271-4

Inhaltsverzeichnis

Kapitel 1: Eine wachsende Bedrohung 7
Kapitel 2: Zwei Arten von Toleranz 15
Kapitel 3: Die Kosten der Toleranz 31
Kapitel 4: Die Folgen der Toleranz 51
Kapitel 5: Die Taktik der Toleranz 65
Kapitel 6: Der vortrefflichere Weg 77
Kapitel 7: Toleranz und Erziehung 97
Kapitel 8: Toleranz und Regierung 117
Kapitel 9: Toleranz und Gesellschaft 133
Kapitel 10: Toleranz und Christenheit 149
Kapitel 11: Scheinen wie Himmelslichter 165

Begriffserklärungen 177
Anmerkungen 179

1 Eine wachsende Bedrohung

Die Borg.

Halb Menschen, halb Maschinen. Eine weit fortgeschrittene Rasse von Schlächtern. Sie greifen ohne Gnade an und assimilieren ihre Opfer ins »Kollektiv«, saugen sie auf in eine einzelne Gruppenideologie, in der alle individuellen Gedanken, Handlungen und Persönlichkeiten verloren sind.

Die Borg leben nicht mit anderen Lebensformen oder Kulturen friedlich zusammen. Sie zerstören alle unterlegenen Einzelpersonen oder Welten, denen sie begegnen, und assimilieren alle anderen – machen sie zu Ihresgleichen. Sie haben kein Gewissen und keine Ethik. Und sie werden nicht aufhören, bis sie alle ihre Feinde zerstört oder assimiliert haben.

Die Borg sind natürlich erdichtet – sie sind die geistreiche Schöpfung der Köpfe, die hinter der beliebten Kinofilm- und Fernsehserie *Star Trek* bzw. *Raumschiff Enterprise* stehen. Doch die Borg haben ein Gegenstück in der unserer heutigen Kultur. Es ist möglich, dass bereits Ihr Freundeskreis, Ihre Schule, Ihre Gemeinde und sogar Ihre Kinder davon infiziert wurden. Vielleicht ist dieses Borg-Gegenstück sogar schon dabei, Ihren eigenen Glauben und Ihr Zeugnis zugrunde zu richten. Und sofern das nicht schon geschehen ist, könnte es bald beginnen, diejenigen zu beeinflussen und zu infizieren, die Sie am meisten lieben. Und es wird nicht aufhören, bis Sie und Ihre Familie vollständig assimiliert sein werden.

Dieses lebensbedrohliche Gegenstück wird »neue Toleranz« genannt, ein einfacher Ausdruck, der eine komplexe moderne Lehre beschreibt.

Die neue Toleranz

Lange Zeit dachte ich, ich wüsste, was Menschen meinten, wenn sie von *Toleranz* sprechen. Aber ich habe seither entdeckt, dass ursprüngliche und heutige Wortbedeutung zwei drastisch verschiedene Dinge sind.

Die heutige Lehre der Toleranz (was ich »neue Toleranz« nenne) geht weit über die Definition der *Toleranz* im Wörterbuch hinaus.

Websters Wörterbuch definiert *tolerieren* als »anerkennen und respektieren [der Glaubensüberzeugungen, Verhaltensweisen usw. anderer] ohne sie zu teilen« und »etwas oder jemanden ertragen oder erdulden, das bzw. den man nicht besonders mag«.[1] Doch dieser Definition entspricht das Wort nicht mehr, zumindest nicht, was die Mehrheit der Menschen und Institutionen betrifft, die es gebrauchen … das ist besonders unter Schülern und Studenten der Fall.

Und die *neue* Toleranz stellt für Sie und für Ihre Familie eine ernste Gefahr dar, wie Sie es anhand des Beispiels Monikas und ihrer Tochter Sherry sehen werden.[2]

Verschiedene Lebensstile

Monika wurde in einer nichtchristlichen, aber liebevollen Familie mit anständigen, strengen Regeln und Richtlinien erzogen. Als eine gute Schülerin und – nach der Meinung ihrer Eltern – »gutes Mädchen« ging Monika im Alter von 18 Jahren ans College. Sie erwarb ausgezeichnete Abschlüsse, war an angesehenen College-Aktivitäten beteiligt und besuchte während der Semesterferien treu ihre Eltern. Dann, in ihrem Examensjahr, teilte sie ihr Zimmer mit einer inbrünstigen Christin, die geduldig Monikas viele Fragen beantwortete, bis Monika schließlich eines Freitagnachmittags ihr Leben Jesus Christus übergab. Sie engagierte sich in einer nahe gelegenen Gemeinde, wo sie bald einen netten gläubigen Mann namens Jack kennen lernte und heiratete. Ein Jahr später stellte sie ihren Eltern deren erstes Enkelkind Sherry vor. Das Leben hätte nicht besser werden können.

Doch als Sherry ins Teenageralter kam, begann sich manches zu verändern. Die Anzeichen waren zuerst nur unterschwellig, aber schließlich mussten Monika und Jack eingestehen, dass ihre Tochter anscheinend viele Werte der Eltern ablehnte. Sie waren beunruhigt, doch sie beteten weiter für Sherry und hofften, dass sie »aus dieser Phase herauswachsen« und zu dem zurückkehren würde, was sie ihr beigebracht hatten. Sie waren erleichtert darüber, dass ihre Tochter trotz der Differenzen mit ihnen nie in die Drogen- oder Alkoholszene abrutschte, wie es bei vielen ihrer Altersgenossinnen der Fall war. Sherry legte ihre Reifeprüfung an der Schule mit Auszeichnung ab und ging auf dieselbe Universität, die ihre Mutter besucht hatte. Dort lernte sie Toni kennen.

»Du wirst ihn lieben, Mama«, erklärte Sherry bei ihrem ersten Heimatbesuch von der Universität aus. »Er ist so süß – um nicht zu sagen brillant. Er ist einfach in jeder Hinsicht erstklassig. Jeder respektiert ihn. Und er behandelt mich wie eine Königin!«

Monika lächelte. »Ich freue mich so für dich«, sagte sie. »Wann werden wir ihn denn kennen lernen?«

»Augenblicklich hofften wir, in den Weihnachtsferien gemeinsam hierher kommen zu können. Natürlich nicht für die ganzen zwei Wochen. Wir möchten einen Teil der Ferien auch bei seinen Eltern verbringen. Aber zumindest lange genug, damit ihr alle einander kennen lernt.«

»Das ist eine wunderbare Idee, Schatz. Dein Papa und ich würden uns sehr freuen. Lasst es uns nur rechtzeitig vorher wissen, an welchen Tagen ihr hier sein werdet, und ich werde das Gästezimmer bereithalten.«

Sherry zögerte. »Sicher, Mama. Aber …« Sie atmete tief durch. »Nun ja, ist das Gästezimmer wirklich nötig? Ich dachte, wir könnten ja gemeinsam in meinem Zimmer übernachten.«

Monikas Augen öffneten sich weit. »Sei nicht dumm. Das geht nicht. Das wäre nicht richtig.«

»Ich hatte mir gedacht, dass du das sagen würdest«, antwortete Sherry. »Ich habe Toni erklärt, wie du und Papa diese Dinge empfinden, aber ich habe ihm versprochen, irgendwie mit euch darüber zu reden. Aber sorge dich nicht. Wir werden eure Empfindungen respektieren und in getrennten Zimmern schlafen, wenn wir hier sind.«

Monikas Herz pochte wie Trommeln in ihren Ohren. »Wenn ihr hier seid? Was meinst du damit, wenn ihr hier seid? Willst du etwa sagen, dass ihr vorhabt zusammen zu schlafen, wenn ihr nicht hier seid?«

»Das tun wir schon, Mama«, erklärte Shelly geduldig. »Wir sind verliebt. Du erwartest doch nicht wirklich, dass wir …«

Monika unterbrach. »Ich erwarte, dass du die Moral und die Werte respektierst, die wir dir dein ganzes Leben lang beigebracht haben.«

»Das tue ich«, entgegnete Sherry. »Darum habe ich zugestimmt, dass wir in getrennten Zimmern schlafen, solange wir hier sind. Aber bei Toni zu Hause oder in der Schule ist es anders.«

Monika schüttelte ihren Kopf. »Willst du etwa sagen, dass Tonis Eltern keine Probleme damit haben, wenn ihr in ihrem Haus zusammen schlaft?«

»Nein, Mama, sie haben keine Schwierigkeiten damit. Schließlich haben nicht alle die gleichen Ansichten darüber wie ihr, wie du weißt.«

Monika schüttelte ihren Kopf. »Ich weiß das«, sagte sie und wischte sich eine Träne von ihrer Wange. »Aber ich war mir sicher, du teiltest diese Ansicht.«

Sherry erhob sich aus dem Schaukelstuhl und hockte sich auf die Couch an die Seite ihrer Mutter. »Mama, in vieler Hinsicht teile ich wirklich eure Ansichten. Du und Papa, ihr habt mir eine Menge beigebracht. Aber manche Dinge muss ich für mich selbst entscheiden. Für dich und Papa wäre es falsch gewesen, vor eurer Heirat zusammen zu leben. Aber ich empfinde das nicht so. Ich wünschte, du könntest das verstehen. Du hast dein Wertsystem und ich habe meines. Dass sie verschieden sind, bedeutet nicht, dass eines richtig und das andere falsch ist und es bedeutet nicht, dass wir nicht die Meinung des anderen respektieren könnten. Darum geht es doch nur. Wir müssen unterschiedliche Wertsysteme respektieren und achten – deines, meines und das jedes anderen – so wie wir unser eigenes achten und respektieren. Alles andere wäre intolerant. Wir können unsere Werte oder Überzeugungen nicht anderen Menschen aufzwingen. Das ist einfach nicht richtig. Kannst du nicht bitte versuchen, das zu verstehen?«

Monika unterdrückte ein Schluchzen. »Ich weiß nicht, Schatz«, sagte sie. »Ich weiß einfach nicht.«

Eine breite Kluft

Shelly war der neuen Toleranz zur Beute gefallen. Und ihre arme Mutter wurde von der Denkweise ihrer Tochter verwirrt. Doch gerade das ist die Kluft, welche die neue Toleranz zwischen vielen Eltern und Kindern schafft – eine Kluft, wegen der Eltern oft ihre Köpfe schütteln und sich fragen, wo sie verkehrt liegen (diese Kluft wird in Kapitel 2 näher erklärt werden).

Die Gefahren der neuen Toleranz hören hier jedoch nicht auf. Selbst wenn Ihre geliebten Angehörigen unter dem Sirenengesang der neuen Toleranz nicht zusammenbrechen, bringt die neue Toleranz immer noch viele gefährliche, bedrohliche Auswirkungen für Sie, Ihre Familie und Ihre Gemeinde mit sich. Sie wird Sie heftiger Kritik aussetzen. Wegen der neuen Toleranz werden Sie vor Gericht in manchen Fällen den Kürzeren ziehen. Die neue Toleranz bringt Sie vielleicht sogar um ihren Arbeitsplatz.

Sehen wir uns nur den Fall von Jerrold Warner an. Als Professor an einem College in Arizona hatte Warner jedes Jahr herausragende Kritiken erhalten, bis er sich in der Christlichen Studentenunion auf dem Campus engagierte. Doch nachdem er im Campus-Bereich Ankündigungen für ein Video mit dem Titel *Amerika in Gefahr* ausgehängt hatte, das bei einer Veranstaltung der Christlichen Studentenunion gezeigt werden sollte, verlangte sein Dekan die Entfernung der Poster noch vor dem Ereignis. Damit nicht genug wurde Warner auch informiert, dass es ihm nicht länger gestattet sei, in seinem Unterrichtsraum Treffen der Christlichen Studentenunion ohne vorherige Erlaubnis vom Konrektor auszurichten, obwohl andere Fakultäten regelmäßig Clubtreffen ohne eine solche vorherige Erlaubnis ausrichteten – wie Warner zuvor auch.

Doch Warners Probleme hörten hier nicht auf. Im März 1995 erhielt der Professor eine Mitteilung, dass sein Vertrag nicht verlängert würde. Er war tatsächlich gefeuert.

»Bevor Herr Warner mit der Christlichen Studentenunion zu tun hatte«, sagte der Rechtsanwalt James Mueller, der auf die Verteidigung der Religionsfreiheit spezialisiert ist, »waren seine Bewertungen als Angestellter extrem hoch, und er erhielt das Prädikat ›die Erwartungen übertreffend‹ eingestuft. Die nicht erfolgte Verlängerung seines Arbeitsvertrages scheint in direkter Beziehung zu stehen mit seiner Arbeit für die Christliche Studentenunion.«[3]

Warum wurde das Beschäftigungsverhältnis eines Universitätsprofessors wegen seiner Unterstützung einer christlichen Organisation beendet? Aufgrund einer neuen Definition von Toleranz.

Oder denken wir an den Fall von Beverly Schnells. Frau Schnell suchte einen Mieter, der ihr als Gegenleistung für eine niedrige Miete dabei helfen sollte, ihr 100 Jahre altes Haus zu renovieren. Als Christin hoffte sie, diese Aufgabe einem zuverlässigen, reifen Mitchristen anvertrauen zu können, sodass sie eine Kleinanzeige aufgab, »christlicher Heimwerker gesucht«.

Ihre Annonce provozierte Regierungsbeamte, aktiv zu werden. Ihre einfache Anzeige war ein klarer Fall sexueller und religiöser Diskriminierung, so verfügten sie. Statt der sechs oder acht Dollar, die die meisten Kleinanzeigen kosten, schlug Beverly Schnells Annonce mit 8000 Dollar zu Buche – für Bußgelder und Gebühren, die ihr von der staatlichen Bürokratie auferlegt wurden.[4]

Doch diese neue Definition von Toleranz stellt nicht nur eine potentielle Bedrohung für Sie dar; sie stellt auch Ihre Kinder in eine gefährliche und möglicherweise schädliche Position. Vielleicht fragen Sie sich, wie Vorfälle wie die folgenden überhaupt von einer so genannten »Toleranz« veranlasst werden konnten, weil diese »Toleranz« so intolerant erscheinen. Aber sie alle haben unmittelbar mit dem Aufstieg der neuen Toleranz zu tun.

Shannon Berry, ein Erstklässler an einer Grundschule in Florida, begann während der Pause mit einer Klassenkameradin über ihren gemeinsamen Glauben an Jesus Christus zu sprechen. Ein Lehrer, der das Gespräch mithörte, nahm beide zur Seite und rügte sie, indem er ihnen einschärfte, dass sie »in der Schule nicht über Jesus sprechen dürfen«.[5]

Ein ähnlicher Vorfall ereignete sich im US-Bundesstaat New York, als ein Lehrer einer dritten Klasse ein Mädchen am Bibellesen während der Pausen hinderte. Dem weinenden Kind wurde gedroht und ihm gesagt, dass es das verbotene Buch nie wieder zur Schule mitbringen dürfe.[6]

Der Viertklässler Raymond Raines beging den Fehler, seinen Kopf vor dem Mittagessen zu neigen, um ein stilles Gebet zu sprechen. Sein Verhalten führte jedoch dazu, dass er ins Büro des Rektors gehen und sich dort eine Verwarnung einholen musste: Wenn er wieder – auch still – zu beten versucht, wird er bestraft.[7]

Solche Erfahrungen sind nicht auf junge Kinder oder auf öffentliche Schulen begrenzt. Ein 14-jähriges Mädchen kam im Geschichtsunterricht in ihrer konfessionellen Schule in Probleme. Die Klasse wurde aufgefordert, eine Verfassung für ein fiktives Land zu schreiben. Die Diskussion entwickelte sich zu einer Debatte, als das Mädchen sich höflich gegen den Vorschlag aussprach, die Verfassung solle die Freiheit der sexuellen Präferenz enthalten und daran festhielt, dass sexuelle Präferenz keine spezielle Erwähnung in der Verfassung verdiene. Fast umgehend wurde sie von einer Klassenkameradin unterbrochen, die sagte: »Du bist eine Frömmlerin!« Der Lehrer schritt ein, um weiteren Beschimpfungen zuvorzukommen, doch der Schaden war bereits angerichtet; die Eltern des 14-jährigen Mädchens mussten ihr fortan helfen, mit dem unverdienten Etikett fertig zu werden, das ihre Klassenkameradin ihr verpasst hatte.

Vor einigen Jahren fragte ich meine Tochter Katie, ob sie sich fürchtete, in der Schule mit irgendwelchen Namen beschimpft oder abgestempelt zu werden. Ihre Antwort überraschte mich. Sie antwortete sofort, dass sie sich fürchtete, »intolerant« genannt zu werden. Dieses Etikett war genug, um Furcht im Herzen meiner jugendlichen Tochter zu erregen.

Christliche Kinder und Jugendliche in Nordamerika – und in der ganzen Welt – erleben und erleiden immer wieder eine derartige Behandlung. Warum? Aufgrund der neuen Definition von Toleranz.

Nicht nur Sie und Ihre Familie stehen in Gefahr, infolge dieser Bedrohung wird sich auch Ihre Gemeinde wachsender Opposition und Verfolgung gegenüber sehen (sofern nicht bereits geschehen).

Eine Stadt in Illinois erließ eine Verordnung, die private Zusammenkünfte mit mehr als drei Personen gleichzeitig verbietet (wozu auch Hausbibelkreise und Hausgemeinden, Bibelstudiengruppen und Gebetstreffen gehören).[9]

Der Pastor einer Gemeinde in Pennsylvania wurde von einem früheren Mitglied mit einem Prozess bedroht, das wegen seiner homosexuellen Lebensweise aus der Gemeinde ausgeschlossen worden war.[10]

Und eine Gemeinde in Pennsylvania erhielt die Mitteilung, dass ihr Gemeindeeigentum öffentlich verkauft werde, um damit Schulsteuern zu bezahlen. Die Gemeinde verlor 1994 ihren steuerfreien Status, als der Stadtrat den steuerfreien Status aller protestantischen Kirchen und gemeinnützigen Organisationen aufhob.[11]

Diese Dinge geschehen nicht nur heute; sie werden wahrscheinlich wegen der neuen Definition der *Toleranz* in den kommenden Monaten und Jahren mit größerer Häufigkeit und Intensität auftreten.

Verhängnisvolle kulturelle Veränderungen

Während Sie diese Zeilen lesen, erlebt die Gesellschaft um Sie her den vielleicht schnellsten, verhängnisvollsten kulturellen Umschwung der Menschheitsgeschichte, den der Autor Dennis McCallum bezeichnet als »eine kulturelle Metamorphose, die mittels der Ausbreitung über Schulwesen, Film, Fernsehen und andere Medien ausgebreitet wird und so jeden Bereich des alltäglichen Lebens verwandelt«[12]. Es ist eine so gewaltige Veränderung, dass ihre Folgen irrsinnig sind. Am allerbeängstigsten ist, dass die meisten Christen sie anscheinend gar nicht mitbekommen. Folglich werden wir womöglich in nicht allzu ferner Zeit in einer Kultur aufwachen, die nicht nur unempfänglich für das Evangelium ist, sondern der Gemeinde und dem Evangelium Christi öffentlich feindlich gegenüber tritt – einer Kultur, in der die Verkündiger des Evangeliums als verbohrte Fanatiker etikettiert werden, einer Kultur, in der man Christenverfolgung nicht nur erlauben, sondern ihr applaudieren wird. Und alles wird in direkter Beziehung zur »neuen Toleranz« stehen.

»Wie kann das möglich sein?«, fragen Sie vielleicht. »Wie kann etwas, das ›Toleranz‹ genannt wird, Feindschaft hervorbringen? Wie kann ›Toleranz‹ mich, meine Kinder und meine Gemeinde schikanieren? Wie kann ein anscheinend wohlwollendes Anliegen wie das der Toleranz in Unterdrückung und Verfolgung enden?«

Das nächste Kapitel legt das Problem mit der Toleranz offen.

⇒ assimilieren

2 Zwei Arten von Toleranz

Von Jiddisch sprechenden Juden bis hin zu Mandarin sprechenden Chinesen: Während des 19. Jahrhunderts kamen Einwanderer in beträchtlichen Mengen auf dem nordamerikanischen Kontinent an. Viele der Neuankömmlinge sprachen wenig oder überhaupt kein Englisch und die ältere Generation neigte dazu, hartnäckig an der Muttersprache festzuhalten. Aber in der Schule, auf Spielplätzen und in der Nachbarschaft lernten die Kinder der Einwandererfamilien oft ganz schnell Englisch.

Die Folge war, dass viele Einwandererfamilien neben den vielen Umstellungen im Leben in der so genannten Neuen Welt auch noch mit einem neuen Dilemma konfrontiert waren: Die Kinder sprachen eine andere Sprache als die Eltern – eine Situation, die manchmal Verwirrung, Stress, Missverständnis oder Streit zur Folge hatte.

Eine ähnliche Situation besteht auch heute. Viele Eltern sind sich nicht darüber im Klaren, dass ihre Kinder eine andere Sprache sprechen. Bis zu einem bestimmten Ausmaß ist dies immer so gewesen; die saloppe Umgangssprache und Redeweise der Jugend haben viele Elterngenerationen nacheinander verwirrt, seit der Zeit Mark Twains genau wie zuvor. Doch die Sprachunterschiede zwischen Eltern und Kind heute sind viel gefährlicher als jugendlicher Jargon. Die beiden Sprachen *klingen* zwar gleich, aber die Worte der Kinder *bedeuten* nicht immer dasselbe wie die gleichen Worte, die die Eltern gebrauchen. Vielleicht merken Sie es gar nicht, doch diese Situation kann sogar in *Ihrem* Haus, unter Ihren eigenen Familienmitgliedern bestehen, wie die folgende Geschichte veranschaulicht.

Mein verbohrter Vater

Die Tür knallte zu. »Hei, Mama«, rief der 16-jährige Matt und marschierte schnurstracks auf den Küchenschrank zu. »Ich hab' voll den Kohldampf!«

Nancy lächelte. »Wie war dein Tag?«, fragte sie.

Matt zuckte die Achseln und griff nach der Keksdose. »Nicht schlecht«, antwortete er. »Wie immer.« Mit einer Handvoll Kekse drehte er sich und ging Richtung Küchentür. »Ich muss lernen; morgen schreiben wir einen Test«, sagte er über seine Schulter.

»Oh?« Nancy hob ihre Augenbrauen. »In welchem Fach?«

»Sozialkunde«, antwortete er und drehte sich etwas, um sie anzusehen. »Wir haben die letzten paar Tage über Toleranz gesprochen und heute Morgen kündigte Herr Johnson an, dass wir morgen einen Test schreiben über das, was wir zum Thema gelernt haben.«

»Toleranz. Das ist schön«, sagte sie und wandte sich an ihre Spüle voll schmutzigen Geschirrs zurück. »Sag mir Bescheid, wenn du irgendwie Hilfe brauchst.«

Am nächsten Samstag befreiten Nancy und ihr Mann Chuck mit Matt zusammen den Garten vom Herbstlaub. Als sie harkten und Blätter einsammelten, kam ihr Nachbar Jim herüber und gesellte sich zu ihnen.

»Wenn ihr hier fertig seid, habe ich noch einen Rasen zum Harken für euch«, sagte Jim mit einem Lachen und nickte in Richtung seines Grundstücks.

Alle lachten, nur Matt schüttelte den Kopf. »Nein, danke«, sagte er. »Ein Garten reicht!«

»Im Ernst, Chuck«, sagte Jim, »ich wollte wissen, ob ich am Montag mal dein Laubgebläse ausleihen könnte. Ich habe den Tag frei und werde einen Arbeitstag im Garten einlegen.«

»Sicher, kein Problem. Wie kommt es, dass du am Montag frei hast?«

»Es ist der Feiertag der Schwulen«, erklärte Jim. »Wir alle bekommen den Tag frei.«

»Du machst wohl Witze! Sie schließen euer Büro für diesen Schwulen-Umzug?«

»Nun, das Management ist heute empfindlich für solche Sachen. Natürlich ist das nicht mein Ding«, fügte Jim schnell hinzu, »aber ich freue mich über die freie Zeit.«

Chuck schüttelte seinen Kopf. »Ich kann es nicht fassen. Man fragt sich wirklich, wo diese Welt hinkommen kann.«

»Leben und leben lassen, das hab ich doch schon immer gesagt«, meinte Jim.

Chuck rang mit den Händen. »Oh, versteh mich nicht falsch. Ich habe nichts persönlich gegen sie. Ich mag nur nicht, dass sie ihren Lebensstil dem Rest der Gesellschaft aufdrängen, mit ihren roten Bändern und Schwulen-Umzügen und der Forderung nach Schwulenrechten …«

»Ja«, sagte Jim, »aber hast du je einmal darüber nachgedacht, dass sie vielleicht nicht so extrem aufdringlich wären, wenn mehr Menschen sie so akzeptieren würden, wie sie sind?«

»He, warte mal«, konterte Chuck. »Ich sagte nicht, dass ich sie als Menschen nicht akzeptieren könnte. Ich bin nur mit ihrem Lebensstil nicht einverstanden. Homosexualität ist falsch. Wir sollten sie nicht feiern, das darf doch wohl nicht wahr sein.«

»Aber ihre Lebensweise steht für ihre Identität«, argumentierte Jim. »Sie möchten nur sie selbst sein, ohne dass Leute sie verurteilen und verdammen.« Er unterbrach und lächelte. »Wie dem auch sei – kann ich heute Abend kommen und dein Laubgebläse holen?

Chuck lächelte ebenfalls und nickte. »Auf jeden Fall.«

»Danke«, sagte Jim im Weggehen. »Bis später dann.«

Erst als Jim wieder im Haus war, bemerkte Chuck, dass sein Sohn ihn anstarrte.

»Ich kann es nicht fassen, Papa«, sagte Matt mit finsterem Blick und bestürztem und anklagenden Ton.

»Was?«, antwortete Chuck. »Was meinst du?«

»Mir sagst du immer, dass wir ein Zeugnis für die Leute sein sollen, dass wir ein gutes Beispiel für Christsein vorleben müssen, und dann redest so mit unserem Nachbarn?«

Chuck war schockiert. »Wovon sprichst du? Alles, was ich sagte, war …«

»Alles, was du sagtest, war«, unterbrach Matt, »dass Menschen nicht das Recht haben sollen, zu leben und zu glauben, wie und was ihnen gefällt. Aber geht es im ganzen Christentum nicht gerade darum? Menschen so zu lieben und zu akzeptieren, wie sie sind? Sagt es nicht auch die Goldene Regel so – andere so behandeln, wie du selbst von ihnen behandelt werden willst? Möchtest du nicht mit Respekt behandelt werden? Wenn ja, dann musst du andere Menschen genauso behandeln.«

Chuck war platt. Noch nie hatte sein Sohn so mit ihm gesprochen. »Natürlich muss ich andere Menschen mit Respekt behandeln«, sagte er. »Das tue ich. Aber das bedeutet nicht, dass ich mit ihrem Glauben übereinstimmen und ihre Lebensweise unterstützen muss. Das ist ein Unterschied.«

»So?«, fragte Matt. »Was denn für ein Unterschied? Kannst du wirklich sagen, du akzeptierst und respektierst jemanden, wenn du seinen Glauben als falsch und seinen Lebensstil als unmoralisch abstempelst? Denk mal nach, Papa. Es macht einfach keinen Sinn. Wie kannst du dich Christ nennen und so intolerant sein? Fordert die Bibel uns nicht auf, gerade nicht so zu sein?

»Du verstehst nicht, Matt«, fuhr Chuck fort. »Es ist nicht intolerant, Menschen zu sagen, was die Bibel über ihre Lebensweise sagt. Du weißt, was ich schon so oft gesagt habe: ›Hasse die Sünde, aber liebe den Sünder.‹ Mehr will ich gar nicht sagen.«

Matt schüttelte seinen Kopf. »Was bist du altmodisch, Papa. Du bist total selbstgerecht und richtend. Du hörst dich an wie einer der Pharisäer in der Bibel, über die sich Jesus immer aufgeregt hat. Wenn Glauben und Lebensstil von jemanden sich nicht mit deinen Auffassungen decken, hast du Recht und sie sind falsch. Wenn das nicht intolerant ist, dann weiß ich nicht, was überhaupt intolerant ist!«

Matt wandte sich seiner Mutter zu, die mit offenem Mund neben ihnen stand, und sagte zu ihr: »Ich kann es nicht glauben. Mein eigener Vater – so verbohrt.« Er warf seine Harke hin und stürmte ins Haus.

Ein Wort, zwei Bedeutungen

Was verursachte Chucks Bestürzung und Matts Ausschreitung nach dem Gespräch mit dem Nachbarn? Genau dies: Chuck und Matt gebrauchten dasselbe Wort, um zwei völlig verschiedene Vorstellungen auszudrücken. Genau aus diesem Grund sind christliche Eltern, Lehrer und Pastoren in Gesprächen oft hilflos – oder verstehen nicht, was ihre Kinder, die Kollegen, die Schule, die Regierung und die Gesellschaft meinen, wenn sie das Wort *Toleranz* gebrauchen. Und das Ergebnis ist nicht nur Verwirrung; bei vielen jungen Leuten aus christlichen Familien wurde der Glaube an den einen wahren Gott untergraben oder sogar zerstört worden, wie bei Matt – und sogar bei vielen Erwachsenen.

Traditionelle Toleranz

Wie wir in Kapitel 1 erwähnt haben, geht die heutige Lehre der »neuen Toleranz« weit über die traditionelle Definition des Wortes hinaus.

Websters Wörterbuch definiert *tolerieren* als »anerkennen und respektieren [des Glaubens, Verhaltens usw. von anderen] ohne sie zu teilen« und »etwas oder jemanden tragen oder erdulden, das bzw. den man nicht besonders mag«.[1] Diese Haltung ist im Grunde das, was

Paulus in 1. Korinther 13,7 ausdrückte, als er sagte, dass die Liebe »alles erduldet«.

Die Bibel sagt: »Seid gegeneinander gleich gesinnt … Wenn möglich, so viel an euch ist, lebt mit allen Menschen in Frieden!« (Römer 12,16.18). Wir werden aufgefordert, einander aufzunehmen, wie auch der Christus uns aufgenommen hat, »zu Gottes Herrlichkeit« (Römer 15,7).

Das Wort Gottes zeigt klar, wie Christen sich untereinander und gegenüber Außenstehenden verhalten sollen:

> … mit aller Demut und Langmut, einander in Liebe ertragend (Epheser 4,2).
>
> Seid aber zueinander gütig, mitleidig, und vergebt einander, so wie auch Gott in Christus euch vergeben hat (Epheser 4,32).
>
> Ertragt einander und vergebt euch gegenseitig, wenn einer Klage gegen den anderen hat; wie auch der Herr euch vergeben hat, so auch ihr (Kolosser 3,13).
>
> Lasst uns also nun, wie wir Gelegenheit haben, allen gegenüber das Gute wirken, am meisten aber gegenüber den Hausgenossen des Glaubens (Galater 6,12).

Die traditionelle Toleranz ist vollkommen mit diesen biblischen Geboten vereinbar, denn das traditionelle Verständnis der *Toleranz* bedeutet,

- die legitimen Rechte anderer Menschen zu respektieren und zu schützen, sogar von solchen Menschen, mit denen man nicht übereinstimmt oder die anders sind als man selbst. In einem passiven Sinne bedeutet traditionelle Toleranz: »Jeder hat ein Recht auf seine eigene Meinung.« Im aktiven Sinne war es die traditionelle Toleranz, die Christen (und andere) befähigte, im Amerika des 19. Jahrhunderts für die Abschaffung der Sklaverei zu kämpfen, Juden unter Hitler vor den Nazis zu beschützen und zu Führern in der frühen Bürgerrechtsbewegung in den USA und anderswo zu werden.
- andere Sichtweisen, Kulturen und Hintergründe anzuhören und zu respektieren. Ein christlicher Jugendlicher, der respektvoll an der Bar-Mizwa-Feier eines Klassenkameraden teilnimmt, demonstriert traditionelle Toleranz, ebenso wie eine Frau aus dem Westen,

die ihre Schuhe auszieht, wenn sie ein japanisches Haus betritt, oder ein Universitätsstudent, der aufmerksam zuhört, wenn ein Austauschstudent sein Heimatland sowie dessen Kultur und Religion beschreibt.

- im Frieden mit anderen zu leben, trotz mancher Unterschiede. Die Bibel sagt: »Jagt dem Frieden mit allen nach« (Hebräer 12,14); dem Volk Gottes wird geboten, den Frieden zu suchen (Psalm 34,15); zum Frieden zu raten (Sprüche 12,20); Friedensstifter zu sein (Matthäus 5,9) und dem Frieden nachzujagen (1. Petrus 3,11). Das erfordert nicht, göttliche Grundsätze zu opfern, um Frieden zu erreichen, sondern vielmehr: »Wenn möglich, so viel an euch ist, lebt mit allen Menschen in Frieden!« (Römer 12,18).
- andere Menschen zu akzeptieren, ungeachtet ihrer Rasse, Nationalität, ihrem Glaubensbekenntnis oder Geschlecht. Immerhin sprach Jesus (obwohl er ein Jude war), freimütig und respektvoll mit einer samaritischen Frau[2], aß mit Steuereintreibern[3] und berührte sogar Aussätzige[4] (das alles war für jüdische Männer seiner Zeit striktes Tabu). Als er von einer kanaanäischen Frau bedrängt wurde (die Kanaanäer waren historische Feinde des jüdischen Volkes und beteten Baal, Dagon und andere Götter an), lobte Jesus ihren Glauben und heilte ihre Tochter.[5] Traditionelle Toleranz zeigt diese Art der liebevollen Annahme von Menschen als Individuen (während diese Toleranz nicht unbedingt deren Glauben oder Verhalten akzeptiert).

Die traditionelle Toleranz schätzt, respektiert und akzeptiert den Menschen, *ohne notwendigerweise* seinen Glauben oder sein Verhalten gutzuheißen oder daran teilzuhaben. Traditionelle Toleranz unterscheidet zwischen dem, was eine Person denkt oder tut und der Person selbst. Doch die heutige Definition – das Prinzip, das unseren Kindern in der Schule oder durch die Medien beigebracht wird – ist völlig anders.

Die neue Toleranz

Ich schätze, dass in etwa 80% der Fälle, wo man heute das Wort Toleranz außerhalb von Kirchenmauern hört – von Lehrern, Nachrichtensprechern, Politikern, Aktivisten, Prominenten und vielleicht sogar von den eigenen Kindern –, nicht traditionelle Toleranz, sondern die von uns so genannte *neue Toleranz* gemeint ist.

Die neue Toleranz *klingt* zwar wie traditionelle Toleranz, aber sie ist ganz anders. Wie Stanley J. Grenz in seinem Buch *A Primer on Postmodernism* (»Eine Einführung in Postmodernismus«) herausstellt, gründet sich diese neue Toleranz auf die unbiblische Ansicht, dass »Wahrheit relativ ist für die Gemeinschaft, an der jemand teilhat. Und da es viele menschliche Gemeinschaften gibt, gibt es notwendigerweise viele verschiedene Wahrheiten.«[6]

Don Closson (Probe Ministries) führt über die neue Toleranz aus: »Weil es mehrere Beschreibungen der Wirklichkeit gibt, kann nicht eine Meinung in einem letzten Sinne wahr sein. Weil die Wahrheit durch Sprache beschrieben wird und alle Sprache von Menschen geschaffen worden ist, ist alle Wahrheit von Menschen geschaffen worden.«[7]

Geben Sie an dieser Stelle besonders Acht, weil es entscheidend ist, das Ergebnis dieses unbiblischen Gedankenganges zu verstehen. Wenn alle Wahrheit von Menschen geschaffen ist und alle Menschen »in Gleichheit erschaffen« sind (wie die amerikanische Unabhängigkeitserklärung besagt), was ist dann logischerweise der nächste Schritt? Dieser: Alle »Wahrheit« ist gleich.

Der spanische Philosoph Fernando Savater behauptet in seinem neuesten Buch *El Mito Nacionalista*:

> Toleranz … die in Mode gekommene Lehre, heißt, dass alle Meinungen gleich sind. Jede hat ihren Kernpunkt, und alle sollten respektiert oder gelobt werden. Das heißt, dass es keinen rationalen Weg gibt, zwischen ihnen zu unterscheiden.[8]

Oder, wie Thomas A. Helmbock erklärt, der amtierende Vizepräsident der nationalen Lambda Chi Alpha Bruderschaft:

> Die Definition der neuen … Toleranz lautet, dass die Überzeugungen, Werte, der Lebensstil und die Wahrnehmung von Wahrheit bei jedem Einzelnen gleich sind. Es gibt keine Hierarchie der Wahrheit, Ihre Überzeugungen und meine Überzeugungen sind gleich und alle Wahrheit ist relativ.[9]

Begreifen Sie die Bedeutung? Die neue Toleranz wird als die Ansicht definiert, dass alle Werte, Überzeugungen, Lebensstile und Wahrheitsansprüche gleich seien. Nach den Worten von Edwin J. Delattre, dem

Dekan der Pädagogischen Fakultät an der Universität Boston, beinhaltet die neue Toleranz »die Erhebung aller Werte und Überzeugungen auf eine Position, die der gleichen Achtung würdig ist«.[10]

Sogar die amerikanischen Gerichte haben dieser Definition der neuen Toleranz beigepflichtet, indem sie (mit den Worten des Richters Danny Boggs vom US-Revisionsgericht) erklärten, dass nicht nur »Anhänger aller Glaubensbekenntnisse gleiche Rechte als Bürger verdienen«, sondern dass »jeder Glaube als Religionen gleich wahr«[11] sei.

Die traditionelle Toleranz besagte, dass jeder ein gleiches Recht hat, zu glauben oder zu sagen, was er für richtig hält. Doch im Gegensatz dazu sagt die neue Toleranz – und diese Überzeugungen werden unseren Kinder beigebracht –, dass der Glaube oder die Überzeugung jedes Einzelnen gleich richtig und gleich wahr sei. So hat nicht nur jeder ein gleiches Recht auf seinen Glauben, sondern alle Glaubensauffassungen sind gleich. Alle Werte sind gleich. Alle Lebensstile sind gleich. Alle Wahrheitsansprüche sind gleich.

Aber es sind *nicht* alle Werte, Glaubensauffassungen, Lebensstile und Wahrheitsansprüche gleich. So drückt es Edwin J. Delattre aus:

> [Nicht alle Werte, Glaubensauffassungen, Lebensstile und Wahrheitsansprüche] verdienen es, um ihrer selbst willen, ohne Berücksichtigung … des Inhalts … geachtet zu werden. Die Werte des Ku Klux Klan verdienen keine Achtung; ebenso wenig diejenigen irgendeiner anderen rassisch, geschlechtlich oder ethnisch vorherrschenden Gruppe. Auch schulden wir den Werten und Auffassungen der organisierten Verbrechenskartelle, die in den USA operieren, keine Achtung. Wir schulden den Werten zahlloser anderer Einzelpersonen und Gruppen keine Achtung, von denen man sich leicht vorstellen kann, dass sie nach Macht hungern und diese Macht ungeachtet jeder moralischen Erwägung einsetzen.[12]

Die Bibel macht deutlich, dass alle Werte, Religionen, Lebensstile und Wahrheitsansprüche *nicht* gleich sind. Sie lehrt, dass der Gott der Bibel der wahre Gott ist (Jeremia 10,10), dass alle seine Worte wahr sind (Psalm 119,160) und dass etwas falsch ist, wenn es *aus Gottes Sicht* nicht richtig ist (5. Mose 6,18). Das ist nicht nur die Ansicht der hebräischen, christlichen oder westlichen Kultur; es ist die in Gottes Wort geoffenbarte Wahrheit, die dem Gott entspricht, der über alle Kulturen herrscht.

Leben und leben lassen?

Eine besorgte Mutter sandte mir eine kurze Notiz, nachdem ich bei einer Konferenz in ihrer Gegend über die neue Toleranz gesprochen hatte. Sie schrieb:

> Ich besuchte kürzlich eine Hochzeit in Dallas und die meisten der Leute dort waren in den Zwanzigern. Und ich wollte Ihnen schreiben, dass das, was Sie heute Morgen über Toleranzbegriffe gesagt haben, genau meinen Erfahrungen entsprach …
>
> All die jungen Leute dort waren nette, sehr gebildete Menschen, die nicht nur sehr gute Berufe mit besten Zukunftsaussichten hatten, sondern sehr freundliche, herzliche und liebevolle Leute waren.
>
> Ich sagte zu meiner Tochter: »Ich möchte, dass du absolut ehrlich zu mir bist, weil ich hier heute etwas sehe. Ich sehe, dass die Leute hier alles nette, freundliche und intelligente Menschen sind, die es in ihrem Leben zu etwas bringen, und doch leben sie [als unverheiratete Männer und Frauen] zusammen und denken sich nichts dabei. Sie haben absolut keine Skrupel … Was geht da vor?«
>
> Meine Tochter ist 24 und was sie mir sagte, schockierte mich. Sie sagte: »Mama, du verstehst nicht. Meine Generation ist anders als deine Generation. Meine Generation ist toleranter. Sie sagen: »Lasst die Menschen so leben, wie sie leben möchten.« Wir entscheiden selber, was richtig und was falsch ist – und jedem anderen überlassen wir diese Entscheidung ebenso.[13]

Solche Ansichten sind heute keine Ausnahme, selbst unter christlichen Kindern. Eine umfangreiche Studie zeigte, dass die Mehrheit der Kinder (57%) in evangelikalen Kirchen bereits glaubt, was die neue Toleranz lehrt: Was für den einen Menschen falsch ist, ist für jemand anders nicht unbedingt falsch.[14] Und es wird immer schlimmer: Neue Untersuchungen zeigen: Einerseits glauben zwar weniger als die Hälfte der Menschen im Rentenalter, dass es »keinen unveränderlichen ethischen Maßstab für Recht und Unrecht« gebe, doch andererseits vertreten *fast vier Fünftel* der 18- bis 34-Jährigen diese unbiblische Ansicht.[15] Es ist deutlich, dass die neue Toleranz wachsende Anerkennung unter jeder neuen Generation junger Leute findet. Und wenn Sie heute Eltern sind, können Ihre Kinder den Ergebnissen der Forschung zufolge durchaus in der drohenden Gefahr stehen, die gefährliche Lehre der neuen Toleranz anzunehmen.

Hipp, hipp, hurra?

Und der Einfluss dieser gefährlichen Lehre geht noch weiter. Weil die neue Toleranz lehrt, dass alle Religionen, Werte, Lebensstile und Wahrheitsansprüche gleich sind, genügt es für Sie (oder für Ihre Kinder) nicht, »leben und leben zu lassen«. Es genügt für Sie nicht, das Recht eines anderen Menschen einzugestehen, dass er glauben oder sagen kann, was er für richtig hält. Es genügt für Sie nicht, einem anderen Menschen einzuräumen, dass er mit Ihrem Glauben oder Verhalten nicht übereinstimmen braucht.

Um wirklich tolerant zu sein, müssen Sie (nach der Lehre der neuen Toleranz) damit übereinstimmen, dass die Einstellung eines anderen Menschen *im gleichem Maße gültig ist wie Ihre eigene.* Um wirklich tolerant zu sein (sagen die Vertreter der neuen Toleranz), müssen Sie *andere Glaubensauffassungen und Verhaltensweisen* gutheißen, ihnen zustimmen und sie aufrichtig unterstützen.

Wie wirkt sich dies auf die Wahrheitssicht Ihres Kindes aus? Es untergräbt das ganze Wesen und die Bedeutung absoluter Wahrheit. Wenn Ihr Kind die Meinung annimmt, Menschen mit anderem Glauben und Lebensstil zu akzeptieren bedeute, diesen Glauben und Lebensstil als gleich zu betrachten, dann muss folglich jeder Begriff von absoluter Wahrheit gleichsam zum Fenster herausgeworfen werden – und damit jeder Gedanke, dass es ein objektives Recht und Unrecht gibt, das auf alle Menschen, alle Zeiten und alle Orte anzuwenden ist. Und wer nicht mehr an absolute Wahrheit glaubt, wird seinen moralischen Kompass verlieren, seine Fähigkeit, zwischen Recht und Unrecht zu unterscheiden. Und das Kind (oder der Erwachsene) der nicht zwischen Recht und Unrecht unterscheiden kann, wird keine Kraft haben, um der Versuchung zu widerstehen und sich für das Richtige zu entscheiden.

Dieses Programm, alle Glaubensauffassungen und Verhaltensweisen gleich wahr und löblich zu machen, wird deutlich, wenn Sie genau zuhören, was die Befürworter der neuen Toleranz sagen. Zum Beispiel schreibt Dr. James Banks in seinem Buch *An Introduction to Multicultural Education* (»Eine Einführung in multikulturelle Erziehung«):

> Multikulturelle Erziehung ist ›inklusivistisch‹ … Viele Menschen stehen wegen ihrer Rasse, Klasse, ihrem Geschlecht oder ihrer sexuellen Orientierung am Rande der Gesellschaft. Multikulturelle Erziehung wird sie ins Zentrum bringen und sie zu einer vereinten Nation aus vielen Menschen machen … Um dies zu erreichen, müssen wir ihre Erfahrungen bestätigen.[16]

Beachten Sie, was dieser Kommentar von Dr. Banks zeigt. Er spricht darüber, Menschen von »dem Rand der Gesellschaft … ins Zentrum zu bringen« und er sagt, dass man dazu »ihre Erfahrungen bestätigen« müsse. Er suggeriert, dass es nicht genügt, Menschen, die »am Rande der Gesellschaft stehen, zu akzeptieren«; wir müssen auch ihre Erfahrungen bestätigen, d. h. sie gutheißen, unterstützen und legitimieren. Das bedeutet, ihre Werte, ihren Glauben, ihre Lebensweise und ihre Wahrheitsansprüche zu unterstützen, sei es Homosexualität, Abtreibung, Frauenhass oder ein anderes Verhalten, das für Sie und Ihre Kinder verabscheuenswürdig sind.

In der Gesetzgebung bezüglich der Nationalen Stiftungen für die Human- und Geisteswissenschaften hat der US-Kongress sogar erklärt:

> Die Geistes- und Humanwissenschaften reflektieren den hohen Rang, den das amerikanische Volk sowohl dem reichen kulturellen Erbe der Nation beimisst *als auch der Förderung gegenseitiger Achtung für die diversen Religionen und Werte aller Menschen und Gruppen* [Hervorhebungen zugefügt].[17]

Beachten Sie, dass der Kongress nicht einfach Achtung gegenüber Menschen als solchen empfiehlt, sondern gegenüber ihren »diversen Religionen und Werten« – ein Ideal, das vermutlich Lob und Unterstützung für die sträflichen Ansichten und Werte des Ku Klux Klan ebenso vorschreibt wie für viele lobenswerte Gruppen, die Harmonie und Versöhnung unter den Rassen fördern wollen.

Und eine jüngst von der Regierung des Staates New York erlassene Verordnung reflektiert gleichfalls die Forderung der neuen Toleranz: Gutheißung und Unterstützung aller Werte, Glaubensüberzeugungen, Lebensweisen und Wahrheitsansprüche:

> Jeder Schüler wird die Fähigkeit entwickeln, Menschen unterschiedlicher Rassen, Geschlechter, kultureller, wirtschaftlicher und so-

> zialer Hintergründe, nationaler Herkunft und Religion *sowie ihre Werte, Glaubensüberzeugungen und Haltungen* zu verstehen, zu respektieren und zu akzeptieren [Hervorhebungen zugefügt].[18]

Der Präsident des Amerikanischen Lehrerbundes Albert Shanker erhob vehement Einwände gegen diese festgesetzte Schulpolitik. Er schrieb:

> Wollen wir wirklich, dass [Schüler] »die Werte, Glaubensüberzeugungen und Ansichten anderer Menschen respektieren und akzeptieren«, welcher Art auch immer?
>
> Wollen wir, dass sie die Glaubensüberzeugungen respektieren und akzeptieren, die chinesische Führungspersonen dazu brachten, dissidente Studenten auf dem Platz des Himmlischen Friedens umzubringen? Und wie steht es mit den Werten und Glaubensauffassungen, die dem Ayatollah Khomeini erlaubten, das Todesurteil über Salman Rushdie zu verhängen …?
>
> Müssen wir das Aussetzen ungewollter Kinder – ihren sicheren Tod – respektieren und akzeptieren, diesen Brauch, der in manchen Ländern Asiens und Afrikas immer noch weithin praktiziert wird, weil er Teil einer anderen Kultur ist? Müssen wir Beschneidung von Mädchen respektieren? Müssen wir den Brauch respektieren, kleine Kinder auf den Philippinen oder in Thailand zu zwingen, in Sklaverei zu arbeiten? Und müssen wir Hitlers Glaubensüberzeugungen und Machenschaften mit Hochachtung betrachten?[19]

Offensichtlich ja. John Leo stellt in einem Artikel in der *Washington Times* die bizarren Ergebnisse eines Systems heraus, das nicht nur Kritik verbietet, sondern Lob und Billigung verlangt für alle Werte, Glaubensüberzeugungen, Lebensweisen und Wahrheitsansprüche:

> In 30 Jahren Unterricht am College hat Prof. Robert Simon nie einen Studenten getroffen, der den Holocaust leugnete. Schlimmer ist jedoch, was er in zunehmendem Maße sieht: Dass Studenten zwar die Tatsache des Holocaust anerkennen, sich aber nicht durchringen können zu sagen, dass die Ermordung mehrerer Millionen Menschen falsch ist.
>
> Simon, der am Hamilton College Philosophie lehrt, sagt, dass 10 bis 20% seiner Studenten mit moralischen Urteilen sehr zurückhaltend sind – in manchen Fällen sogar bezüglich des Holo-

> caust. Diese Studenten bedauern zwar vielleicht das, was die Nazis angerichtet haben, doch drücken sie ihr Bedauern nicht als moralisches Urteil aus, sondern als Frage des Geschmacks oder der moralischen Vorliebe. »Natürlich kann ich die Nazis nicht leiden«, sagte ein Student, »aber wem steht es zu, zu sagen, dass sie moralisch falsch handelten?«[20]

Die neue Toleranz hat ein Klima geschaffen, in welchem Menschen nicht mehr sagen können, dass der systematische Massenmord an sechs Millionen Männern, Frauen und Kindern falsch ist! Doch die Forderung der neuen Toleranz nach Lob und Gutheißung beeinflusst nicht nur Ihr Denken und das Ihrer Kinder; der Einfluss der neuen Toleranz wird auch in der Lebensweise Ihrer Kinder zum Ausdruck kommen.

Zum Beispiel wurden Lehrer der ersten Klasse im berüchtigten Regenbogen-Lehrplan, der in den Schulen New Yorks entwickelt wurde, angewiesen, dass sie sich der verschiedenartigen Familienstrukturen (insbesondere schwule oder lesbische Lebensgemeinschaften) bewusst sein sollten und dass »Kindern beigebracht werden müsse, die positiven Aspekte jeder Art von Lebensgemeinschaft anzuerkennen«. In einem Artikel in der *US News & World Report* stellte John Leo heraus, solche Lehrziele würden zu »einer neuen Ethik beitragen, die *Gutheißung und Unterstützung erfordert*« (Hervorhebungen zugefügt).[21]

Diese Forderung von Gutheißung und Unterstützung aller anderen Glaubensauffassungen, Werte und Lebensweisen wurde von einem College in Massachusetts verdeutlicht. Das College verlangte vom Leiter eines Bibelkreises, Homosexualität sowie alle anderen religiösen Glaubensauffassungen zu akzeptieren, bevor er Erlaubnis erhielt, einen Bibelkreis am College zu leiten. Das College vertrat eindeutig die Auffassung, für diesen Bibelkreis-Leiter genüge es nicht, »zu leben und leben zu lassen«; es verlangt darüber hinaus, dass der Leiter unbiblischem Verhalten und Glauben seine *Gutheißung* erteilte.

Kommt einer, kommen alle?

Wie die Borg, die erst Ruhe geben, wenn alle Feinde assimiliert sind, werden die Verfechter der neuen Toleranz sich nicht mit Gutheißung zufrieden geben, sondern werden Sie, Ihre Kinder, Ihre Gemeinde und Ihr Umfeld so lange unter Druck setzen, bis sie Ihre volle *Beteiligung* gewonnen haben.

Beispielsweise veranstaltet die Schwulen- und Lesbenallianz der Universität Stanford jedes Frühjahr einen Shorts-Tag, an dem die Leute aufgefordert sind, Shorts zu tragen, um so ihre Unterstützung des homosexuellen Programms zu signalisieren.[22] Das Ereignis darf natürlich den zusätzlichen Nutzen haben, unwissende Teilnehmer miteinzubeziehen, die an diesem speziellen Tag Shorts tragen – allerdings nicht, weil sie etwa die Schwulen- und Lesbenallianz unterstützen, sondern weil *Studenten an der Stanford Universität praktisch jeden Tag Shorts tragen!*

In ähnlicher Weise veranstaltet ein Studentenwohnheim an der Universität von Pennsylvania einen Schwulen-Jeans-Tag. Die Leute sollen am jenem Tag bitteschön »durch das Tragen von Jeanshosen ihre Unterstützung für schwule Bürgerrechte zeigen«. Richard Bernstein, Autor von *Dictatorship of Virtue* (»Diktatur der Tugend«), stellt in Frage, wie Befürworter »schwuler Bürgerrechte« von solchen unterschieden werden könnten, die an jenem Tag aufgrund ihrer Gewohnheit Jeanshosen tragen, »angesichts der Tatsache, dass 80% der Collegestudenten heute an jedem Tag des Jahres Jeans tragen«. Das ist natürlich genau der Knackpunkt, denn es ist gerade das Ziel solcher Veranstaltungen, »Dinge so aufzuziehen, dass die Möglichkeit nichts zu tun oder nicht an einer politischen Aktivität teilzunehmen, effektiv beseitigt« ist.[23]

Oder denken wir an den Fall einiger Krankenschwestern, die von ihren Vorgesetzten gezwungen wurden, an »therapeutischen« Abtreibungsprozeduren teilzunehmen – und das trotz des Protestes der Krankenschwestern aus religiösen Gründen«.[24] Oder an die Studenten eines kalifornischen Colleges, die als »ignorant« bezeichnet wurden und ihre Physikseminare verlassen mussten, weil sie ihren Glauben an die wissenschaftlichen Indizien für die Schöpfung äußerten.[25] Oder an die Krankenhausangestellte in Texas, die beauftragt wurde, sich einer Psychoanalyse zu unterziehen, weil sie zu einem ihrer Supervisoren in »religiöser Sprache« gesprochen hatte.[26]

Solche Aktionen offenbaren das Programm der neuen Toleranz: nicht einfache Akzeptanz von Menschen, die anders sind oder anders glauben oder sich anders verhalten, sondern *Gutheißung von* und *Teilnahme an* ihren Haltungen und Aktivitäten.

Das erinnert an das Mantra der Borg: »Widerstand ist zwecklos … du *wirst* assimiliert.« Aber fassen Sie Mut; es gibt Hoffnung. Es ist möglich, das hinterhältige Programm der neuen Toleranz nicht nur zu verstehen, sondern auch bloßzustellen und zu kontern. Es ist möglich, nicht allein Ihre Kinder davor zu bewahren, »assimiliert« zu werden, sondern ihnen auch einen »vortrefflicheren Weg« beizubringen, einen Weg, andere um ihrer selbst willen zu akzeptieren, ohne die Wahrheit zu kompromittieren. Wie wir in den nächsten Kapiteln zeigen werden, ist es möglich, auf die postmoderne Kultur mit einer biblischen, christusgemäßen Antwort zu reagieren.

Zieht rückschlüsse auf ganze Welt ...
die USA und Westeuropa ist nur ein kleiner Teil
der Weltbevölkerung.

-> Gleichgültigkeit wird einmal zuviel sein,
Die Menschen werden sie satt werden.
=> keine Zukunft.

3 Die Kosten der Toleranz

Herr Johnson blickte die Schüler in seinem Sozialkunde-Unterricht forschend an. »Okay«, sagte er. »Zurück zu unserem Studium der Toleranz. Lasst uns ein Rollenspiel machen. Wer möchte den Atheisten spielen?«

Einige Finger schossen nach oben. »Kimberly«, sagte er, »du bist der Atheist. Nun, wie wär's mit … Baha'i? Ist hier jemand mit dem Glauben der Baha'i vertraut?«

Eine einsamer Finger streckte sich im hinteren Teil des Raumes hoch. »Mein älterer Bruder ist eine Zeit lang bei den Baha'i gewesen«, erklärte ein großer, blonder Schüler in der letzten Reihe.

Herr Johnson nickte. »Randy – Baha'i. Okay … Buddhist?« Er wandte sich an Harold. »Sagtest du nicht einmal, dass deine Großeltern Buddhisten waren?« Der junge Mann nickte bestätigend und Herr Johnson fuhr fort.

»Schau'n wir mal; ist hier irgendjemand jüdischen Glaubens?« Keine Antwort. »Wie steht es mit dem christlichen Glauben?« Zusammen mit drei anderen zeigte Matt auf.

»Okay, Matt, du bist der Christ. Das sollte genügen. Lasst uns anfangen.«

Die vier Auserkorenen gingen in den vorderen Teil des Klassenraumes und Herr Johnson erklärte die Ausgangssituation für das Rollenspiel. »Hier ist die Handlung«, sagte er. »Ihr vier seid als Delegierte ausgesandt worden, um eure jeweilige Religion bei einer Konferenz über Toleranz zu vertreten. Außerdem sind Menschen mit verschiedensten Lebensweisen auf der Konferenz vertreten. Ihr sitzt alle zusammen an einem Tisch, als sich ein anderer Herr zu euch gesellt. Ich werde diese Rolle spielen. Alles klar?«

Sie nickten und setzen sich an einen kleinen Tisch im vorderen Teil des Klassenzimmers. Dann gesellte sich Herr Johnson zu ihnen.

»Hallo«, sagte er und stellte sich vor. »Ich bin Fred Johnson. Ich repräsentiere hier keine religiöse Gruppe. Ich repräsentiere die hiesige Schwulen- und Lesbenrechts-Gruppe der Stadt und ich bin wirklich begeistert. Diese Konferenz sollte uns einen großen Auftrieb verschaffen, insbesondere jetzt, wo wir versuchen, die örtliche Verordnung durchzusetzen. Wissen Sie, diese Verordnung, die Vermieter hindern soll, uns dadurch diskriminieren, dass sie ablehnen, an homosexuelle Paare zu vermieten. Die Opposition sagt, die Verordnung sei nicht notwendig, weil Hausbesitzer immer an Zimmerkameraden desselben Geschlechts vermieten. Wer sollte daher wissen müssen, ob wir schwul sind oder nicht? Aber das ist genau der Punkt. Wir möchten nichts anderes vortäuschen müssen, um eine Wohnung mieten zu können. Ich meine, ich bin stolz auf mich – Sie etwa nicht?«

Alle vier Köpfe nickten zustimmend, als Herr Johnson fortfuhr. »Wie denken Sie darüber? Ich meine, wenn Sie Ihre verschiedenen religiösen Sichtweisen repräsentieren, welche Haltung werden Sie dann uns gegenüber einnehmen? Meinen Sie, wir sollten vortäuschen uns dafür zu schämen, wer wir sind, nur damit ein intoleranter Fanatiker kontrollieren kann, wer in seinen Wohnungen lebt oder nicht?«

Kimberly antwortete als Erste. »Absolut nicht! Welches Recht hat der Vermieter überhaupt, zu sagen, wer irgendwo leben kann und wer nicht? Dies ist angeblich ein freies Land, oder nicht? Schließlich wurde es auf diesem Fundament begründet – Freiheit für jeden, unabhängig davon, was er glaubt oder tut. Als Atheist sage ich, dass wir alle gleiche Rechte haben, zu leben, wo immer wir leben möchten, und zu tun, was immer wir tun möchten.« Sie schaute in die Runde zu den anderen. »Wenn jemand meint, sein so genannter Gott würde etwas anderes sagen, würde ich gerne wissen weshalb.«

Als Nächster ergriff Harold das Wort. »Ich weiß nicht viel über die Religion meiner Familie«, sagte er. »Aber dies weiß ich: Buddhisten sind sehr freundliche und sanfte Menschen und sie glauben nicht an Gewalt oder Hass. Daher könnten wir Sie keineswegs wegen Ihres Lebensstils ablehnen. Keineswegs.« Zum Nachdruck schüttelte er seinen Kopf.

Randy stimmte zu. »Ich empfinde dasselbe. Der Baha'i-Glaube lehrt die Einheit der Menschheit. Das bedeutet Gleichheit, richtig? Wir alle sind gleich – wie wir aussehen, wie wir leben, wie wir glauben – alles ist gleich. Niemand hat das Recht uns zu gebieten, wie wir leben oder was wir glauben oder wen wir lieben sollen, besonders aufgrund dessen, was ein Mensch oder eine Gruppe für richtig oder falsch hält.«

Herr Johnson lächelte. »Schön zu wissen, dass ich bei solch einer aufgeklärten und liebevollen Gruppe sitze. Aber Matt, du hast mir noch nicht gesagt, wie du über die Situation denkst. Ich bin sicher, dass du als Repräsentant der christlichen Religion eine Meinung hast.«

Die Gruppe wartete und starrte auf Matt. Er holte tief Luft. Was würde er sagen?

Was würden *Sie* sagen? Was würden Ihre Kinder sagen? Und was würde geschehen, wenn Sie – oder jene – nicht mit den anderen in der Gruppe übereinstimmten?

Denken Sie daran, dass das Ziel der neuen Toleranz nicht nur ist, Akzeptanz derjenigen Menschen zu erreichen, die anders sind oder die etwas Anderes glauben bzw. sich anders verhalten, sondern alle anderen zu zwingen, ihre Haltungen und Aktivitäten *gutzuheißen* und *daran teilzunehmen*. Doch was ist mit denen, die ablehnen, dem Rattenfänger der neuen Toleranz zu folgen? Was geschieht mit den Menschen, die sich weigern, die Glaubensauffassungen, und Verhaltens- und Lebensweisen anderer gutzuheißen und daran teilzunehmen?

Solche Menschen (Sie eingeschlossen, sofern Sie Christ sind) werden wahrscheinlich als verbohrte Fundamentalisten, Fanatiker, Extremisten und Aufhetzer gebrandmarkt und öffentlicher Demütigung und Indoktrination ausgesetzt werden. Denken wir nur an das Beispiel des Hausmeisters des Studentenwohnheims an der Cornell-Universität, eines »praktizierenden Katholiken«, der gezwungen wurde, sich im Rahmen eines »Sensibilitäts-Trainings« zur Orientierung harte homosexuell-pornographische Filme anzusehen. »Das war keine harmlose Fassung«, betonte der junge Mann. »Der Homo-Porno war absolute Hardcore.« Diese sonntägliche »Trainingssitzung« war nicht nur obligatorisch, sondern die Teilnehmer wurden sorgsam beobachtet, um jedes Zeichen von Abscheu zu erkennen, das auf Homophobie (ängstliche Abneigung von Homosexualität) hinweist. Das hätte dann wahrscheinlich ein weiteres »Training« oder die Entlassung zur Folge gehabt.[1]

Solche Menschen (einschließlich Ihrer Kinder, sofern sie für biblische Maßstäbe für Wahrheit und Moral eintreten wollen) können sich dabei wiederfinden, zensiert und verbessert zu werden. So erging es beispielsweise dem *neunjährigen* Jungen aus Virginia, dessen Feriengruppe aufgefordert wurde, die Frage zu beantworten: »Was tust du, wenn du Angst hast?« Der erwachsene Diskussionsleiter sagte dem Jungen, dass seine Antwort – »beten« – zwar schön, aber unangemessen sei und daher nicht in die Liste mit den Beiträgen der anderen Schüler aufgenommen werden könnte.[2]

Solchen Menschen (einschließlich Ihrer Freunde und Gemeindemitglieder) werden im Namen der Toleranz vielleicht sogar ihre Grundrechte aberkannt; ihnen können Schulbildung, Stipendien und Anstellungen verweigert werden, wie der Gewinnerin der Miss-Illinois-Veranstaltung, deren Stipendium zurückgehalten wurde, weil sie Studentin an einem *christlichen* College war.

Bald werden diejenigen, die nicht im Spiel der neuen Toleranz mitspielen, bezahlen müssen … in vielen Fällen teuer. Petrus warnte: »Hierbei befremdet es sie, dass ihr nicht mitlauft in demselben Strom der Heillosigkeit, und sie lästern« (1. Petrus 4,4).

»Das ist doch absurd!«, protestieren Sie vielleicht. »Wie kann solche Grausamkeit und Ungerechtigkeit im Namen der *Toleranz* verübt werden? Wie können Menschen, die *Toleranz* predigen, derart *intolerant* sein? Ja, das ist wirklich absurd! Das ist inkonsequent.«

Ja und nein. Solche Inkonsequenz scheint völlig unlogisch, unvernünftig … solange Sie nicht den Ursprung dieses gefährlichen »Evangeliums« der Toleranz verstehen.

Die Zeiten verstehen

Mein Vater pflegte zu sagen, dass »ein gut definiertes Problem schon halb gelöst« ist. Daher ist es so wichtig, etwas von den Männern zu haben, die in 1. Chronik 12,33 beschrieben werden. Die Bibel sagt, dass diese Männer aus dem Stamm Issaschar »die Zeiten zu beurteilen verstanden und wussten, was Israel tun musste«. Wir müssen die Zeiten verstehen, die kulturelle Atmosphäre, in der wir leben, weil wir nur dann wirklich wissen können, womit wir es zu tun haben – und wie wir effektiv reagieren können.

Der Aufstieg der neuen Toleranz geht mit dem allgemeinen Verschwinden des ethischen Theismus in unserer Kultur einher.

Ethischer Theismus ist einfach eine Wortschöpfung, die den Glauben bezeichnet, dass Recht und Unrecht absolut und unveränderlich sind und dass sie von Gott bestimmt (und dem Menschen mitgeteilt) worden sind. Diese Sicht von Wahrheit und Moral bildete bis heute die Grundlage von einem Großteil der westlichen Zivilisation, wie in der Amerikanischen Unabhängigkeitserklärung ausgedrückt: »Wir halten diese Wahrheiten für selbstverständlich: dass alle Menschen gleich geschaffen sind; dass ihnen gewisse unveräußerliche Rechte *von ihrem Schöpfer verliehen wurden*, darunter Leben, Freiheit und das Streben nach Glück« (Hervorhebungen zugefügt).

Was David H. Wells über die Propheten des Alten Testaments und die Apostel des Neuen Testaments schrieb, galt jahrhundertelang im Denken und in der Kultur des Abendlandes:

> Sie hatten eine Gewissheit über die Existenz, den Charakter und die Ratschlüsse Gottes – eine Gewissheit über seine Wahrheit –, die in dem hellen Licht der modernen Welt verschwunden zu sein scheint. Sie waren überzeugt von der Wahrheit von Gottes Offenbarung, deren Vermittler und Verwalter sie waren. Wahrheit in einem absoluten Sinne. Wahrheit nicht nur für sie, Wahrheit nicht nur in ihrer Zeit und keine nur relative Wahrheit! Was Gott gegeben hatte, war universal, absolut und bleibend wahr![4]

»So war es eben«, wie Walter Cronkite sagt, das war die Art und Weise, wie die Menschen dachten und die abendländische Kultur spiegelte das wider. Doch heute ist das nicht mehr so.

Modernismus ist die Sichtweise, die den ethischen Theismus allmählich in den Schatten stellte. Er begann etwa mit der Epoche der Renaissance (ca. 1300–1600) und setzte sich drei weitere wirkungsvolle Epochen und Strömungen lang fort:

- Das Zeitalter der Renaissance begann in Italien nach 1300, verbreitete sich im Laufe der nächsten zwei Jahrhunderte in Europa und dauerte bis zum Ende des 16. Jahrhunderts. Die Renaissance war von großen Schritten in Literatur, Gelehrsamkeit, Kunst und Architektur gekennzeichnet; sie markierte außerdem eine bedeutsame Verschiebung im menschlichen Denken. Im Gegensatz zum Mittelalter (als die Hauptthemen von Kunst, Literatur und Philosophie der Verherrlichung Gottes dienten), erhoben die Künstler und Denker der Renaissance den Menschen und seine Fähigkeiten. Diese Verschiebung ließ die Lehre des so genannten Humanismus entstehen, welche die menschliche Würde und Fähigkeit betonte und den Menschen als Mittelpunkt aller Dinge betrachtete, als Meister seines Schicksals, als Kapitän seiner Seele – eine Sichtweise, die schließlich zu einer unbiblischen Sicht des Menschen und seiner Beziehung zu seinem Schöpfer führte. Als diese Denkweise allmählich Fuß fasste, begann die Abhängigkeit des Menschen von Gott als Quelle der Wahrheit und Moral fortan abzuflauen.
- Die Aufklärung, oder das Zeitalter der Vernunft, begann nach 1600 und dauerte bis zum Ende des folgenden Jahrhunderts. Während

das Denken der Renaissance Gott noch anerkannte, behaupteten viele Denker der Aufklärung (wie Voltaire und Descartes), wenn es einen Gott gäbe, der die Welt erschaffen hat, dann habe er jetzt keinen Kontakt mehr zu ihr – was bedeutete, die Menschen seien bei der Suche nach Wahrheit auf sich selbst gestellt und könnten keine Hilfe von Gott erwarten. Die Maßstäbe für Recht und Unrecht basierten nicht auf dem Wesen und Charakter Gottes, sondern wären Produkt des menschlichen Denkens.
- Die Industrielle Revolution überschneidet sich zum großen Teil mit der Zeit der Aufklärung. Sie erstreckt sich vom 18. bis zum Ende des 19. Jahrhundert. Sie war eine Zeit der explosionsartigen Steigerung menschlicher Produktivität und des Fortschritts. Die Erfindungen, Neuheiten und Verbesserungen des Industriellen Zeitalters heizten mehr als nur die Fabriköfen; sie schürten das Feuer des menschlichen Selbstvertrauens. Der Fortschritt, den die Leute um sich herum sahen, ermutigte sie, von sich selbst Hoffnung und Führung zu erwarten. Der Mensch sah keine Notwendigkeit mehr, aufwärts (auf Gott) zu blicken; er braucht nur nach innen (auf sich selbst) zu blicken.
- Darwinismus. Die Schornsteine der Industriellen Revolution rauchten immer noch heiß, als die Theorien Charles Darwins, eines ehemaligen Theologiestudenten, den Erdrutsch der Werte und Moral vollendeten, der mit der Renaissance begonnen hatte. Darwins Theorien boten eine Alternative zu einem theistischen Verständnis der Schöpfung; Gott war nicht mehr »nötig«, um die Entstehung der Welt – und des Menschen – zu verstehen.[5]

Diese Verschiebung im Denken schaffte es, die Menschen davon zu überzeugen, dass nicht Gott, sondern sie selbst die Richter der Wahrheit und Moral waren. Menschliche Leistungen hatten den Menschen arrogant und selbstsicher gemacht im Vertrauen auf seine eigenen Fähigkeiten, Gutes zu schaffen und Böses zu richten. Sie schufen eine Denkweise, Modernismus genannt, welche die Welt durch die Augen der Wissenschaft sah. Modernisten setzten ihr Vertrauen »auf Vernunft (die Fähigkeit der Menschen, ihre eigene Welt zu verstehen), Empirismus (den Glauben, dass Erkenntnis nur durch unsere Sinne gewonnen werden kann) und auf die Anwendung von Vernunft und Empirismus durch Wissenschaft und Technik«.[6] In den Augen der Modernisten war jede Wahrheit, die nicht beobachtet und erfahren werden konnte – z. B. spirituelle oder moralische Wahrheit – *relativ* (d. h. von Mensch zu Mensch verschieden). Sherry gab modernistisches Denken wieder, als sie zu ihrer Mutter sagte (in Kapitel 1): »Für dich und Papa wäre es falsch gewesen, vor eurer Heirat zusammen zu leben. Aber ich empfinde das nicht so. Ich wünschte, du könntest das verstehen. Du hast dein Wertsystem und ich habe meines. Dass sie verschieden sind, bedeutet nicht, dass eines richtig und das andere falsch ist.« Doch genau wie ethischer Theismus vom Modernismus verdrängt wurde, hat der Modernismus begonnen, einer anderen Philosophie den Weg zu bereiten.

Postmodernismus. »Zwischen 1960 und 1990«, schreibt Stanley J. Grenz[7], »trat Postmodernismus als kulturelles Phänomen auf«, in vieler Hinsicht vom Kommen des Informationszeitalters angespornt. Grenz behauptet, so wie die Fabrik das Symbol des industriellen Zeitalters war, das den Modernismus produzierte, so ist der Computer das Symbol des Informationszeitalters, das parallel verläuft zur Ausbreitung des Postmodernismus.

Postmodernismus ist komplex und seine einzelnen Lehrpunkte sind bisweilen widersprüchlich. Doch kann eine schnelle Übersicht des postmodernen Glaubens folgendermaßen aussehen:

- Es gibt keine Wahrheit in irgendeinem objektiven Sinne.
- Anstatt die Wahrheit in einer »Metaerzählung« zu »entdecken« – d. h. einer Geschichte (wie die Bibel) oder Ideologie (wie der Marxismus), die eine vereinheitlichte Sichtweise auf Philosophie, Religion, Kunst und Wissenschaft bieten – ist der Postmodernismus von »Unglaube gegenüber Metaerzählungen«[8] gekennzeichnet. Anders gesagt: Postmodernismus lehnt die Vorstellung ab, dass es »die eine große Geschichte« gibt, die eine individuelle, ortsbezogene Geschichte berichtet oder irgendeine universale Wahrheit darlegt, anhand der jede einzelne »Wahrheit« zu beurteilen ist.
- Wahrheit – sei es in Wissenschaft, Bildung oder Religion – wird von einer speziellen Kultur oder Gesellschaft geschaffen und ist nur in diesem und für diesen Kulturkreis »wahr«.
- Einzelne Personen sind Produkte ihrer Kultur; Individualität ist eine Illusion; Identität wird aus kulturellen Quellen konstruiert.
- Jegliches Denken ist ein »soziales System«. Das heißt, was wir als »Wahrheiten« betrachten, sind einfach willkürliche »Glaubensauffassungen, auf deren Annahme wir von unserer Gesellschaft kon-

Tabelle 1: Eine Gegenüberstellung von ethischem Theismus, Modernismus und Postmodernismus

	Ethischer Theismus	Modernismus	Postmodernismus
Wahrheit	Wahrheit ist dem Menschen von Gott geoffenbart worden.	Wahrheit kann durch Vernunft und logische Herleitung erkannt werden.	Wahrheit im objektiven Sinne gibt es nicht; Wahrheit ist ein Produkt der persönlichen Kultur.
Menschliche Identität	Menschen sind sowohl spirituelle wie materielle Wesen, in Gottes Bild erschaffen, aber aufgrund der Sünde gefallen.	Menschen sind nicht spirituelle, sondern rationale Wesen, die ihre Existenz gemäß dessen definieren können, was ihre Sinne wahrnehmen.	Menschen sind vor allem soziale Wesen, Produkte ihrer Kultur und Umgebung.
Die Welt	Gott ist der Schöpfer, Erhalter und Regent seiner Erde und hat die Menschen aufgefordert, sie untertan zu machen und sie zu bewahren.	Menschen können und sollen die Erde und alle ihre Geheimnisse bezwingen und beherrschen.	Das Leben auf der Erde ist zerbrechlich, und »das Aufklärungs-Modell der menschlichen Eroberung der Natur … muss schleunigst einer neuen Haltung der Zusammenarbeit mit der Erde weichen.«[11]
Denken und Sprache	Vernunft »kann die Wahrheit über die Wirklichkeit entschlüsseln, aber zusätzlich sind Glaube und Offenbarung erforderlich«.[12]	Für Antworten und Erkenntnis über das Leben und die Welt um uns her sollten sich Menschen nur auf rationale Entdeckung durch wissenschaftliche Methodik verlassen und Glauben an das Übernatürliche ablehnen.	Denken ist ein »soziales System«, Sprache ist willkürlich und es gibt keine universale kulturübergreifende Wahrheit.
Menschlicher Fortschritt	Die Geschichte der Menschheit schreitet nicht fort, sondern erwartet Erlösung.	Menschlicher Fortschritt ist durch den Gebrauch der Wissenschaft und der Vernunft unvermeidbar.	Die Dinge werden nicht besser; außerdem ist Fortschritt ein unterdrückendes westliches Konzept.

ditioniert worden sind, ebenso wie andere auf die Annahme einer völlig anderen Reihe von Glaubensauffassungen konditioniert worden sind«.[9]

- Da Menschen Sprache gebrauchen müssen, um zu denken oder zu kommunizieren und Worte willkürliche Bezeichnungen für Dinge und Ideen sind, gibt es keine Möglichkeit, »die Ideen, Tatsachen oder Wahrheiten, die eine Sprache übermittelt, zu bewerten oder zu kritisieren«.[10]
- Jedes System oder jede Aussage, die behauptet, objektiv wahr zu sein oder die die Werte, Glaubensauffassungen, Lebensweisen und Wahrheitsansprüche einer anderen Kultur nachteilig beurteilt, ist ein Machtspiel, ein Versuch einer Kultur, über andere Kulturen zu herrschen.

Rate mal mit Rosenthal

Als der Künstler Andres Serrano ein Kruzifix, ein christliches Symbol, aufgestellt in einem Gefäß mit seinem Urin, zur Schau stellte, wurde dieses »Kunstwerk« nicht nur toleriert, sondern freudig begrüßt und von der Nationalen Stiftung für die Künste honoriert.[13] Jahrelang habe ich mir den Kopf darüber zerbrochen, warum einerseits so etwas möglich ist, es andererseits aber als intolerant betrachtet und als ein verabscheuungswürdiges Verbrechen denunziert würde, stellte man ein homosexuelles Symbol in ähnlicher Weise in einem Gefäß mit Urin auf.

Oder warum die Stadthalle von Jersey offizielle Gedenktage einrichtet für Ramadan, für den Neujahrstag der Hindus, für den griechischen Unabhängigkeitstag und für den Dominikanischen Tag der Flaggenhissung (sowie für viele weitere Ereignisse), aber (nach der Auffassung der Amerikanischen Union für Freiheitsrechte und dem US-Berufungsgericht) an Weihnachten kein Krippenspiel darbieten darf.[14]

Oder warum den Anfragen christlicher Angestellter bei der US-Luftfahrtbehörde, einen Gebetskreis gründen zu dürfen, wiederholt von Seiten des Arbeitgebers ausgewichen wurde, schwule Aktivistengruppen jedoch von der Behörde nicht nur erlaubt, sondern gefördert werden.[15]

Ein derartiger Widerstand gegen das Christentum ist verwirrend, besonders wenn er unter der Maske der so genannten *Toleranz* ausgeübt wird! Doch da wir nun die Grundsätze der neuen Toleranz kennen, verstehen wir allmählich, warum Christentum und Christen die Zielscheibe der neuen Toleranz sein werden, ja tatsächlich sein *müssen*.

Denken Sie zum Beispiel an Chucks Gespräch mit seinem Nachbar Jim in Kapitel 2. Die beiden Männer schienen zwei verschiedene Sprachen zu sprechen – was in gewisser Weise auch so war, weil Chuck sich gemäß der traditionellen Toleranz verhalten wollte, während Jim die neue Toleranz verteidigte. Als Chuck sagte: »Ich sagte nicht, dass ich sie als Menschen nicht akzeptieren könnte. Ich bin nur mit ihrem Lebensstil nicht einverstanden«, betrachtete er das homosexuelle Programm aus der Perspektive der traditionellen Toleranz. Aber diese Auffassung sei intolerant, argumentierte Jim, denn »ihre Lebensweise steht für ihre *Identität*«. Jener Austausch zwischen den beiden Männern zeigt die grundlegende Prämisse des Postmodernismus und der neuen Toleranz auf: Es gibt keinen Unterschied zwischen der Person an sich und dem Glauben, dem Verhalten, der Kultur oder der Lebensweise dieser Person. Als Gleichung würde dieser Gedanke etwa so aussehen:

Wer ich bin = Was ich tue

Der neuen Toleranz zufolge ist meine Identität nicht von meinem Verhalten, Denken und Glauben zu trennen; meine Identität ist in meine Kultur und mein Betragen eingebunden. Wenn Sie daher irgendwie meinem Glauben widersprechen, verachten Sie damit *mich selbst*! Wenn Sie sagen, mein Verhalten sei falsch, richten Sie *mich*! Wenn Sie meine Kultur kritisieren, kritisieren Sie *mich*! Wenn Sie meinen Lebensstil nicht akzeptieren können, sind Sie *mir* gegenüber intolerant! Der französische Politiker Edgard Pisani sagt:

> Intoleranz … ist nicht einfach ein fehlender Sinn für Solidarität mit anderen Menschen; sie ist Ablehnung anderer um dessentwillen, *was sie sind, was sie tun, wie sie denken und, schließlich, einfach weil sie existieren*[16] [Hervorhebungen zugefügt].

Sehen Sie, was er sagt? Er gesteht keine Möglichkeit zu, einen Menschen zu akzeptieren und zu achten, ohne »was er tut« und »was er denkt« gutzuheißen und zu unterstützen.

Ein Pädagoge hat diese Haltung unter seinen Schülern bemerkt. Er schreibt:

> In den letzten paar Jahren habe ich meine Schüler gebeten, Fragen im Rahmen einer Umfrage zu beantworten ... Eine der Fragen lautet: »Kann man den Glauben und die Werte eines Menschen kritisieren, ohne die Person zu kritisieren – ohne die Integrität und den Charakter der Person anzugreifen?« Stets antwortet die große Mehrheit der Schüler mit »nein« ... Viele Schüler erklärten ausführlich ihre verneinende Antwort: *»Was ich glaube, kann nicht von meiner Person getrennt werden«*; [und] *»Kritik an dem, was jemandem wichtig ist, bedeutet, seine Person zu kritisieren«* [Hervorhebungen zugefügt].[17]

Diese Haltung wurde kürzlich vom Pastor einer Gemeinde wiedergegeben, die »praktizierende Homosexuelle willkommen heißt« und einen homosexuellen Diakon ordiniert hat. Als seine Denomination erwog, die Verbindung mit dieser Gemeinde zu brechen, sagte der Pastor: »Schwule und Lesben und ihre Familien werden wieder einmal dadurch geschädigt, dass sie zu hören bekommen, Gott hasse sie.« In Reaktion auf die Beobachtung, dass Christen den Sünder lieben, aber die Sünde hassen sollten, fügte er hinzu: »Sie [die Homosexuellen] hören das so, wie ein Afroamerikaner die Aussage hören würde: ›Liebe die Seele und hasse die Hautfarbe‹, oder eine Frau hören würde: ›Liebe die Frau, aber hasse das Geschlecht‹.«[18]

Sehen Sie, was der Pastor sagt? Er stellt die Identität einer Person mit ihrem Verhalten gleich. Er erkennt keinen Unterschied zwischen einem Homosexuellen und homosexuellem Verhalten und als Ergebnis kam er zur Schlussfolgerung, die effektiv besagte, dass man die Person *nicht liebt*, wenn man ihren den Lebensstil Person nicht gutheißt.

Gemäß der Definition der traditionellen Toleranz kann ein Mensch den Lebensstil eines anderen Menschen ablehnen und ihn dennoch als einen im Bilde Gottes geschaffenen Menschen lieben und akzeptieren, als jemanden, der Achtung verdient. Die Bibel lehrt nicht, dass unser Verhalten unsere gesamte Identität ausmacht; die Bibel sagt, dass »Gott den Menschen nach seinem Bild schuf, nach dem Bild Gottes schuf er ihn« (1. Mose 1,27). Er erschuf Menschen als Einzelpersonen, gemacht nach seinem eigenen Bild und mit seinen eigenen Händen (1. Mose 2,7), und nicht bloß als Produkt ihrer Kultur und Gesellschaft. Unser Glauben und unser Verhalten beeinflussen uns natürlich. Jesaja schrieb: »Eure Vergehen sind es, die eine Scheidung gemacht haben zwischen euch und eurem Gott« (Jesaja 59,2), doch diese Worte zeigen eine deutliche Unterscheidung zwischen unserer Identität und unserem Verhalten (in diesem Fall: unseren Vergehen). Aber Preis sei Gott, dass unser Verhalten *nicht* dasselbe ist wie unsere Identität, denn andernfalls könnte Gott in Christus nicht unsere Sünden von uns getrennt und in das Meer seines Vergessens geworfen haben (Micha 7,18-19).

Aber da die neue Toleranz von der falschen Voraussetzung ausgeht, dass unsere Taten das repräsentieren, was wir sind, *muss man* Glauben, Werte und Lebensstil eines Menschen *gutheißen und unterstützen*, um ihn zu akzeptieren und zu achten. Ansonsten wird man als gefühllos, intolerant und fanatisch betrachtet!

Das ist die Annahme, die den Worten des britischen Philosophen R.M. Haire zugrunde liegt. Er definiert Toleranz als »Bereitschaft, die Ideale anderer Menschen so zu achten, als wären sie die eigenen«.[19] Haires Auffassung von Achtung meint keine Haltung, die sagt: »Ich liebe dich, ich achte dich, aber ich stimme mit deinen Idealen nicht überein.« Sie meint eine Haltung, die sagt: »Deine Ideale sind genauso viel wert wie meine«, denn im Lexikon der neuen Toleranz bedeutet *mich* zu achten, *meine Ideale* zu akzeptieren und gutzuheißen ... denn »was ich glaube, repräsentiert, wer ich bin«. Anders gesagt: Wenn du nicht meine Werte, meinen Glauben, meinen Wahrheitsanspruch, meinen Lebensstil genauso sehr wie deine eigenen respektierst, dann bist du intolerant, weil du ein Werturteil fällst über meinen Glauben ... und das ist der neuen Toleranz zufolge ein Urteil über mich als Person.

Keine Toleranz den Intoleranten

In einer postmodernen Gesellschaft – einer Gesellschaft, die alle Werte, Glaubensauffassungen, Lebensweisen und Wahrheitsansprüche als im gleichem Maße gültig betrachtet – kann es nur eine universale Tugend geben: Toleranz. Und wenn Toleranz die Kardinaltugend ist, die alleinige und absolute, dann kann es nur ein Laster geben, nämlich *Intoleranz*. Und genau das ist die Haltung, die wir unter den Befürwortern der neuen Toleranz sehen.

Dr. Frederick W. Hill, ein Schuldezernent, sagte:

> Es ist Aufgabe der öffentlichen Schulen, Intoleranz nicht zu tolerieren.[20]

Leslie Armour, Philosophieprofessor an der Universität von Ottawa, schlug vor:

> Wir meinen, ein tugendhafter Bürger zu sein, bedeutet jemand zu sein, der alles toleriert außer Intoleranz.[21]

Doch was bedeutet es nach Auffassung solcher Leute, »intolerant« zu sein? Der »Prinzipienerklärung der Toleranz« der Uno »beinhaltet Toleranz ... die Verwerfung des Dogmatismus und des Absolutismus«.[22] Ist es nicht wirklich ironisch, dass die Befürworter der neuen Toleranz so dogmatisch über Dogmatismus urteilen und sich so absolut gegen jeden Absolutismus wehren? Vielleicht ist es jedoch angemessen, weil auch sie intolerant sind – gegenüber der »Intoleranz« –, wie es Ryszard Legutko in seinem Essay »Das Problem mit der Tolerierung« ausdrückt:

> All jene, die am Wert der Verschiedenheit festhalten, müssen bereits jene als intolerant betrachten, die lediglich in Erwägung ziehen, der Pluralität der Ideale unterzuordnen unter eine Selektion und hierarchische Organisation.[23]

Anders ausgedrückt: Jedes System oder Individuum, das dogmatisch an irgendetwas glaubt – und insbesondere an absolute Wahrheit – ist *per Definition* der Intoleranz schuldig! Man muss nicht einmal etwas sagen; wenn man nicht den Gedanken ablehnt, dass einige Glaubensauffassungen und Verhaltensweisen richtig und andere falsch sind, und zwar für alle Menschen, für jeden Ort und für alle Zeiten, *dann ist man intolerant ... und somit ist es angemessen, dass man selbst nicht toleriert wird!* Wenn Sie – oder ihre Gemeinde oder Ihre Kinder – »*irgendwelche* negativen Urteile über andere Ansichten fällen«,[24] *wird* auf Sie gezielt werden (Hervorhebungen zugefügt).

Deshalb haben die Befürworter der neuen Toleranz kein Problem damit, intolerant zu sein gegenüber Christen, dem Christentum und der christlichen Moral – weil diese in vier grundlegenden Bereichen Probleme für die neue Toleranz darstellen:

1. Biblische Wahrheit. Die Wahrheitsansprüche und Gebote der Bibel werden von der heutigen Definition der *Toleranz* als zu eng erachtet. Der christliche Glaube an einen »Gott der Wahrheit« (Jesaja 65,16) und an »das Buch der Wahrheit« (Daniel 10,21) ist für die Befürworter der neuen Toleranz unerträglich, die einen Glauben an absolute Wahrheit als bösartig und verletzend betrachten. Solche Haltungen schaffen ein ideales Klima für Fälle wie folgende:

> In Manassas (Virginia) nahm die 10-jährige Audrey Pearson ihre Bibel mit, um die Zeit während ihrer stundenlangen Busfahrt zur Schule sinnvoll zu verbringen. Der Schulleiter sagte, sie dürfe ihre Bibel nicht zur Schule mitbringen ...[25]

2. Jesus und das Kreuz. Die Behauptungen Jesu und die Botschaft vom Kreuz sind eine Beleidigung für die heutige Definition der Toleranz. Jesus sagte: »Ich bin der Weg und die Wahrheit und das Leben. Niemand kommt zum Vater als nur durch mich« (Johannes 14,6). Die neue Toleranz sieht einen derartigen Anspruch als unerträglich eng und exklusiv an. Daraus wird verständlich, dass die Stadt San Jose für 500.000 Dollar eine Statue des Aztekengottes Quetzalcoatl errichtete, während etwa 150 Kilometer weiter ein 30 Meter hohes Kreuz in einem Park in San Francisco als verfassungswidrig deklariert und zum Abriss bestimmt wurde.[27]

Solch ein offensichtlicher Widerspruch wird erlaubt, weil der Aztekengott nur eine Religion unter vielen darstellt, während das Kreuz die exklusiven Ansprüche Jesu repräsentiert und daher ein Symbol der Intoleranz ist. Das erklärt auch, warum Andres Serranos Kruzifix im Urin als Kunst betrachtet wird, während eine ähnliche Behandlung eines homosexuellen Symbols Intoleranz wäre ... weil das Kreuz die exklusiven und intoleranten Ansprüche Jesu repräsentiert und solcher »Intoleranz« muss mit Intoleranz begegnet werden.

3. Sünde. Jesus sagte zu seinen Jüngern: »Die Welt hasst mich, weil ich von ihr zeuge, dass ihre Werke böse sind« (Johannes 7,7). Die Dinge haben sich in 20 Jahrhunderten nicht wesentlich verändert. Daher ist die Ansicht, dass »alle gesündigt haben« (Römer 3,23) und dass alle einen Erretter benötigen eine unerträgliche Behauptung – zumindest für die neue Toleranz, die sich auf den Glauben gründet, Sünde sei ein kulturelles Konzept, das nicht auf jeden angewandt werden kann. Das erklärt die Entscheidung der Kultusbehörde von Britisch Columbia, der Trinity Western Universität die offizielle Genehmigung zu verweigern und die Studenten der Christlichen Pädagogik zu zwingen, ihre akademische Ausbildung an einer säkularen Institution abzuschließen:

> Von zentraler Bedeutung für die Entscheidung der Kultusbehörde von Britisch Columbia war ein Paragraph im Vertrag der Trinity Western Universität über Gemeinschaftsnormen. Der Vertrag verlangt, Studenten sollten sich verschiedener Aktivitäten enthalten, einschließlich »okkulter Praktiken und sexueller Sünden wie vorehelicher Geschlechtsverkehr, Ehebruch und Homosexualität«.
>
> Die Klage gegen die offizielle Zulassung der Trinity Western Universität führte der Tageszeitung *Christian Info* zufolge … Annabelle Paxton, Mitglied der Kultusbehörde. *Christian Info* berichtete, dass Paxton, eine bekennende Lesbe, »Anstoß daran nahm, dass Unehrlichkeit, Okkultismus und Homosexualität im selben Satz erwähnt wurden«.
>
> In einem Brief an die Trinity Western Universität erklärte die Kultusbehörde ihre Auffassung, dass »das vorgelegte Programm diskriminierenden Praktiken folgt, die dem öffentlichen Interesse und der öffentlichen Politik entgegen stehen«.[28]

Im Lexikon der neuen Toleranz ist es verurteilend und »diskriminierend«, wenn eine religiöse Einrichtung Homosexualität »Sünde« nennt (weil das impliziert, dass *nicht* alle Glaubensauffassungen, Verhaltens- und Lebensweisen gleich sind) und fordert somit Vergeltung.

4. Der Auftrag der Gemeinde. Die Gemeinde selbst stellt für die neue Toleranz gleicherweise eine unerträgliche Provokation dar. Jesus gebot seinen Nachfolgern, »hinzugehen und alle Nationen zu Jüngern zu machen, sie taufend auf den Namen des Vaters und des Sohnes und des Heiligen Geistes« (Matthäus 28,19), ein nicht tolerierbarer Auftrag, den die neue Toleranz notwendigerweise als fanatisches Unterfangen definiert, anderen Kulturen und anderen Auffassungen fremdes Gedankengut aufzuzwingen und sie zu beherrschen.

Scott Scruggs, Student in Stanford, berichtet:

> [Kürzlich] begann ein Dekan an der Stanford Universität, evangelikale Gruppen der Uni unter Druck zu setzen, mit dem »Bekehren anderer Studenten« aufzuhören. Ironischerweise war es nicht der Inhalt der Missionsbotschaft, die den Dekan ärgerte, sondern die Praxis des Missionierens selbst. Er glaubt, wenn man jemanden mit dem Evangelium erreichen will, sage man damit gleichzeitig, dass der Glaube des Anderen dem eigenen unterlegen sei. Solch eine Aussage sei inakzeptabel, weil selbstgerecht, tendenziös und intolerant.[29]

Selbstverständlich erachtete der Dekan es nicht für tendenziös oder intolerant, dass er die christlichen Studenten zu seiner Sicht der Toleranz »bekehren« wollte, weil er auf diese Weise ja nur das »Übel« der Intoleranz bekämpfte. Jedenfalls veranschaulicht seine Warnung, wie Christen zur Zielscheibe der neuen Toleranz geworden sind, weil jeder Versuch zu evangelisieren – der Auftrag der Gemeinde – ein Affront ist, impliziert es doch, dass das christliche Evangelium »besser« oder »wahrer« ist als alle anderen Ideen oder Religionen. Und diese Ansicht kann natürlich von den Verfechtern der neuen Toleranz nicht toleriert werden.

Tatsächlich haben die Staaten Brasilien und Guatemala es für illegal erklärt, dass Christen das Evangelium eingeborenen Indianern verkündigen, eine Position, die von der Uno unterstützt und in Kraft gesetzt worden ist!

Der Tempel der Toleranz

Die Wirkung all dessen ist eine zweifache: Erstens, in einem aktiven Sinne, kann die neue Toleranz nichts anderes sein als ein scharfer Gegner Christi, des Christentums und der Christen, wie James Wood schreibt:

> In den Worten Gustav Menschings ist das Problem der Toleranz »eines der größten und dringlichsten Herausforderungen, mit denen unsere Welt heute konfrontiert wird«. Die von der Uno-Generalversammlung am 25. November 1981 vorgenommene und lange überfällige Annahme der »Erklärung der Eliminierung aller Formen von Intoleranz und Diskriminierung aufgrund von Religion oder Glaube«, war ein wichtiger Schritt der Völkerfamilie.[30]

Die »Eliminierung aller Formen von Intoleranz« durch die »Völkerfamilie« wird notwendigerweise auf diejenigen unter uns abzielen, die eine Botschaft von universaler Wahrheit haben. Wir Familienglieder Gottes werden uns immer mehr in Zwietracht mit der »Völkerfamilie« befinden. Doch warum sollte uns das überraschen? Jesus sagte, dass die Welt ihn hasst und er kündigte an, dass sie auch uns hassen wird. Solange wir weiterhin dieselbe absolute, exklusive Botschaft verkündigen, die Christus während seines Wandels auf der Erde verkündigte, können wir erwarten, in der Welt auf immer mehr Verfolgung und »Drangsal« zu stoßen (Johannes 16,33) und das sogar noch mehr, wenn die neue Toleranz weitere Anerkennung finden wird. Dies hilft zu erklären, warum Don Argue, der frühere Präsident der NAE (»Nationale Vereinigung Evangelikaler«), sagen kann: »Tragische Tatsache ist, dass Christen die besondere Zielscheibe religiöser Verfolgung in der heutigen Welt sind.«

Zweitens, in einem eher passiven Sinne, dient die neue Toleranz als moderner Tempel des Götzendienstes, wie das Gandhi Mandapan im Süden der indischen Stadt Madras:

> Auf einigen der Säulen sind Figuren oder Symbole der verschiedenen Religionen eingraviert: ein christliches Kruzifix, ein meditierender Buddha, ein Hindu-Gott und islamische Kaligraphie aus dem Koran. Und auf einer Ecksäule stehen die Worte Mahatma Gandhis: »Ich kam vor langer Zeit zu der Schlussfolgerung, dass alle Religionen wahr sind, aber dass alle auch einen gewissen Irrtum in sich bergen; und während ich an meiner eigenen Religion festhalte, sollten mir andere so lieb sein wie der Hinduismus.«[31]

Gandhis Worte stellen natürlich ein fatales Problem dar,[32] aber der eher zur Sache gehörige Punkt ist, dass der Tempel der Toleranz, wie das Gandhi Mandapan, durchaus alle Religionen schützt (außer denen, die absolute Maßstäbe der Wahrheit und Moral vertreten, wie das Christentum, das orthodoxe Judentum und der Islam). Die neue Toleranz wird zu einem glänzenden Tempel für Götzen jeder Art und Größe, welche Sie – und insbesondere Ihre Kinder – mittels eines irreführenden und gefährlichen Zyklus verführen.

Der erste Schritt, der in diesen Tempel der Toleranz führt, ist die Untergrabung des Glaubens an den lebendigen Gott, den Gott Abrahams, Isaaks und Jakobs. Das kann geschehen, wenn Ihr Kind beispielsweise für seinen Glauben verspottet oder eingeschüchtert wird, weil es zu Gott gebetet hat, oder wenn man ihm erzählt, dass alle Religionen gleich seien. Schritt für Schritt, Tag für Tag, kann ein einst starker Glaube an Gott ausgerottet werden.

Wenn jemand also einmal dahin gebracht worden ist, den einen wahren Gott zu bezweifeln, verliert er den wahren Maßstab für Recht und Unrecht, welcher der Charakter und das Wesen Gottes selbst ist. Wenn unsere Kinder beispielsweise nicht mehr fest an den Gott der Bibel glauben, werden sie sich wahrscheinlich nicht zu ihm wenden

(den sie bezweifeln), wenn sie moralische Führung brauchen. Anstatt ihre Handlungen und Haltungen mit Gott und seiner Offenbarung zu vergleichen, werden sie sich nach innen wenden und in sich selbst nach moralischer Führung suchen und somit in einen Götzendienst hineinschlittern, der ebenso verderblich wie weit verbreitet ist, einen Götzendienst, der auf die Morgendämmerung der Zeiten selbst zurückzuführen ist ... auf den Garten Eden.

Als Eva der Versuchung nachgab, vom Baum der Erkenntnis des Guten und Bösen zu essen (1. Mose 3), fällte sie eine wichtige Entscheidung, die Generation auf Generation ihrer Rasse in Mitleidenschaft gezogen hat. Sie wusste, dass Gott bereits entschieden und mitgeteilt hatte, was gut und was falsch war. Er hatte klar gesagt: »Von jedem Baum des Gartens darfst du essen; aber vom Baum der Erkenntnis des Guten und Bösen, davon darfst du nicht essen; denn an dem Tag, da du davon isst, musst du sterben« (1. Mose 2,16-17).

Doch Eva entschied sich für das, was nicht gut für sie war. Von der Schlange verführt, bestimmte sie, dass sie sich nicht von Gott sagen lässt, was gut und was böse war; sie wollte ihre Entscheidung selbst treffen. Der Böse stellte Gottes Wort in Frage und versuchte sie mit einem Versprechen, dass sie »sein würde wie Gott, erkennend Gutes und Böses« (1. Mose 3,5). Wie der christliche Apologet und Autor Ravi Zacharias betont, als sie und ihr Ehemann »die Wirklichkeit seiner Stimme in Frage stellten und sie durch ihre eigene Autorität verdrängten, machten sie sich selbst zum Maßstab aller Dinge«.[33] Sie versetzten sich selbst an die Stelle Gottes und nahmen sich etwas, das nur Gott gehörte: die Macht, zu entscheiden, was gut und was böse ist.

Dieser Götzendienst ist der zweite Schritt, der in den Tempel der Toleranz führt. Es ist ein Götzendienst, der im Endeffekt behauptet: »Ich werde mein eigener Gott sein. Ich werde bestimmen, was Recht oder Unrecht ist, was wahr oder falsch ist, was gut oder böse ist.« Es ist derselbe Götzendienst, der den König von Babylon (den einige als ein Bild für Satan betrachten) ruinierte, der sagte: »Zum Himmel will ich hinaufsteigen, hoch über den Sternen Gottes meinen Thron aufrichten und mich niedersetzen auf dem Versammlungsberg im äußersten Norden. Ich will hinaufsteigen auf Wolkenhöhen, dem Höchsten mich gleich machen« (Jesaja 14,13-14).

Wenn Ihr Kind einmal so weit verführt ist, ist der nächste Schritt in den Tempel der Toleranz beinahe unvermeidbar: das zu tun, was recht ist in den eigenen Augen. Es ist ja nur natürlich, sobald ein Mensch einmal Gottes Offenbarung von Recht und Unrecht durch ein maßgefertigtes, persönlich gestaltetes Recht und Unrecht ersetzt, dieses Prinzip auch in die Praxis umzusetzen.

Wenn der Glaube eines Kindes oder eines Erwachsenen untergraben wird, was ihn dazu bringt, in sich selbst (anstatt bei Gott) moralische Führung zu suchen, und er beginnt das zu tun, was recht ist in seinen oder ihren Augen, wird der letzte Schritt unvermeidbar. Wenn das Zeugnis der Bibel – und unserer eigenen Erfahrung – uns irgendetwas lehrt, dann dieses: Wenn wir tun, was recht ist in unseren eigenen Augen, werden wir empfänglich für gefährliche Glaubensauffassungen wie z. B. New-Age-Gedankengut und für verderbliches Verhalten wie z. B. sexuelle Unmoral und Körpermissbrauch.

Der Zyklus ist dann geschlossen, denn ein Mensch, der sich mit sündigem Glauben und Verhalten beschäftigt, wird sich sehr wahrscheinlich fern und sogar entfremdet von Gott fühlen … und die Erosion des Glaubens, die den Zyklus begann, wird sich selbst immer aufs Neue wiederholen.

Doch es gibt einen gangbaren biblischen Weg, der zerstörerischen neuen Toleranz entgegenzutreten, und wir werden ihn ausführlich untersuchen. Zunächst jedoch müssen wir die Folgen der Toleranz und ihre hinterhältige Taktik voll erfassen.

4 Die Folgen der Toleranz

Ist es möglich, dass Sie für das Aussprechen des Namens Jesu ins Gefängnis kommen?

Vor einigen Jahren verfügte der Richter Samuel B. Kent vom US-Bezirksgericht für den südlichen Bezirk von Texas, dass jeder Student, der den Namen Jesu im Gebet bei einer Graduierung nenne, zu sechs monatiger Gefängnisstrafe verurteilt wird!

Hier der Originalton des Richters, direkt aus vom 5. Mai 1995 datierten Gerichtspapieren übernommen:

> Und macht keinen Fehler – das Gericht wird einen US-Vollzugsbeamten der Graduierung beiwohnen lassen. Wenn irgendein Student gegen diesen Gerichtsbeschluss verstößt, wird dieser Student ohne viel Federlesens verhaftet und für die Verachtung des Gerichtsbeschlusses bis zu sechs Monate Kerkerhaft im Galveston Bezirksgefängnis verbüßen müssen. Jeder, der meint, ich würde über diese Verordnung scherzen … oder würde irgendeine Schwäche oder zu wenig Entschlossenheit im Sinne eines Kompromisses zeigen, sollte besser noch einmal darüber nachdenken. Jeder, der diese Anordnungen verletzt, wird – ohne Scherze – wünschen, dass er oder sie als Kind gestorben wäre, wenn das Gericht sie durchsetzen wird.[1]

Die Worte des Richters würden wohl nicht so schockierend klingen, wären sie in der ehemaligen Sowjetunion oder in einem despotischen Regime wie dem von Saddam Hussein gesprochen worden. Doch wie kann so etwas in den Vereinigten Staaten von Amerika geschehen, »dem Land der Freien« und der Heimat des Ersten Amendements?

Ganz einfach. Die Drohungen des Richters Kent sind lediglich ein logisches Resultat der neuen Toleranz, der aggressiven Ideologie, die das Christentum bekämpft und Götzendienst schützt. Weil sich die neue Toleranz auf die Ansicht gründet, alle Wahrheitsansprüche seien gleich, weil von der Kultur geschaffen und gestaltet worden, *muss* die neue Toleranz jede Verkündigung absoluter Wahrheit nicht nur bekämpfen, sondern auch abwürgen. Das erklärt, weshalb der Name Jesu so oft solch heftige Reaktionen von ansonsten vernünftigen Personen oder Gruppen hervorruft. So behauptet Professor John D. Woodbridge: »Jesu Anspruch, dass er der Weg, die Wahrheit und das Leben ist, ist für moderne, politisch korrekte Menschen ein Brechreiz. Es ist Häresie in Reinkultur.«[2]

Solche Unterdrückung des Christentums ist nur eine der verhängnisvollen Folgen der neuen Toleranz.

Der Tod der Wahrheit

Amerika – und eigentlich fast der ganze abendländische Kulturkreis – wurde einst von Gottes unveränderlicher Wahrheit geleitet. In der Bibel offenbart Gott der Menschheit, dass es gewisse absolute Wahrheiten gibt – d. h., sie sind wahr für alle Menschen, an allen Orten und für alle Zeiten. Mord und Ehebruch sind für alle Menschen verkehrt (2. Mose 20,13-14). Stehlen und Lügen sind für alle Menschen verkehrt (3. Mose 19,11). Güte, Mitleid (Epheser 4,32) und Demut (Philipper 2,1-11) sind für alle Menschen richtig.

Jahrhundertelang wurden unsere Gesetze nach Gottes Normen erstellt. Unsere Moral wurde nach seinen Forderungen beurteilt. Doch das ist nicht mehr der Fall. Von wenigen Ausnahmen abgesehen, erstellen wir jetzt unsere Maßstäbe und beurteilen die Moral nach einem weitaus flexibleren Wahrheitskonzept, einem Konzept, das behauptet, es gebe nichts Absolutes gibt – alle Wahrheit sei relativ und subjektiv und Recht und Unrecht von Mensch zu Mensch und von Kultur zu Kultur unterschiedlich. Solch eine Ansicht spiegelt sich in folgenden oft gehörten Aussagen wider:

- »Niemand hat das Recht, mir zu sagen, was Recht oder Unrecht ist!«
- »Ich kann dir nicht sagen, was Recht oder Unrecht ist; du musst das für dich selbst entscheiden.«
- »Es ist falsch, deine moralischen Werte jemand anderem aufzuerlegen.«
- »Ich habe das Recht zu tun, was ich will, solange ich niemanden verletze.«
- »Du musst das tun, von dem du denkst, dass es richtig ist.«
- »Diese Werte sind dir vielleicht von deinen Eltern beigebracht worden, aber meine Eltern haben mir etwas anders beigebracht.«
- »Schau … das ist *deine* Meinung.«

Das Ergebnis ist natürlich der Tod der Wahrheit. Die Wahrheit besteht in der Welt der neuen Toleranz nicht länger als objektive Wirklichkeit, was dann wieder bedeutet, dass auch die Moral tot ist. So schreibt Francis Schaeffer:

> Wenn es keinen absoluten moralischen Maßstab gibt, dann lässt sich nicht endgültig sagen, ob etwas gut oder böse ist. Mit *absolut* meinen wir hier etwas, das immer gilt, das immer einen endgültigen Maßstab liefert, »ein absolut Gültiges [für alle Menschen]«. Es muss ein Absolutes geben, wenn es *Moral* geben soll, und es muss ein Absolutes geben, wenn es wirkliche *Werte* geben soll. Wenn es jenseits der menschlichen Gedanken kein Absolutes gibt, dann gibt es keine letzte Instanz, an die man sich wenden könnte, wenn die moralischen Entscheidungen verschiedener Einzelner in Konflikt geraten. Es bleiben lediglich widersprüchliche Meinungen, von denen die eine so gut wie die andere ist.[3]

Und wenn nur widersprüchliche Meinungen übrigbleiben, warum versucht man dann jemandem zu verdeutlichen, dass seine Meinung falsch ist? Genau hierauf bezog sich der spanische Philosoph Fernando Savater, als er sagte, »dass alle Meinungen gleich sind [und dass] es keinen rationalen Weg gibt, zwischen ihnen zu unterscheiden«.[4]

So führt sich die neue Toleranz selbst in unsere Gedanken und in die Gedanken unserer Kinder ein, indem sie die Fundamente der Wahrheit untergräbt, auf die sich unser Glaube und unsere Moral gründet. Dies macht uns alle für Satans zerstörerische Tricks angreifbar. Wer immer für objektive Wahrheit und absolute Normen eintritt, wird als intoleranter Fundamentalist gebrandmarkt, der kein Recht zu reden hat, als Fanatiker, der zum Schweigen gebracht werden muss, damit der Fortschritt weitergehen kann.

Das Verschwinden der Tugend

- Tapferkeit, Ehre, Integrität.
- Ehrerbietung, Respekt, Höflichkeit.
- Demut, Großzügigkeit, Mitleid.

Wenn Sie ein typischer Christ sind, möchten auch Sie für solche Eigenschaften bekannt sein. Und wenn Sie wie die meisten christlichen

Eltern, Pastoren oder Lehrer sind, möchten Sie unbedingt diese Eigenschaften auch Ihren Kindern, Ihrer Gemeinde oder Ihren Studenten beibringen. Doch wenn Sie sich umschauen, befürchten Sie, nicht in der Lage zu sein, Ihren Nachkommen so etwas wie Ehre und Integrität zu vermitteln.

Wissen Sie, *warum* es heute so schwer scheint, solche Werte an die nächste Generation weiterzugeben? Weil solche Begriffe in einer Kultur, die von der neuen Toleranz beherrscht ist, bedeutungslos sind. Wenn alle Glaubensauffassungen, Lebensweisen und Wahrheitsansprüche gleich sind, wie kann jemand Demut als Tugend deklarieren? Wer kann sagen, dass Höflichkeit wirklich noch besser ist als Unverschämtheit oder dass Tapferkeit löblicher ist als Feigheit oder Wahrheit besser als eine Lüge?

Das ist ein Grund, weshalb 1993 die Unruhen in Los Angeles (die viele schwarze und asiatische Geschäftsinhaber und Eigentumsbesitzer ebenso wie unschuldige Zuschauer schädigten) trotz all dieser Gesetzlosigkeit und Zerstörung keinen allgemeinen Aufschrei der Empörung hervorriefen, sondern stattdessen Aufrufe ergingen, ein tolerantes Verständnis für das Benehmen der Aufrührer zu zeigen. Welche moralische Autorität kann derartige ziellose Gewalt in einem Zeitalter der neuen Toleranz für falsch erklären?

Wenn in unseren Schulen, unserer Regierung, Gesellschaft und unseren Gemeinden die neue Toleranz immer mehr an die Stelle aller anderen Tugenden tritt, wird es immer schwieriger, nachfolgenden Generationen biblische christliche Werte zu vermitteln.

Das Ableben der Gerechtigkeit

Der Anbruch der neuen Toleranz signalisiert nicht nur den Tod der Wahrheit, er läutet auch die Todesglocke für Gerechtigkeit. Wie die Wahrheit war die Gerechtigkeit eine vorherrschende Tugend in der Kultur des Westens. Aber Gerechtigkeit und die neue Toleranz können nicht friedlich nebeneinander existieren, weil sie im Widerspruch zueinander stehen.

Don Closson von Probe Ministries schreibt:

> [Die Verteidiger der neuen Toleranz] sprechen zwar gelegentlich von Gerechtigkeit, doch kann sie nicht die Grundlage ihrer Bewegung sein und zwar aus dem einfachen Grunde, dass Gerechtigkeit

> ohne Wahrheit unmöglich ist. Damit jemand sagen kann, dass Handlungen oder Worte [ungerecht sind], muss er voraussetzen, dass eine moralische Ordnung [außerhalb des Menschen selbst] wirklich existiert. Ungerechtigkeit impliziert, dass Gerechtigkeit existiert; Gerechtigkeit impliziert, dass moralische Gesetze existieren und Gesetze implizieren, dass ein Gesetzgeber existiert.[6]

In einer von der neuen Toleranz beherrschten Gesellschaft wird die Gerechtigkeit immer mehr überschattet werden von den konkurrierenden Forderungen jeder besonderen Interessengruppe, von Umweltschützern, Vorkämpfern für Menschenrechte und Landwirten bis hin zu Schwulen und Lesben, Abtreibungsbefürwortern und der Spielautomatenindustrie. Der entscheidende Faktor in jeder Entscheidung ist nicht mehr eine Frage der Gerechtigkeit, sondern einfach die Frage, welche Gruppe am lautesten schreien, am längsten Einfluss nehmen und die meiste Furcht und Schande erregen kann. Juristische Prozesse werden zukünftig immer häufiger von der öffentlichen Meinung beeinflusst. Nationale Führer werden ihre Entscheidungen eher auf Meinungsumfragen als auf Gesetz oder Ethik gründen und werden immer Unterstützung durch die Medien erhalten, die öffentliche Empfindungen statt Nachrichten berichten.

Schließlich wird Gerechtigkeit sterben – und damit die Ethik, die die Abschaffung der Sklaverei, Frauenwahlrecht und Kämpfe vergangener Generationen um Bürgerrechte erst ermöglichte und begünstigte. Der Wort wird natürlich gebraucht werden, aber es wird nicht mehr das bedeuten, was gerecht ist … Es wird das bedeuten, was am populärsten oder pragmatischsten ist.

Der Verlust der Überzeugung

G.K. Chesterton, der begabte englische Schriftsteller, der das Leben und die Schriften von C.S. Lewis stark beeinflusst hat, bemerkte einmal: »Toleranz ist die Tugend eines Menschen ohne Überzeugungen.« Seine Aussage deutet auf eine andere Folge der neuen Toleranz hin: den Verlust der Überzeugung.

Das Lexikon definiert *Überzeugung* als »den Zustand des Überzeugt-Seins«.[7] Doch wenn ich aufrichtig die Glaubensauffassungen, Lebensweisen und Wahrheitsansprüche jedes Menschen als mit meinen eigenen *gleich* ansehe (selbst wenn sie meinen Glaubensauffassungen, Lebensweisen und Wahrheitsansprüchen widersprechen), kann ich nicht länger irgendeine echte Überzeugung bezüglich meiner eigenen Glaubensauffassungen empfinden. Die neue Toleranz fordert von mir, dass ich zugebe, mich ebenso leicht wie mein Nächster zu irren oder täuschen zu lassen. Wenn es keine Wahrheit gibt, die »wahrer« als jede andere »Wahrheit« ist, dann gibt es keine Wahrheit, die der Verteidigung wert ist. Wenn es keine Wahrheit gibt, die der Verteidigung wert ist, gibt es keinen Raum für Überzeugung.

Diese Tatsache wurde jüngst lebhaft in einer Wahlkampfkampagne in den USA veranschaulicht, als der Kandidat behauptete, er würde bei Abtreibung für die »Entscheidungsfreiheit« der Frau eintreten, obwohl er persönlich gegen Abtreibung eingestellt sei. Seine politisch durchaus clevere Position zeigte einen typisch postmodernen Mangel an Überzeugung. Und dieser Verlust an Überzeugung kennzeichnet nicht nur diesen speziellen Politiker, sondern die gesamte Kultur der radikalen neuen Toleranz.

Die neue Toleranz macht nicht nur aus Politikern und Weisen moralische Bestien, sie schafft eine Generation, die sowohl unfähig als auch unwillig ist, den christlichen Glauben zu verteidigen und ein von christlichen Überzeugungen bestimmtes Leben zu führen.

Die Privatisierung des Glaubens

Stephen L. Carter prägte den Ausdruck »die Kultur des Unglaubens«, um die vorherrschende Feindschaft gegen öffentliche Ausdrücke des Glaubens in der Kultur des Westens zu beschreiben. Jay Sekulow und Keith Fournier beschreiben sie in ihrem Buch *And Nothing but the Truth* (»Und nichts als die Wahrheit«) als »religiöse Säuberung«, ein Echo der ethnischen Säuberung, die von den Serben in dem schrecklichen Bosnienkonflikt praktiziert wurde:

> Die religiösen Säuberer operieren unter dem Deckmantel der Bürgerfreiheit und der US-Verfassung und kämpfen in der Arena der Politik und vor den Gerichten dafür, dass die so genannte Trennung von Kirche und Staat bedeutet, dass religiöse Glaubensauffassungen, Werte und Praktiken aus der Öffentlichkeit verbannt werden sollen.
>
> Religiöse Menschen können in ihren Häusern und Gottesdienststätten sitzen und politische, moralische und soziale Themen dis-

> kutieren und sie können beim Wählen ihrem Gewissen folgen. Doch wenn sie sich über diese Grenzen hinaus begeben und in die Stadthalle oder die Gerichte oder die öffentlichen Schulen oder praktisch in jede öffentliche Arena treten, werden sie zu Übertretern, die in ihren Privatbereich zurückgedrängt werden müssen, wo ihre Ideen niemand anderen beeinflussen oder auch nur zu beeinflussen drohen, außer sie selbst.[8]

In einer Kultur, in der die neue Toleranz regiert, werden Sie und Ihre Kinder immer mehr dahingehend unter Druck gesetzt werden, über Ihren Glauben zu schweigen ... und sich wegen Ihres Glaubens unterlegen zu fühlen. Von Ihnen und Ihren Kindern wird erwartet werden, »Ihre Moral« dem Privatbereich vorzubehalten. Sie und Ihre Kinder werden von Jurys ausgeschlossen und aus dem öffentlichen Geschehen verbannt werden, weil Ihre Meinungen als von der Religion gefärbt und somit als »voreingenommen« betrachtet werden.[9]

Natürlich sind es, um fair zu sein, nicht alle öffentlichen Ausdrükke des Glaubens, welche die neue Toleranz aus der Öffentlichkeit entfernen will. Wer keine Überzeugungen über Wahrheit und Moral vertritt, wird ermuntert, lauter zu reden. Wer einen nicht westlichen Glauben vertritt, wird oft mit Jubel begrüßt. Der Dalai Lama zum Beispiel, der geistliche Führer des tibetischen Buddhismus und Friedensnobelpreisträger von 1989, ist von politischen Spitzenführern in jedem Land, das er besuchte, herzlich begrüßt worden, auch in den USA. Und obwohl christliche Studenten an staatlichen Universitäten und Colleges ausgegrenzt werden, sind bereits in vielen unserer höheren Bildungseinrichtungen Fakultäten für Buddhistik verfügbar.[10]

Warum der Unterschied? Es ist nicht das Programm der neuen Toleranz, *alle* Glaubensauffassungen zu privatisieren (und zu »ghettoisieren«) – nur diejenigen, die einen Glauben an absolute Wahrheit verkündigen – in erster Linie Christentum und orthodoxes Judentum.

Die Tyrannei der Einzelperson

Schwierigkeiten begannen sich zusammenzubrauen, als die Graduierungsfeier für die West-Highschool in Salt Lake City nahte. Der Schulchor übte für die Feierlichkeiten. In zweien der Lieder, die sie singen wollten, traditionelle Lieblingslieder an der Schule, kamen Bezüge auf »Gott« und den »Herrn« vor.

Eine Studentin jedoch erhob Einspruch gegen die Lieder. Sie behauptete, dass sie »anstößig« seien und »ihre Bürgerrechte verletzten«. Daher verklagte sie die Schule, und das Berufungsgericht in Denver verbat dem Chor, die Lieder bei der Graduierungsfeier zu singen.

Dieser Fall veranschaulicht das, was Chuck Colson als die »Tyrannei der Einzelperson – bei der eine Person die Rechte der Mehrheit blockieren kann« – bezeichnete. Colson schreibt weiter:

> Wenn die Studentin das Recht verlangt hätte, nicht teilzunehmen zu müssen, dann wären wir alle damit einverstanden gewesen. Sie könnte entschuldigt werden, gleichsam aussteigen, wie Christen es oft beim Sexualkunde-Unterricht tun. Doch sie verlangte etwas mehr, nämlich dass die Mehrheit daran gehindert wird, Lieder zu singen, an denen nur sie etwas auszusetzen hatte.[11]

Unter der Schirmherrschaft der neuen Toleranz hat unsere Gesellschaft ein neues Bürgerrecht geschaffen, nämlich das Recht, weder Anstoß zu nehmen, noch überhaupt wettstreitende Wahrheitsansprüche anhören zu müssen. Colson sagt weiter: »Eine Gesellschaft, die sich von wettstreitenden Wahrheitsansprüchen isoliert, wird unvermeidbar in Unterdrückung und Tyrannei fallen.«

W. A. Henry III. fügt die erschreckende Beobachtung hinzu, dass

> [Verteidiger der neuen Toleranz] eine Behauptung der Belästigung als grundsätzlich unanfechtbar betrachten, unabhängig von Fakten, weil die einzig relevante Wahrnehmung von Schmerz die des angeblichen Opfers ist.[12]

Anders ausgedrückt: Nicht die tatsächlichen Fakten einer Situation sind von Belang; alles was zählt ist, ob sich jemand verletzt fühlt. In solch einem Klima werden Sie und Ihre Kinder sich den Vorwurf gefallen lassen müssen, gefühllos und intolerant zu sein, weil Sie – wissentlich oder unwissentlich – jemandes Recht übertreten, nicht beleidigt oder herausgefordert zu werden.

Der Zerfall der Menschenrechte

Calvin J. Camp reagierte in einem Brief an *USA Today* schockiert auf einen Nachrichtenartikel, der von der Unterzeichnung eines Atompakts mit China berichtete. Es heißt dort, obgleich die Führer beider Länder den Vertrag unterzeichnet hatten, habe der US-Präsident mit Chinas Präsident Jiang Zemin bezüglich Menschenrechtsfragen »gerungen«. Camp schrieb:

> Es scheint eine speziell amerikanische Eigenschaft zu sein, hochnäsig auf andere Kulturen herabzublicken und uns selbst als moralisch überlegen zu verkündigen …
>
> Die chinesische Haltung zu den Menschenrechten ist nicht falsch; es ist einfach eine chinesische Haltung. Ihre »mystischen Akkorde der Erinnerung« unterscheiden sich von unseren. Sie haben keine Erinnerung an einen Jefferson oder Madison, sondern erinnern sich an englische oder japanische Soldaten. Folglich schätzen sie Stabilität.
>
> Wenn Dissidenten diese Stabilität bedrohen, wird mit ihnen auf chinesische Weise verfahren. Es wäre erfrischend, wenn unsere Führer dies anerkennen würden …[13]

Sehen Sie, was der Schreiber des Briefes sagt? In diesem Zeitalter der neuen Toleranz wird jede Verteidigung der Menschenrechte ad absurdum geführt, insbesondere auf einer internationalen Grundlage.

Wird die neue Toleranz auf unterschiedliche kulturelle Werte angewandt, bezeichnet man dies gewöhnlich mit dem Begriff *Multikulturalismus*. Der grundlegende Glaube des Multikulturalismus (wie er in breitem Maße im öffentlichen Bildungssystem gelehrt wird) ist, dass alle kulturellen Werte, Glaubensauffassungen und Wahrheitsansprüche gleich sind; es gibt keine Norm, durch die man einen kulturellen Wert als »besser« oder »schlechter« beurteilen kann als einen Wert aus einer anderen Kultur. Wenn Wahrheit und Moral Schöpfungen der Kultur sind und als solche nicht zwischen verschiedenen Kulturen angemessen verstanden (geschweige denn weitergegeben) werden können, dann gibt es für einen Menschen oder ein Volk keine Grundlage, gegen so abscheuliche kulturelle Praktiken zu protestieren wie Witwenverbrennung (das Verbrennen der hinterbliebenen Ehefrau bei der Feuerbestattung des verstorbenen Ehemanns) oder erzwungene Abtreibung und Kindesmord, der aus Chinas strenger Familiengesetzgebung resultiert. Wenn Sie anderes denken oder sich sogar zu äußern wagen, dann sind Sie »antimultikulturell« oder intolerant.

Tatsächlich gab eine feministische Journalistin 1992 das in einem viel diskutierten Leitartikel über Beschneidung von Mädchen zu (die erzwungene Geschlechtsverstümmelung an jungen Mädchen, praktiziert in vielen islamischen Ländern; dabei wird die Klitoris abgeschnitten, oft ohne Narkose, um die Frau daran zu hindern, sexuelle Lust zu erleben und somit, wie man meint, Promiskuität und Ehebruch zuvorzukommen). Die Journalistin Andrea Park schrieb, dass sie zwar die Unterdrückung von Frauen verachtet und die Sitte verurteilt, aber keine Norm habe, mit der sie über andere Kulturen richten könne:

> Wie kann ich gegen eine Kultur reden, die ich nicht zu verstehen versucht habe? Ist es relevant, dass ich als Außenseiterin die Praxis grausam finde? So schwer es mir fällt, dies zuzugeben, die Antwort lautet nein.[14]

In Treue zu den Prinzipien und Idealen der neuen Toleranz, läutete Parks Leitartikel die Todesglocke der Menschenrechte. Wenn alle Glaubensauffassungen, Lebensweisen und Wahrheitsansprüche kulturell definiert und gleichwertig sind, haben Park und ihre Kultur kein Recht, die Menschenrechte derer zu verteidigen, die in anderen Kulturen leben. Ebenso wenig haben Sie und Ihre Kinder dieses Recht.

Die Dominanz des Gefühls

Eine weitere Folge der neuen Toleranz ist, dass Gefühle begonnen haben, in menschlichen Überlegungen und Entscheidungen an die Stelle von Tatsachen zu treten; Emotion hat Vernunft ersetzt und Stil erringt den Sieg über Inhalt. Ryszard Legutko schreibt:

> Wir erleben heute den Niedergang eines starken Denkmodells, auf unmenschlich objektive und hierarchische Weise, und den Triumph einer im Grunde schwachen Phrasendrescherei: Die Kriterien der gesellschaftlichen Koexistenz, anpassungsfähig und dehnbar, haben begonnen, eine wichtigere Rolle als die übermenschlichen Wahrheitskriterien zu spielen.[15]

Was will er sagen? Gefühle sind wichtiger als Fakten geworden. Das ist eine Situation, die durch die gängige Praxis veranschaulicht wird, dass man den Ausdruck »ich *denke*« ersetzt hat durch »ich *fühle*«, z. B. in Aussagen wie: »Ich fühle, dass unsere Schulen ihre Arbeit gut verrichten«, und: »Ich fühle, dass das, was ein Mensch im privaten Rahmen tut, niemanden etwas angeht außer ihn selbst«.

Der Politikwissenschaftler David Barber drückt es so aus:

> Ich denke, dass heute viel »Impressionismus« praktiziert wird – ein Verabscheuen der Vernunft zugunsten der Emotion.

Wenn in unserer Gesellschaft Gefühle anstatt Ideen regieren, werden Männer und Frauen immer mehr Unsinn glauben (»Wenn ich es doch *fühle*, wie kann es falsch sein?«) und Einspruch wird nicht gestattet sein (»Wie kannst du dem widersprechen, was ich *fühle*?«).

Die Erhöhung der Natur

Der deutsche Philosoph Martin Heidegger (1899–1976) stellte die Auffassung in Frage, dass die Menschheit sich eines besonderen Standes über der Natur erfreut. Er argumentierte, dass Menschen sich von keinem anderen Objekt oder Wesen in der Natur unterscheiden würden.

Heideggers Ansichten haben sich in der heutigen Atmosphäre der neuen Toleranz verwirklicht, wie Gene Edward Veith in seinem Buch *Postmodern Times* (»Postmoderne Zeiten«) betont:

> Während der Modernismus menschliche Kontrolle über die Natur suchte, erhöht der Postmodernismus die Natur auf Kosten der Menschen. Liebe zur Natur und ein Anliegen für die Umwelt sind zwar löblich, doch gehen viele Umweltschützer zu antimenschlichen Extremen. Für David Brown, dem ehemaligen Vorsitzenden des Sierra Club, ist die Zerstörung des menschlichen Lebens nicht tragischer als die Zerstörung der Wildnis. Er sagt: »Der Tod junger Männer im Krieg ist zwar bedauerlich, ist aber nicht ernster als das Antasten der Berge und Wildnisgebiete durch die Menschheit.« Pentti Linkola, Aktivist der finnischen Grünen Partei … geht sogar so weit zu sagen, dass er mehr Sympathie für eine bedrohte Insektenart habe als für an Hunger sterbende Kinder in Afrika.[17]
>
> Umweltextremismus hat auch die Tierschutzbewegung hervorgebracht. *In einer Welt ohne absolute Maßstäbe gibt es keine Grundlage für die Aussage, dass Menschen auch nur etwas besser als irgendeine andere Art seien …* So Ingrid Newkirk, die Präsidentin der

> Organisation *»Menschen für die ethische Behandlung von Tieren«*: »Eine Ratte ist ein Schwein ist ein Hund ist ein Junge.«[18] Worauf es ihr ankommt, ist, dass ein menschliches Kind von Natur aus nicht besser ist und keine höheren Vorrechte haben sollte als ein Hund, ein Schwein oder eine Ratte [Hervorhebungen zugefügt].[19]

In einer Welt und einem Zeitalter, in dem »alles gleich ist«, sollten Menschen – selbst Kinder – nicht mehr Beachtung erwarten als Tiere, Wälder oder Insekten. Tatsächlich werden sie oft weniger empfangen.

Der Abstieg in Extreme

Ein 17-jähriges kanadisches Mädchen namens Onis Cartier entschied sich eines Tages, mit ihrem Hund eine Straße der Innenstadt in Ottawa entlang zu spazieren. Ihr Ehemann Cory begleitete sie. Nichts Ungewöhnliches also – abgesehen davon, dass sie von der Taille aufwärts unbekleidet war. Nachdem sie beinahe eine Reihe von Verkehrsunfällen veranlasst hatte, erklärte Onis, sie wolle nicht die Entscheidung des Stadtrats abwarten bezüglich der Frage, ob sich Frauen in der Öffentlichkeit »oben ohne« zeigen dürften.

»Ich entschied mich dazu, weil ich endlich die Nase voll hatte«, sagte Onis. »Ich zeige bloß allen anderen Frauen, dass es geht. Warum also machen sie es nicht auch?«

Und sie hat Recht – zumindest vor dem Gesetz. Infolge einer Verordnung des Berufungsgerichts von Ontario ist es seit Dezember 1996 für Frauen legal, sich in der Öffentlichkeit »oben ohne« zu zeigen. Das noch nicht entschiedene Votum des Stadtrats, das Onis zitierte, betraf das Recht einer Frau, »in städtischen Schwimmbädern und an öffentlichen Stränden mit nacktem Oberkörper« herumzulaufen. Die frühere Verordnung des Berufungsgerichts erging infolge einer Unsittlichkeitsklage gegen eine andere kanadische Frau, Gwen Jacobs. Ihr war eine Geldstrafe dafür auferlegt worden, dass sie im Juli 1991 einen »Oben-ohne«-Spaziergang gemacht hatte. Das Berufungsgericht stellte ihre Überzeugung auf den Kopf.[20]

Undenkbar? Vielleicht gestern, aber nicht heute. Es ist einfach eine weitere Folge der neuen Toleranz. Wenn alle Glaubensauffassungen, Verhaltensweisen, Lebensweisen und Wahrheitsansprüche als gleichwertig toleriert werden müssen, dann muss selbst unerhörten und extremsten Ansprüchen dieselbe Behandlung wie allen anderen garantiert werden. Dieser Abstieg in Extreme wird in der jüngsten Stellungnahme der Abteilung Utah der US-amerikanischen Nationalen Frauenorganisation lebhaft veranschaulicht, die Polygamie als eine Lösung für das Problem berufstätiger Mütter vorschlägt.

»Es erscheint als eine ziemlich gute Lösung für berufstätige Frauen, die mit ihre Karrieren fortsetzen können und jemanden im Haus haben, dem sie es anvertrauen können, auf ihre Kinder aufzupassen. Es löst das Problem der Kindertagesstätten«, sagte Lucy Mallon, Vizepräsidentin der Frauenorganisation. Ellen George, Bezirksleiterin derselben Organisation, fügte hinzu: »Dies ist kein aufdringliches Eintreten für Polygamie, aber vielleicht kann es bei Manchen funktionieren und vielleicht kann es die Kindererziehung für solche erleichtern, die Karriere und Mutterschaft unter einen Hut bringen wollen.«[21]

Alan Keynes, ehemaliger Uno-Botschafter, meinte zur Stellungnahme der Frauenorganisation zur Polygamie: »Ich wusste, dass dies geschehen würde … Wenn [wir] den liberalen Standpunkt zur Homosexuellen-Ehe akzeptieren … dann gibt es kein Argument, keine Gründe, gegen Polygamie einzutreten. [Wir] haben die Zügel aus der Hand gegeben … Wir erleben es hier in unserer Zeit.«[22]

Wir erleben es tatsächlich. Denken wir an den Fall der zwei Jungen im Alter von fünf und acht Jahren, die unter einem schmutzigen Kampf um das Sorgerecht zu leiden hatten. Als ihre Mutter, eine Christin, gerade im Scheidungsprozess stand, erklärte ihr Exmann seinen Wunsch, sich einer »Geschlechtsumwandlung« zu unterziehen. Mit anderen Worten: Er wollte sich einem operativen Eingriff unterziehen, sodass er eine »Frau« würde und mit einer anderen Frau als praktizierende »Lesben« zusammenleben könnte. Zudem versuchte er, das Sorgerecht für die Jungen zu bekommen. Als um das Sorgerecht verhandelt wurde, hatte sich der Vater bereits der Operation unterzogen und lebte in einer Beziehung mit einem anderen Mann, der dieselbe Operation an sich hatte vornehmen lassen, sowie zu einem dritten Mann, der »sich nur wie eine Frau kleidete« (die Dreierbeziehung war jedoch nicht von Dauer und der Vater heiratete später seinen »lesbischen« Partner).

Die Stiftung »Alliance Defense« hörte von diesem Fall und kam der Mutter zu Hilfe. Die Organisation konnte verhindern, dass der Vater und seine »Lebenspartner« das Sorgerecht über die Jungen bekamen. Als dann jedoch der Fall vors staatliche Berufungsgericht kam, *revidierte dieses die Entscheidung des untergeordneten Gerichts und erließ ein Urteil zugunsten des Vaters!*[23]

Können die Dinge noch absurder werden?, werden Sie sich vielleicht fragen. Leider können sie das … und sie werden tatsächlich absurder werden, wenn sich die neue Toleranz ungehindert weiter ausbreitet.

Tragischerweise sind dies nur wenige der Folgen der neuen Toleranz. Wenn diese gefährliche Bewegung weiter wächst, wird es Sie, Ihre Kinder und Ihre Gemeinde mitten in einen wirbelnden kulturellen Sturm versetzen, der die Grundlagen des Glaubens und der Moral unter Ihnen wegreißen könnte und Ihnen und Ihren Lieben jeden festen Grund unter den Füßen nimmt.

Doch kann man Schritte unternehmen, um das Blatt zu wenden und »das Böse mit dem Guten zu überwinden« (Römer 12,21). Aber dazu müssen wir zuerst die Taktik der neuen Toleranz verstehen.

–Was können weitere Folgen sein?
–Was fällt mir auf

5 Die Taktik der Toleranz

George Orwell, ein englischer Schriftsteller mit dem bürgerlichen Namen Eric Blair, zeichnete in seinem berühmten Buch *1984* ein düsteres Bild der Zukunft der menschlichen Gesellschaft. Das Buch schilderte das Leben im totalitären England (im Buch »Landefeld Eins« genannt), das vom Großen Bruder regiert wird, einem allgegenwärtigen Führer, der niemals gesehen wird, aber alle hört und sieht. Orwells totalitäre Gesellschaft wurde durch »Neusprech« und »Doppeldenk« gekennzeichnet.

Neusprech war eine Sprache, die viele Worte durch neue, politisch annehmbare Begriffe ersetzte: das Ministerium für Frieden leitete den fortwährenden Krieg zwischen den drei überlebenden Superstaaten der Welt; das Ministerium für Liebe verwaltete den Unterdrückungsfeldzug der Geheimpolizei; das Ministerium für Überfülle handelte mit Knappheit, und das Ministerium für Wahrheit verbreitete Propaganda und schrieb die Geschichte um. *Doppeldenk* war ein Begriff, den Orwell gebrauchte, um des Großen Bruders Gleichsetzung widersprüchlicher Gedanken zu beschreiben: »Krieg ist Frieden, Freiheit ist Sklaverei, Unwissenheit ist Stärke.«

Der vielleicht denkwürdigste Bestandteil der Vision Orwells waren jedoch die schrecklichen Konsequenzen, die den von der Gesellschaft so genannten »Gedankenverbrechen« folgten, jedem Versagen oder der Ablehnung, annehmbare Gedanken zu denken oder anerkannte Worte zu reden. Menschen, die Gedankenverbrechen begangen hatten, wurden zensiert, verspottet und zum Schweigen gebracht ... wenn nötig, durch Tod.

Glücklicherweise kam und verging das Jahr 1984 und Orwells Vision blieb unerfüllt. Die Regierungen der Welt verschmolzen nicht zu drei sich gegenseitig bekriegende Superstaaten. England wurde nicht vom totalitären Ozeanien absorbiert. Es wurden nicht Zwei-Wege-Bildschirme in jedem Haus installiert, um Propaganda auszusenden und das Privatleben der Menschen auszuspionieren.

Doch andere Aspekte von *1984* sind in Erfüllung gegangen. Sie wurden zwar nicht von einer zentralistisch-totalitären Regierung herbeigeführt; aber infolge einer Philosophie haben sie unsere Kultur und unsere Gesellschaft durchdrungen und wurden in unsere Gemeinden und Familien eingeschleust – infolge des Postmodernismus und der neuen Toleranz.

Wir meinen nicht, es handle sich hier um eine Art menschlicher Verschwörung, ein weltweites Komplott, das von Politikern, Finanzmogulen, Medienmagnate und Pädagogen ausgetragen wird. Oh, es mag manche geben, die sich des zerstörerischen Einflusses der neuen Toleranz bewusst sind und sie mit böser Absicht propagieren. Doch die große Mehrheit derer, die Neusprech und Doppeldenk der neuen Toleranz verbreiten – Gesetzgeber und Politiker, Journalisten, Pädagogen und Verfechter der Sache – machen das unbewusst, genau wie die ahnungslose Hausfrau, der Jugendgruppenleiter, der Busfahrer und der Gebrauchtwagenhändler. Denn das Konzept selbst wird schnell »institutionalisiert« und von der großen Mehrheit durch ständige Aussetzung und permanenten Einfluss akzeptiert. Aber achten Sie auf das Schlüsselwort: *ahnungslos*. Im Großen und Ganzen sind viele, die die neue Toleranz verbreiten, aufrichtige Menschen, die sich mit dem Tod der objektiven, erkennbaren Wahrheit in der modernen Gesellschaft (beschrieben in Kapitel 3) herumzuschlagen versuchen; sie sind hinters Licht geführt worden und sie sind sich dessen völlig unbewusst, *weil Verführte nicht wissen, dass sie verführt worden sind*. Sie sind blind für die Tatsache, dass sie Opfer einer gefährlichen Philosophie sind.

Doch obgleich die Verbreitung der neuen Toleranz keine menschliche Verschwörung ist, gibt es einen großen Verschwörer, der hinter den Kulissen arbeitet, einen Schachmeister, der die Figuren zu seinen Gunsten zieht. Es ist natürlich unser Widersacher, »der Gott dieses Zeitalters«[1] und »der Vater der Lüge«[2]. Er kennt die Wahrheit des Wortes Gottes und die Kraft des Evangeliums[3] und so hat er schrittweise darauf hin gearbeitet, den christlichen Glauben zu untergraben, seine Ausbreitung zu behindern und die Götzen des Postmodernismus zu erwecken. Und, wie wir sehen werden, die Taktiken der Toleranz sind so teuflisch wie alles, was Orwell sich vorstellte.

Doppeldenk und die neue Toleranz

Erinnern Sie sich an die Fantasiewelt von Alice in *Alice hinter den Spiegeln* und *Alice im Wunderland*? Ein Aspekt dieses Wunderlands entspricht der Welt der neuen Toleranz:

»Jetzt werde ich *dir* etwas zu glauben geben«, sagte die Königin. »Ich bin gerade einhundertundeins Jahre, fünf Monate und einen Tag alt.«

»Das kann ich nicht glauben!«, sagte Alice.

»Kannst du nicht?«, sagte die Königin in einem mitleidigen Ton. »Versuch es noch einmal: nimm einen tiefen Atemzug und schließ deine Augen.«

Alice lachte. »Es hat keinen Zweck«, sagte sie. »Man kann nicht unmögliche Dinge glauben.«

»Ich wage zu behaupten, dass du bisher nicht viel Praxis gehabt hast«, sagte die Königin. »Als ich in deinem Alter war, übte ich mich täglich eine halbe Stunde darin. Deshalb habe ich bisweilen gleich sechs unmögliche Dinge vor dem Frühstück geglaubt.«

Eine der grundlegendsten Taktiken der Toleranz ist das Festhalten an der Möglichkeit, Unmögliches zu glauben. Das ist eine Taktik, die unheimlich an Orwells 1984 erinnert, wo die Hauptfigur Winston Smith gefoltert wurde, bis er schwur, zwei plus zwei sei gleich fünf ... und es glaubte. Die heutige Toleranz bringt in den Gedanken von Jung und Alt ein ähnliches Kunststück fertig, indem sie ein solches »Unmöglichkeitsdenken« als äußerst modern und intellektuell darstellt.

Der Hinduismus lehrt zum Beispiel, eine Seele werde nach ihrem Tod in einer anderen Form reinkarniert; der Islam hingegen behauptet (wie auch andere Religionen), dass Seelen die Ewigkeit entweder im Himmel oder in der Hölle verbringen. Grundlegende Logik – das Gesetz des Nichtwiderspruchs – fordert nun, dass zwei sich widersprechende Vorstellungen nicht beide wahr sein können. Doch die neue Toleranz gründet sich auf das postmoderne Denken, das unter anderem behauptet, Logik und lineares Denken seien westlich und somit unterdrückend. Daher ist es nicht nur möglich, sondern *sogar notwendig*, zwei (oder mehr) sich widersprechende Dinge gleichzeitig zu glauben.

Deshalb sind in der Welt der neuen Toleranz alle Vorstellungen vom Leben nach dem Tod *gleich wahr*; ebenso wie alle Religionen, alle »sexuellen Orientierungen«, alle Werte und alle Glaubensauffassungen ... auch wenn sie widersprüchlich sein mögen. (Ausgenommen sind natürlich alle Religionen, Werte, Glaubensauffassungen usw., welche die Existenz objektiver Wahrheit behaupten.)

Diese Art Doppeldenken wirkt sich zu Gunsten der Befürworter der neuen Toleranz aus, weil dadurch der Tempel der Toleranz zu einem virtuellen Sammelsurium götzendienerischer Glaubensauffassungen und Verhaltensweisen wird … und so alles umso verführerischer wird – für Ihre Kinder und vielleicht sogar für Sie selbst.

Neusprech und die neue Toleranz

Die Verfechter der neuen Toleranz scheinen aus Orwells Buch auch das Konzept der Neusprache entlehnt zu haben. Wie in Kapitel 2 erwähnt, ist für diese Neusprache eine grundlegende Prämisse der neuen Toleranz charakteristisch: sie setzt fälschlicherweise die *Person* mit den *Einstellungen und Handlungen* der Person gleich; sie sagt, dass nicht nur alle Menschen gleich geschaffen sind, sondern dass alle Glaubensauffassungen, Verhaltensweisen, Lebensweisen und Wahrheitsansprüche gleich seien. Folglich wird der Begriff Toleranz neu definiert, sodass er nicht nur bedeutet, einen Menschen zu akzeptieren, der sich von mir unterscheidet; Toleranz bedeutet dann auch Übereinstimmung mit, Gutheißung der und sogar Teilnahme an den Glaubensauffassungen, Verhaltensweisen und Lebensstilen dieses Menschen.

Derartige falsche Gleichsetzungen gehören zu den wichtigsten Taktiken der neuen Toleranz.

Eine andere Meinung ist Phobie

Eine der Orwellschen Taktiken der neuen Toleranz ist die negative Etikettierung jeden Widerspruchs oder Einwands als »phobisch«.

Debra J. Saunders berichtete in *The San Francisco Chronicle* von der Reaktion eines »altmodischen« Vaters, der gegen den Inhalt des Sexualkunde-Unterrichts protestierte, den sein Sohn in der staatlichen Schule erhielt.

»Als ich mich beschwerte, dass mein Sohn im Grundschulalter zu jung ist, um Homosexualität zu verstehen«, sagte der Vater, »nannten sie mich einen ›Homophoben‹. [Sie] hörten überhaupt nicht zu, sondern beschimpften mich nur.«[4]

Wie mit diesem Vater umgegangen wurde, offenbart eine Schlüsseltaktik der neuen Toleranz. Wenn Sie, Ihre Kinder oder Ihre Gemeinde irgendeinen Widerspruch oder Einwand gegen das Programm der neuen Toleranz vorbringen, werden Sie damit wahrscheinlich nur

Spott und Hohn ernten … von gerade den Leuten, die Toleranz zu hoch zu schätzen behaupten.

Nonkonformismus ist Hass

Dr. Jim Aist, Professor für botanische Pathologie, wurde »wegen sexueller Belästigung, Diskriminierung und Machtmissbrauch angeklagt. Studenten veranstalteten einen sechsstündigen Sitzprotest gegen ihn. Sein eigener Vorgesetzter, der Dekan, erhob Vorwürfe gegen ihn. Er musste Anschuldigungen beantworten, ohne dass ihm erlaubt war zu wissen, worum es ging. Innerhalb von zwei Jahren ertrug er die Untersuchungen von zehn Ermittlungen. Als die Presse Beschuldigungen gegen ihn vorbrachte, musste er Rede und Antwort stehen.«[5]

Welches Verbrechen hatte Dr. Aist begangen? Er hatte auf dem Campus Flugblätter verteilt, die »Hilfe für Homosexuelle« anboten. Die Flugblätter boten sorgfältig recherchierte Informationen über die Gründe für Homosexualität an sowie – für Studenten und die Fakultät kostenlos – Betreuung für Homosexuelle, die vom homosexuellen Lebensstil frei werden wollen.

Schwule Aktivisten beschwerten sich jedoch über »Aists Plakate und seine Aufforderung an lesbische, schwule, bi- und transsexuelle Studenten, Buße zu tun und ein ›normales‹ Leben zu beginnen«. Dadurch würde der »Selbsthass und die Depression verschlimmert, die [Homosexuelle] zwangsweise fühlen«. Die Gruppe »Direkte Aktion zum Stop der Homophobie« beschuldigte Aist, »ein feindliches … Umfeld geschaffen« und Gewalt gegen Homosexuelle gefördert zu haben (interessanterweise bestellte kein einziger Student und kein Fakultätsmitglied das Paket mit Forschungsmaterialien; die Feindseligkeit, die sich gegen Dr. Aist richtete, basierte nicht auf dem Inhalt seiner Forschung, sondern auf den Gefühlsaufwallungen, die seine Gegner initiierten).

Campus für Christus entwarf ein ähnliches Poster und eine Reihe von Anzeigen mit dem Oberbegriff »Die Entscheidung jedes Studenten«, die von Homosexuellen berichteten, die unter Christen Annahme und Befreiung vom homosexuellen Lebensstil fanden. Daraufhin lehnten es etliche Zeitungen ab, die Anzeigen zu veröffentlichen, und eine Gruppe an der University of Virginia verteilte ein Flugblatt, das Campus für Christus mit dem Ku Klux Klan verglich und den Slogan verbreitete: »Grausamkeit, Hass und Unehrlichkeit sind keine christlichen Werte!«

Diese Taktik, jede gegnerische Ansicht mit Etiketten wie *Feindschaft, Hass, Grausamkeit* und *Fanatismus* zu diffamieren, hat wiederholt ihre Effektivität für die Befürworter der neuen Toleranz bewiesen.

Überzeugung ist Fanatismus

Eines der notwendigen Ergebnisse der neuen Toleranz ist der Verlust von Überzeugungen (siehe Kapitel 4). Wenn keine Wahrheit mehr »wahrer« als eine andere »Wahrheit« ist, dann gibt es keine Wahrheit, die verteidigenswert wäre. Wenn es keine verteidigenswerte Wahrheit gibt, gibt es keinen Platz für Überzeugung – besonders für religiöse Überzeugung (und insbesondere für christliche Überzeugung).

Folglich betrachten solche, die von der neuen Toleranz verführt worden sind, eine Person mit Überzeugung natürlich mit Argwohn oder Geringschätzung. Debra J. Saunders, Kolumnistin für *The San Francisco Chronicle*, zitierte die Kommentare einer Mutter über die Erfahrungen ihrer Kinder an einer öffentlichen Schule: »Die Lehrer meiner Kinder sagen, sie wollen, dass die Schüler selbstständig denken. Doch wenn meine Kinder sagen, dass sie denken, sie sollten ihren Eltern und Gott gehorchen, werden sie verspottet. Welche eigene Meinung darf man noch haben, wenn Kinder gezwungen werden, dasselbe zu denken?«[6]

Doch diese Art der Reaktion auf religiöse Überzeugung ist das einzige mögliche Ergebnis eines philosophischen Systems, das besagt, alle Wahrheitsansprüche seien gleich … außer solche Wahrheitsansprüche, die sagen, dass *nicht* alle Wahrheitsansprüche gleich sind!

Wenn Sie und Ihre Angehörigen im heutigen Klima der neuen Toleranz feste christliche Überzeugungen vertreten, werden diese Überzeugungen Sie als Fanatiker hinstellen, ob sie sich nun als Fanatiker fühlen oder nicht. Denn in der Neusprache der neuen Toleranz sind Überzeugungen fanatisch, da Überzeugung die Überlegenheit einer Auffassung (an der man mit Überzeugung festhält) über alle andere impliziert. Das jedoch steht in direkter Opposition zur Lehre der neuen Toleranz, dass »alles gleich« sei.

Christliche Glaubensbekenntnisse, Gebete und Symbole sind diskriminierend

Ein anderer Schlüsselgrundsatz der Neusprache der neuen Toleranz ist die Deklarierung aller christlichen Glaubensbekenntnisse, Gebete, Symbole und ähnlicher Ausdrücke des Glaubens als diskriminierend.

Zum Beispiel wurde die örtliche Abteilung der Intervarsity-Studentenmission an der Carleton University in Ottawa aus der Studentenunion der Universität verbannt und somit von Spendengeldern, Vergünstigungen usw. ausgeschlossen. Der Grund? Die Forderung der Studentenmission, dass ihre Mitglieder das Glaubensbekenntnis von Intervarsity unterschreiben sollten. Die Studentenunion behauptete, dass eine derartige Forderung eine Verordnung verletze, die gleichberechtigten Zugang zu allen Vereinigungen verlangt. Mit anderen Worten: Es ist eine Diskriminierung, wenn eine *christliche* Vereinigung von ihren Mitgliedern erwartet, einem christlichen Glaubensbekenntnis beizupflichten.[7]

Oder denken wir an den Fall von Bischof Knox, einem Schuldirektor in Jackson, Mississippi. Die Schülerschaft an Knox' Schule hatte entschieden, dass jeden Morgen über die Sprechanlage der Schule ein Gebet vorgelesen wird. Knox erlaubte, dass das folgende, keineswegs sektiererische Gebet gelesen werde: »Allmächtiger Gott, wir bitten dich, dass du unsere Eltern, unsere Lehrer und unser Land den ganzen Tag über segnen mögest.« Als diese morgendliche Botschaft ertönte, protestierte die Amerikanische Union für Bürgerrechte vehement. Knox wurde entlassen.[8] Und natürlich gibt es häufige Fälle, wo gemeinschaftliche Weihnachtsbäume, Krippenspiele und andere christliche Symbole verbannt wurden. So z. B. in einem Dezember, als die Eltern von Schülern einer öffentlichen Schule gebeten wurden, »in die Schule zu kommen und mit der Klasse über Kwanzaa, die religiösen Feiertagsbräuche ihres buddhistischen Glaubens und den moslemischen Glauben ebenso wie über die Traditionen und Bräuche des Chanukkah zu hören«. Als ein Elternteil die wahre Bedeutung von Weihnachten zu erklären versuchte und dabei ein Krippenspiel als visuelle Hilfe gebrauchte, wurde die Vorstellung verboten.[9]

In einer Gesellschaft, die von der Lehre der neuen Toleranz beherrscht wird, betrachtet man jegliche Anerkennung christlicher Glaubensbekenntnisse, Gebete oder Symbole (auch nur mit schwachem Bezug) als Versuch der »dominierenden« Kultur (in diesem Falle des Christentums), andere Kulturen oder Religionen zu diskriminieren. Da ist es natürlich egal, dass wir jetzt in Zeiten leben, in denen das Christentum oft schikaniert wird vom »einzigen Fanatismus, der in diesen Tagen akzeptabel zu sein scheint – dem Fanatismus gegen … Christen«, wie ein Kommentator schreibt.[10] Solcher Fanatismus gegen Christen und den christlichen Glauben ist nicht nur akzeptabel, sondern lobenswert, denn in der Neusprache der neuen Toleranz sind christliche Glaubensbekenntnisse, Gebete und Symbole eine gefährliche Form der Diskriminierung, weil sie allesamt die einzigartigen Ansprüche Jesu verkündigen.

Selektive Rassentrennung ist Gerechtigkeit

In den 50er und 60er Jahren führte die Bürgerrechtsbewegung in den USA einen Kampf gegen Rassentrennung. Damals waren viele öffentliche Restaurants, Toiletten, Schulen – selbst Trinkwasserquellen – »nur für« die Benutzung durch »Weiße« bestimmt. Oklahoma forderte separate Telefonzellen für »Weiße« und »Neger«. Arkansas wünschte in den Casinos separate Spieltische. Viele Gerichte hielten separate Bibeln für das Schwören bei Zeugenaussagen bereit. Infolge der Bürgerrechtsbewegung wurden solche sträflichen Praktiken abgeschafft.

Ähnliche Kampagnen in Indien bekämpften auch die dortige Trennung durch das Kastensystem und demontierten in Südafrika die Apartheid, die dort bis in die 90er Jahre hinein bestand. Doch ironischerweise ist eines der Ergebnisse der neuen Toleranz eine neue Welle der Rassentrennung und Teilung entlang ethnischer und kultureller Linien.

Zum Beispiel begründete die University of Pennsylvania vor kurzem ein »Schwarzes« Jahrbuch, »obwohl nur 6 % der Studenten schwarz sind und alle anderen Gruppen im allgemeinen Jahrbuch erschienen. Vassar, Dartmouth und die University of Illinois haben getrennte Graduierungsprozeduren und -feierlichkeiten für Studenten erlaubt, die sich in der Minderheit befinden. Die California State University in Sacramento hat ein offizielles ›College in einem College‹ für Schwarze errichtet.«[11] Und die Internationale Messe und Konferenz schwarzer Käufer und Fabrikanten, »eine Vereinigung, die mehr als 1000 von Schwarzen geführte Betriebe repräsentiert«, hat vor kurzem große amerikanische Firmen wie Hallmark Cards und Giant Foods informiert, dass Produkte mit Bezug auf Kwanzaa (der Feier des afrikanischen Erbes Ende Dezember) nur von Schwarzen hergestellt und verkauft werden sollten.[12]

Etwas Ähnliches ereignete sich, als der Waliser Jonathan Pryce und der Philippine Lea Salonga die führenden Rollen im Musical *Miss Saigon* am Broadway spielen sollten. »Asiatische Schauspieler protestierten dagegen, dass Weiße die Rolle eines hageren vietnamesischen Zuhälters spielten, der versuchte, in die USA zu emigrieren.«[13] Ende des Jahres verliehen die Produzenten die Rolle an jemand mit den angemessenen rassischen Qualifikationen: dem phillipino-chinesischen Schauspieler Francis Ruivivar.

Das vielleicht dramatischste Beispiel für die Gleichsetzung »selektive Rassentrennung ist Gerechtigkeit« ereignet sich in Quebec, Kanada, wo der Trend, das französische Quebec vom Rest der Nation zu trennen, zunehmend an Bedeutung gewonnen hat. Charles Krauthammer sagt:

> Die Bitterkeit, mit der diese Bewegung des französischen Kanada, seinen jahrhundertealten Verbund mit dem englischen Kanada lösen will, sagt uns viel über unseren ungeprüften Glauben an die Stärke und Schönheit des Multikulturalismus ... Sie sind eine lebendige Widerlegung der herzlichen und betörenden Vorstellung, die sich mehr auf Hoffnung als auf Geschichte gründet, von multikultureller Harmonie und Stärke ... Man schaut auf Kanada und fragt sich, ob die aktuelle naive und zuversichtliche amerikanische Zelebration der kulturellen Verschiedenheit – mit ihrem Beharren auf Gruppenrechten vor Einzelrechten, Konfessionsgeschichte vor amerikanischer Geschichte, ethnischer Kultur vor gemeinsamen Kultur – uns auf einen Abwärtspfad führt, von dem es kein Entrinnen gibt.[14]

In der Welt der neuen Toleranz sind selektive Diskriminierung und Rassentrennung nicht nur legitim, sondern lobenswert ... *sofern* die Diskriminierung und Rassentrennung eine »Minderheitsgruppe« mehr begünstigt als die so genannte dominierende Kultur. In den USA und Kanada wird diese »dominierende Kultur« natürlich abwechselnd als weiß, männlich, Englisch sprechend und christlich identifiziert. Natürlich ist es unklar, wer definiert, welche Kulturen dominieren. Und ob solche Dominanz objektiv gezeigt werden kann, wird nie näher geprüft, weil in der postmodernen Sichtweise *Wahrheit* nicht existiert. Von Bedeutung ist nur die Macht, den Streit zu gewinnen oder die eigene Ideologie zu fördern.

Mit diesen falschen Gleichsetzungen schafft die neue Toleranz ein neues Lexikon für die Gesellschaft, das postmoderne Ideale emporhebt und die christlichen Ideale der Rechtschaffenheit, Überzeugung, Freiheit und Gerechtigkeit für alle unterdrückt. Und damit bedroht sie Ihre Rechte und Ihren Glauben sowie den Ihrer Kinder und Ihrer Gemeinde.

Gedankenverbrechen und die neue Toleranz

In Orwells fiktivem Ozeanien wurden andere Meinungen und Dissens als »Gedankenverbrechen« bezeichnet und schwer bestraft. Die Ära der neuen Toleranz hat ein unheimliches Orwellsches Verfahren mit anderen Meinungen eingeführt. Zum Beispiel habe ich in den letzten drei Jahrzehnten zu Millionen von Universitätsstudenten über Jesus Christus und die historischen Beweise für sein Leben und seine Auferstehung gesprochen. Als ich zu reisen begann und Vorträge hielt, wurde ich oft durch Zwischenrufe gestört. Ich freute mich manchmal sogar darüber, weil die Störer auf den Inhalt meiner Botschaft reagierten und solche Forderungen wie »Beweisen Sie es!« und »Ich glaube Ihnen nicht« stellten. So gaben sie mir die Gelegenheit, meine Behauptungen mit Fakten zu unterlegen.

In den vergangenen Jahren jedoch habe ich eine erschreckende Verschiebung erlebt. Heute machen meine Kritiker ausnahmslos Bemerkungen wie: »Wie wagen Sie, das zu sagen?« »Sie sind intolerant!« »Wer sind Sie, dass Sie denken, Sie hätten die Wahrheit für sich gepachtet?« »Welches Recht haben Sie, ein moralisches Urteil über die Lebensweise eines Anderen zu fällen?« Das Problem ist nicht mehr die Wahrheit der Botschaft, sondern das Recht, sie zu verkündigen ... denn jede Botschaft, mit der die neue Toleranz in Frage gestellt wird – sei es implizit oder explizit – ist ein »Gedankenverbrechen«!

Und genau wie in Orwells Vision ist es eine der Taktiken der neuen Toleranz, auf solche Gedankenverbrechen mit Strafmaßnahmen und Verfolgung zu reagieren. Zum Beispiel entschied im Januar 1994 der Oberste US-Gerichtshof, dass ein bestimmtes US-Gesetz aus dem Jahr 1970 über organisierte Kriminalität nicht nur auf Verbrecherorganisationen anzuwenden sei, sondern auch auf Gruppen von Abtreibungsgegnern wie die Operation Rettung. Auf Arbeiterbewegungen, Tierschutzorganisationen, Umweltschützer oder homosexuelle Aktivisten wurde dieses Gesetz jedoch nicht so energisch – wenn überhaupt – angewendet. Frank Jamison, Jura-Professor an der University of Denver und ehemaliger Richter, kommentierte das so: »Wäre ich Abtreibungsgegner und besäße etwas, was zu schützen wert wäre, wie z. B. mein Haus, würde ich es mir gründlich überlegen, mich der Operation Rettung anzuschließen.«[16] Abtreibungsgegner scheinen, vielleicht bedingt durch ihre »politisch nicht korrekten Ansichten« einen besonderen Status einzunehmen.

Forest M. Mims III., ein begabter freier Schriftsteller, war offensichtlich ebenfalls eines Gedankenverbrechens schuldig. Mims hatte vom Redakteur der *Scientific American* das Angebot erhalten, neuer Autor der Rubrik »Der Amateurwissenschaftler« zu werden. Als das Magazin ihn für ein Interview nach New York beorderte, fielen dem Redakteur einige christliche Zeitschriften in der Liste von Mims eigener Bibliografie auf.

»An dieser Stelle unterbrach er mich«, erinnert sich Mims, der Diakon und Sonntagsschullehrer an einer First Baptist Church in Texas. »Er fragte: ›Akzeptieren Sie die darwinsche Evolutionstheorie?‹ Ich sagte ›nein‹ und der Rest des Treffens bewegte sich sehr schnell abwärts.« Danach war Mims verblüfft, welche Wende die Befragung nahm. Er wurde auch gefragt: »Sind Sie ein fundamentalistischer Christ?« und: »Glauben Sie an die Unantastbarkeit des Lebens?«[17]

Mims war tatsächlich schuldig. Sein Verbrechen? Er hatte den »falschen« Glauben. Und ihm fehlte der »richtige« Glaube. Für ein solches Gedankenverbrechen schickte *Scientific American* Mims zurück und lehnte ihn als Autor der beliebtesten Rubrik der Zeitschrift ab. Schließlich können manche Dinge einfach nicht toleriert werden.

Die Strategien und Taktiken der neuen Toleranz – Förderung von »Doppeldenk«, Anwendung von »Neusprech« und die Ausrottung von »Gedankenverbrechen« – erinnern nicht nur an Orwells *1984*; sie sind auch eine deutliche und gegenwärtige Gefahr für jeden – Sie und Ihre Familie eingeschlossen , der sich nicht den Lehren des Postmodernismus beugt.

In seiner Reaktion auf seine Erfahrungen mit *Scientific American* warnte Mims: »Diesmal habe ich versucht, die andere Wange hinzuhalten, aber irgendwann ist es soweit, dass ich etwas unternehmen muss ... gegen diese Art der Diskriminierung, bevor sie zu weit geht. Wenn Christen jetzt nicht handeln, können Sie es sein, der beim nächsten Mal die Stelle nicht bekommt.«[18]

Es ist für Christen an der Zeit, zu reagieren. Wenn wir es nicht tun, werden unsere Freiheiten immer mehr ausgehöhlt und der Glaube unserer Kinder wird immer weiter untergraben werden, unsere Kultur wird um uns her zusammenbrechen und unsere Gemeinden werden von innen zerstört werden.

Aber damit diese Reaktion wirksam sein und die neue Toleranz entschärfen und den Glauben für uns und unsere Kinder bewahren kann, müssen wir mehr tun als nur unsere bürgerlichen und religiösen Rechte zu verteidigen. Wir müssen viel mehr als das tun. Wir brauchen viel Besseres als das. Wir brauchen eine Strategie, einen Plan. Wir brauchen eine positive Reaktion, die nicht nur defensiv ist, sondern auch die Sache Gottes voran bringt.

6 Der vortrefflichere Weg

Ich habe das Anspiel viele Male bei Jugendtreffen und Gemeindefreizeiten gesehen. Ein ahnungsloser Mitspieler wird in die Hauptrolle gezogen und erhält Anweisungen. Wenn das Anspiel beginnt, kommt der Spieler herein und kriecht langsam über den Boden der Bühne oder des Raumes, wobei er keuchend und lechzend ruft: »Wasser! Wasser!« Die Zunge des Akteurs baumelt aus seinem Mund und er wiederholt mit krächzender Stimme: »Wasser! Wasser!«

Schließlich erscheint ein weiterer Spieler auf der Bühne und gießt mit einer Bewegung, die sowohl den Durstenden als auch das Publikum überrascht, einen Eimer Wasser ins Gesicht des armen Darstellers.

Das ist natürlich ein amüsanter Augenblick, wenngleich ein wenig grausam.

Aber warum ist der Höhepunkt des Anspiels so schockierend und lustig zugleich? Weil die flehentlichen Bitten des Akteurs eine unerwartete und für einen Verdurstenden, der durch eine Wüste kriecht, nutzlose Antwort erhalten. Die Bitte um »Wasser! Wasser!« war ein verzweifelter Schrei nach etwas zu *trinken.* Doch obwohl die Antwort sowohl für den Spender als auch den Empfänger kurzfristig erfrischend sein mag, bewirkt sie nichts Gutes.

Ganz ähnlich haben Christen auf die neue Toleranz typischerweise so reagiert, dass die Reaktionen für den Augenblick zwar vielleicht befriedigend waren, sich insgesamt jedoch als erschreckend unzureichend erwiesen haben. Unsere Reaktionen erstreckten sich von Kapitulation (der Versuch, »uns zu bessern und unseren Glauben der Moderne anzupassen, um ihn annehmbarer zu machen«[1]), bis Konflikt (der Versuch, den christlichen Konsens, der in westlichen Ländern und Kulturen verloren gegangen ist, durch politische Mittel zurückzugewinnen). Aber keines dieser Extreme – auch nicht der Mittelweg des Kompromisses zwischen ihnen –, ist angemessen oder effektiv.

Wenn also Kapitulation, Kompromiss und Konflikt nicht die Antwort sind, was *ist* dann die Antwort? Wie treten wir *wirklich* einer kulturellen Bewegung entgegen, die den Glauben unserer Kinder zu untergraben und ihre Überzeugungen von Recht und Unrecht auszuhöhlen droht? Wie erreichen wir es *wirklich*, wie einst Daniel für Wahrheit und Gerechtigkeit einzutreten, angesichts möglicher Verspottung oder gar Verfolgung? Was ist eine effektive christliche Reaktion auf eine Kultur, die von der postmodernen Lehre der Toleranz durchtränkt ist?

Ein Jude aus Kleinasien, der einer antichristlichen Kultur ausgeliefert war, die ihn verfolgte und schließlich tötete, sagte einst, dass es einen »vortrefflicheren Weg« (1. Korinther 12,31) gibt. Es ist der Weg der Liebe.

Der Blick der Liebe

»Oh, Bruder«, antworten Sie vielleicht, »ist das das Beste, was Sie tun können?«

Es mag zu simpel klingen. Schließlich ist die neue Toleranz eine komplexe Lehre, eine um sich greifende Bewegung. Und sie hat eine Kultur hervorgebracht, die den Christen und dem christlichen Glauben gegenüber äußerst feindlich gesonnen ist. Dies ist nicht die Zeit, um unbeschwert »All We Need Is Love« zu pfeifen.

Doch das, was ich meine, ist weit entfernt von einer zu starken Vereinfachung, denn die Art von Liebe, über die ich spreche, ist alles andere als die sentimentale Pseudoliebe nach populärem Verständnis. In der Tat halte ich dies für den Grund, weshalb die neue Toleranz in unserer Kultur derart aufsteigen konnte – und weshalb die Reaktion der Gemeinde bislang so wenig ausgerichtet hat: Wir haben nicht richtig verstanden, wie wahre Liebe wirklich aussieht. Das Bild wirklicher, christlicher Liebe ist in unseren Herzen und im Denken der Welt verschwommen und unkoordiniert geworden. Wenn wir hoffen, jemals wirksam auf die neue Toleranz zu reagieren, müssen wir uns folglich wieder bewusst werden, *wie christliche Liebe aussieht* – was sie ist, was sie tut und was sie nicht tut.

Vor vielen Tausenden Jugendlichen und Erwachsenen in aller Welt habe ich einen Vortrag über das Thema »Liebe macht es richtig« gehalten. Während des Vortrags wende ich mich üblich an das Publikum und frage, ob mir jemand eine kurze Definition von *Liebe* geben könne. Manche haben es versucht, aber nie hat jemand mir eine klare, befriedigende Definition des Wesens der Liebe bieten können.

Einmal bat ich eine Menge von 4000 Christen, eine Definition für *Liebe* auf kleine Karteikärtchen zu schreiben, die später eingesammelt wurden. Von 4000 Personen brachten *nur sieben* eine biblisch haltbare Definition von *Liebe* zustande.

Oh, wir meinen, wir wüssten, was Liebe ist. Wir wissen, dass wir Gott und andere lieben sollen. *Aber wie sieht das aus? Was tut diese Liebe?* Wie handelt christliche Liebe in einer von der neuen Toleranz dominierten Kultur? Soll sie die unterschiedlichen Glaubensauffassungen, Werte und Lebensweisen der Anderen ignorieren? Soll sie mit ihnen übereinstimmen und das gutheißen, was sie tun? Soll sie an Dingen teilhaben, die Gott als sündig bezeichnet?

Ich glaube, die Antworten auf diese Fragen finden sich in einigen bekannten Abschnitten der Bibel. Unser Problem, unser fehlender Erfolg bei der Verhinderung und Beantwortung der neuen Toleranz ist nicht darauf zurückzuführen, dass christliche Liebe etwa nicht auf die moderne Situation eingeht; unser Scheitern ist darauf zurückzuführen, dass wir nicht wissen, was Liebe wirklich ist, wir sind unfähig, »sie zu praktizieren«.

Lieben, wie Christus geliebt hat

Der Apostel Paulus, der oben erwähnte »Jude aus Kleinasien«, gebot Christen:

> Seid nun Nachahmer Gottes als geliebte Kinder. Und wandelt in Liebe, wie auch der Christus euch geliebt hat (Epheser 5,1-2).

Paulus gebietet uns, »zu lieben, wie Christus uns geliebt hat«. Warum? Weil Jesus die Menschwerdung Gottes ist; und Gott ist Liebe (1. Johannes 4,8). Wenn Sie wissen möchten, was wirkliche Liebe ist, blicken Sie lange und genau auf Jesus.

Dies ist gerade für uns wichtig, die wir im Zeitalter der neuen Toleranz leben. Denn wie bereits gesagt, setzt die neue Toleranz »wer ich bin« mit »was ich tue« gleich. Darüber hinaus unterstellt sie, jede abweichende Meinung zu dem, *was ein Mensch tut* – oder Kritik daran –, sei Intoleranz gegenüber *der Person selbst*. Die neue Toleranz sagt daher, liebevolle Anerkennung bedeute Gutheißung der Ansichten, des Verhaltens, der Lebensweise und der Wahrheitsansprüche dieser Person – oder sogar die Beteiligung daran.

Aber das ist in keiner Weise die Liebe, mit der Christus liebte. Er sah nicht über die irrigen Auffassungen anderer hinweg; er sagte zu den Pharisäern: »Ihr irrt, weil ihr die Schriften nicht kennt, noch die Kraft

Gottes.«[2] Er billigte kein sündiges Verhalten; er sagte zu der Frau, die beim Ehebruch ertappt wurde: »Geh hin und sündige nicht mehr!«[3] Er nahm nicht an Aktivitäten teil, mit denen er nicht übereinstimmte. Die Bibel sagt, dass er »in allem in gleicher Weise wie wir versucht worden ist, ausgenommen die Sünde«.[4] Doch er hat uns geliebt, »als wir noch Sünder waren« – und »hat sich selbst für uns hingegeben«.[5]

Das ist es, was es heißt, so zu lieben, wie Christus uns geliebt hat. Es bedeutet zuerst, zu erkennen, dass es nicht nur möglich, sondern *lebensnotwendig* ist, zwischen einer Person an sich und ihrem Verhalten zu unterscheiden. Ein Mensch ist mehr – unendlich mehr – als nur das Produkt seiner Kultur oder die Summe seiner Auffassungen und Verhaltensweisen. Um so zu lieben, wie Christus uns geliebt hat, müssen wir folgende Tatsachen erkennen und berücksichtigen: Jede Person ist

1. ein im Bild Gottes erschaffener Mensch. Max Lucado schreibt:

> Eins der schönsten Geschenke, die ich je bekommen habe, ist ein Football mit Unterschriften von 30 ehemaligen Profi-Quaterbacks. Es ist nichts Besonderes an diesem Ball. Soviel ich weiß, wurde er in einem preiswerten Sportgeschäft gekauft. Was ihn einzigartig macht, sind die Unterschriften.
>
> Dasselbe gilt auch für uns. Von der natürlichen Beschaffenheit her ist der *Homo Sapiens* nichts Besonderes. Wir sind nicht die einzigen Geschöpfe mit Fleisch und Haar und Blut und Herzen. Was uns einzigartig macht, ist nicht unser Körper, sondern die Unterschrift Gottes auf unserem Leben. Wir sind seine Kunstwerke. Wir sind in seinem Bild geschaffen, um gute Werke zu tun. Wir sind bedeutsam, nicht aufgrund dessen, was wir tun, sondern aufgrund dessen, wem wir gehören.[7]

Jeder Mensch auf der Welt – ob Metzger, Bäcker, Künstler, Afrikaner, Amerikaner, Europäer, Asiate, Mann, Frau, Kind, Greis, Hindu, Moslem, Katholik, Protestant, Mörder oder Vergewaltiger, Prediger oder Chormitglied, Reicher, Armer, Bettler oder Dieb – ist ein unendlich wertvolles Kunstwerk, das die Unterschrift Gottes selbst trägt.

2. ein Mensch, für den Christus starb. Vor vielen Jahren besuchte Bob, der Koautor dieses Buches, als Teenager eine »Essensbox-Auktion«.

Die jungen Frauen in der Gruppe hatten jede eine Schachtel mit einer Mahlzeit für zwei zubereitet und nur der »Auktionator« wusste, welche Schachtel von welcher Frau stammte. Den jungen Männern sollten für die Kisten bieten und dann das Essen mit der Frau zusammen einnehmen, die es zubereitet hatte.

Durch eine sorgfältige Untersuchung gelang es Bob herauszufinden, welches Essen der jungen Frau gehörte, für die sein Herz schlug (und die später seine Gattin wurde). Einige seiner Freunde jedoch beobachteten ihn aufmerksam und als er für jenes spezielle Essen zu bieten begann, sorgten sie dafür, dass er einen gehörigen Preis zahlen musste! Sie überlegten (richtig, wie sich herausstellte), dass Bob wusste, welche Essensbox von seiner Freundin stammte und wenn ihn jemand überbietet, ein anderer mit der hübschen jungen Frau essen würde. Sie kannten den wahren Wert dieser Essensbox und Bob zeigte ihnen tatsächlich, wie viel sie ihm wert war.

In ähnlicher Weise können wir den wahren Wert unserer Mitmenschen kennen, wenn wir darauf schauen, wie sehr Gott sie wertschätzte. Gott erwies seine große Liebe zu den Menschen darin, dass er Christus sandte, der uns auf Kosten seines Lebens errettete (Römer 5,10). Diese liebende Handlung sollte in uns eine hingegebene Liebe, Respekt und Annahme unseren Mitmenschen gegenüber hervorrufen. Wir kennen den wahren Wert jedes Mannes, jeder Frau und jedes Kindes unter uns – unabhängig von ihren Fehlern oder Schwächen, ihren Glaubensansichten oder Verhaltensweisen, ihren Sünden oder Unzulänglichkeiten –, weil Gott uns sehen ließ, wie sehr er sie wertschätzt, indem er seinen einzigen Sohn sandte, um einen grausamen Tod zu ihrer Errettung zu sterben.

Andere so zu lieben, wie Christus uns geliebt hat, bedeutet, ihren unendlichen und wesentlichen Wert als Menschen *völlig getrennt von ihren Glaubensauffassungen, Verhaltensweisen, Lebensweisen oder Wahrheitsansprüchen* zu erkennen. Ob ein Mensch ein Leben der Tugend oder des Lasters führt, ist er doch im Bilde Gottes geschaffen und eine unbezahlbare Seele, für die Christus starb. Wie sie auch aussehen, was sie auch glauben, was sie auch tun, wie ihr Lebensstil auch aussehen mag, alle Menschen sind von unermesslichem Wert. Und wenn wir so lieben, wie Christus uns geliebt hat, werden wir andere auf dieser Grundlage akzeptieren und respektieren.

Doch das ist nicht alles, was wir tun müssen, um wiederzuerlangen, wie christliche Liebe aussieht.

Liebe deinen Nächsten wie dich selbst

Ein religiöser Gesetzesexperte fragte Jesus einmal: »Welches ist das größte Gebot in dem Gesetz?«

Jesus antwortete: »›Du sollst den Herrn, deinen Gott, lieben mit deinem ganzen Herzen und mit deiner ganzen Seele und mit deinem ganzen Verstand.‹ Dies ist das größte und erste Gebot« (Matthäus 22,36-38).

Das erste Gebot, das Jesus zitierte, stammt aus dem 6. Kapitel des 5. Buches Mose. Moses erklärte vor dem ganzen Volk: »Höre, Israel: Der HERR ist unser Gott, der HERR allein! Und du sollst den HERRN, deinen Gott, lieben mit deinem ganzen Herzen und mit deiner ganzen Seele und mit deiner ganzen Kraft« (5. Mose 6,4-5). Jesus erklärte, dass es das größte Gebot sei, Gott als den einzigen wahren Gott an die erste Stelle in unserem Leben zu setzen und ihn völlig zu lieben.

Die Christen des 20. Jahrhunderts haben gut daran getan, der Kultur der neuen Toleranz diese Botschaft zu verkündigen! »Höre, Kultur der neuen Toleranz! Der Herr ist unser Gott«, verkünden wir stolz. »Der Herr ist die eine und einzige absolute Wahrheit!« Wenn nur unsere relativistische Kultur unsere Verkündigung hören und den einen wahren Gott anerkennen würde!

Doch beachten wir, dass Jesus hier nicht aufhörte. Seine Antwort an die religiösen Führer war noch nicht zu Ende. Nachdem er 5. Mose 6,4-5 zitiert hatte, sagte er: »Das zweite aber ist ihm gleich: ›Du sollst deinen Nächsten lieben wie dich selbst.‹ An diesen zwei Geboten hängt das ganze Gesetz und die Propheten« (Matthäus 22,39-40). Gerade hier haben wir Christen missverstanden, was wirkliche Liebe ist und somit versäumt, angemessen auf die Herausforderung der neuen Toleranz zu reagieren. Doch hier können wir auch die Kraft finden, die neue Toleranz zu durchdringen und dieser Kultur eine christusgemäße Spur aufzuprägen.

Was bedeutet es, den Nächsten zu lieben wie sich selbst? Wir antworten vielleicht: »Andere an die erste Stelle setzen« oder »andere so behandeln, wie man selbst von ihnen behandelt werden möchte«. Und ich bin sicher, dass das dazugehört. Es bedeutet jedoch viel mehr. Ich habe festgestellt, dass die folgende kurze Definition christusgemäßer Liebe mir geholfen hat zu verstehen, wie ich andere lieben kann wie mich selbst. Einfach gesagt: *Christliche Liebe macht mir Gesundheit, Glück und geistliches Wachstum eines anderen Menschen ebenso wichtig wie dieselben Anliegen für mich selbst.*

Die Worte des Apostels Paulus im Epheserbrief bieten weiteren Einblick in die Frage, wie diese Definition christusgemäßer Liebe ausgelebt wird. Tatsächlich ist das, was ich in diesem Kapitel gesagt habe, eine Widerspiegelung der Worte des Paulus in Epheser 5.

Zuerst unterwies Paulus die Ehemänner: »Ihr Männer, liebt eure Frauen! wie auch der Christus die Gemeinde geliebt und sich selbst für sie hingegeben hat« (Vers 25). Er definierte wirkliche Liebe so, dass man lieben soll, *wie Christus geliebt hat;* d.h. eine opfernde Liebe, eine Liebe, die die Gemeinde so sehr wertschätzte, dass er für sie starb.

Dann fuhr Paulus fort zu sagen: »So sind auch die Männer schuldig, ihre Frauen zu lieben wie ihre eigenen Leiber. Wer seine Frau liebt, liebt sich selbst« (Vers 28). Das ist die Liebe des großen Gebotes, über die Jesus in Matthäus 22 sprach, hier speziell angewendet auf die eheliche Beziehung. Doch der nächste Vers erklärt, was es bedeutet, Christi Liebesgebot auszuleben und einen anderen so zu lieben, wie man sich selbst liebt: »Denn niemand hat jemals sein eigenes Fleisch gehasst, sondern er nährt und pflegt es, wie auch der Christus die Gemeinde« (Vers 29).

Lieben bedeutet also nähren und pflegen. Aber was bedeutet *das?* Nun, nähren bedeutet, zur Reife zu bringen. Es bedeutet, sich um die Gesundheit und Lebenskraft der ganzen Person zu kümmern und dazu beizutragen: mental, körperlich, geistlich und zwischenmenschlich. Mit anderen Worten: Wenn man jemanden so liebt wie sich selbst, wird man ihn nähren; man wird ihm helfen, zuzunehmen »an Weisheit und Alter und Gunst bei Gott und den Menschen« (Lukas 2,52). Aus diesem Grund bedeutet es, einen Anderen zu lieben, für alles Notwendige zu sorgen, um sein Glück, seine Gesundheit und geistliches Wachstum zu erreichen.

Pflegen – das andere Wort, mit dem Paulus Liebe beschreibt – meint nicht, jemanden »anbeten« oder »bewundern«; es bedeutet wörtlich »vor den Elementen schützen«. Stellen Sie sich ein Nest mit neugeborenen Adlern hoch auf einem Bergvorsprung vor, unter freiem Himmel. Ein schreckliches Gewitter naht. Die Adlermutter fliegt hinab zum Nest und breitet ihre Flügel über ihren Nachkommen aus, um sie vor dem prasselnden Regen und dem wirbelnden Sturm zu schützen. Das ist ein Bild dafür, was es heißt, jemanden zu pflegen; es bedeutet, ihn vor körperlichem, geistlichem und emotionalem Schaden zu beschützen.

Die meisten von uns sind sehr hoch motiviert, sich selbst zu nähren (zu versorgen) und zu pflegen (schützen). Wir packen uns ein, wenn uns kalt ist, und fächeln uns Luft zu, wenn uns heiß ist. Wir ducken uns, um dem Angriff eines Gegners zu entgehen, und weichen einem herannahenden Auto aus. Wir ernähren unsere Körper und bereichern unser Gedächtnis. Wir rufen bei Zahnschmerzen den Zahnarzt und bei Kopfschmerzen eilen wir zur Apotheke. Fast alle legen sogar den Sicherheitsgurt an, um körperliche Verletzungen auf der Straße zu verhindern und viele beobachten die Fett- und Kalorienzufuhr, um sich gesund zu halten. Kurz gesagt: Wir schützen uns selbst vor schädlichen Dingen und versuchen, uns mit aufbauenden und angenehmen Mitteln zu versorgen. Doch Epheser 5,28-29 lehrt, was christliche Liebe bedeutet: Für einen anderen Menschen das zu erstreben, was wir für uns selber wünschen. Christliche Liebe ist aktiv darauf aus, das Wohl eines anderen Menschen zu fördern (1. Korinther 13,6-7); sie wird versuchen, für das Wohlergehen dieses Menschen zu sorgen und es zu bewahren.

Dieses korrekte Verständnis wirklicher christusgemäßer Liebe zeigt, was in Kapitel 2 an Jims Haltung in seiner Diskussion mit Chuck verkehrt war.

»Leben und leben lassen«, sagte Jim, als sie über Homosexualität sprachen. Doch diese Aussage drückt nicht Liebe aus, sondern Gleichgültigkeit. Würde ein liebevoller Ehemann untätig dasitzen, während seine Frau an einem verschluckten Bissen erstickt? Würde eine liebevolle Mutter es zulassen, dass ihr Kind seine Hand auf eine heiße Herdplatte legt? Würde ein liebevoller Freund am Ufer in Sicherheit bleiben, während sein Kamerad in einem See ertrinkt?

Nein, natürlich nicht, weil das keine Liebe wäre. Wenn wir jemanden wirklich lieben, werden wir darauf aus sein, ihn zu schützen und für ihn zu sorgen, wie wir es für uns selber tun würden. Daher beinhaltet christliche Liebe notwendigerweise, dass wir uns Sorgen machen um sündige Ansichten, Taten und Lebensweisen, weil »Ungehorsam [gegenüber Gott] immer auf Selbstzerstörung hinausläuft«.[8] Christusgemäße Liebe hasst nicht nur die Sünde, sondern liebt den Sünder; sie ist bestrebt, Leiden und Schmerzen zu verhindern, die unumgänglich mit Ungehorsam einhergehen.

Somit kann wahre mitfühlende Liebe, die bestrebt ist, für Gesundheit, Glück und geistliches Wachstum eines Anderen zu sorgen, nicht dem kulturellen Ruf entsprechen: »Wenn du mich liebst, wirst du mein

Verhalten billigen.« Denn wirkliche Liebe – wahre Liebe – bedauert die unvermeidlichen Ergebnisse falschen Verhaltens.

Bankrott der Liebe

In der heutigen Kultur wird die neue Toleranz irrtümlicherweise als die liebevollste Lebensweise bezeichnet. In den Köpfen der Leute wird sie mit solchen Dingen verknüpft wie Freundlichkeit, Friede, Zusammenarbeit, Verständnis und sogar Liebe. Das Verhalten oder die Auffassungen eines Anderen zu bestätigen, wird als *die* Liebe schlechthin dargestellt.

Doch solche »Toleranz« ist alles andere als Liebe. Und ich bin überzeugt, dass Christen nicht nur eine neue Sicht dafür brauchen, was und wie Liebe wirklich ist und was sie tut; wir müssen uns auch darüber unmissverständlich klar werden, was Liebe *nicht tut.*

Liebe wird die Wahrheit nicht ignorieren

Auf der langen Reise von Galiläa nach Judäa pausierte Jesus einmal an einem öffentlichen Brunnen, während seine Jünger in die nahe Stadt gingen, um ein paar Nahrungsmittel zu kaufen. Als Jesus am Brunnen saß, kam eine Frau … eine samaritische Frau. Damals wurde es für einen jüdischen Mann nicht nur als Schande betrachtet, in der Öffentlichkeit mit einer Frau zu sprechen – sofern es nicht die eigene Ehefrau oder eine nahe Verwandte war –, sondern die Juden mieden die Samariter generell. Dennoch sprach Jesus mit der Frau, was ein zweifacher Erweis echter Liebe war.

Beachten wir jedoch, dass er nicht die Wahrheit ihrer Situation ignorierte, sondern liebevoll *und* direkt zu ihr sprach und ihre Lebensweise nicht als »alternativen Lebensstil« bezeichnete, sondern als sündig und für ihre Gesundheit, ihr Glück und ihr geistliches Wohlergehen zerstörerisch:

> Er spricht zu ihr: Geh hin, rufe deinen Mann und komm hierher! Die Frau antwortete und sprach zu ihm: Ich habe keinen Mann. Jesus sprach zu ihr: Du hast recht gesagt: Ich habe keinen Mann; denn fünf Männer hast du gehabt, und der, den du jetzt hast, ist nicht dein Mann; hierin hast du wahr geredet. Die Frau spricht zu ihm: Herr, ich sehe, dass du ein Prophet bist. Unsere Väter haben auf diesem Berg angebetet, und ihr sagt, dass in Jerusalem der Ort

> sei, wo man anbeten müsse. Jesus spricht zu ihr: Frau, glaube mir, es kommt die Stunde, da ihr weder auf diesem Berg, noch in Jerusalem den Vater anbeten werdet. Ihr betet an, was ihr nicht kennt; wir beten an, was wir kennen, denn das Heil ist aus den Juden. Es kommt aber die Stunde und ist jetzt, da die wahren Anbeter den Vater in Geist und Wahrheit anbeten werden, denn auch der Vater sucht solche als seine Anbeter. Gott ist Geist, und die ihn anbeten, müssen in Geist und Wahrheit anbeten. Die Frau spricht zu ihm: Ich weiß, dass der Messias kommt, der Christus genannt wird; wenn jener kommt, wird er uns alles verkündigen. Jesus spricht zu ihr: Ich bin es, der mit dir redet.[9]

Wäre es liebevoll gewesen, wenn Jesus die Wahrheit über die Situation der Frau ignoriert hätte? Hätte er ihre »Wahl des Lebensstils« bestätigen sollen? Handelte er falsch, als er der Frau aufzeigte, wie falsch ihr Weg wahr?

Natürlich nicht! Was Jesus tat, entsprach genau dem Handeln der Liebe. Er ignorierte nicht die Wahrheit, sondern zeigte der samaritischen Frau einfühlsam die Wahrheit ihrer Situation und stellte ihr so den Messias vor (und damit zugleich das neue Leben).

Man sagt, das eigentliche Gegenteil von Liebe ist nicht Hass, sondern vielmehr Gleichgültigkeit. Wenn Sie jemanden *lieben*, werden Sie zu seiner Drogensucht gewiss nicht schweigen. Wenn eine geliebte Person in einer gefährlichen Sekte verstrickt ist, werden Sie dieses Thema ihr gegenüber sicherlich nicht einfach meiden. Sie werden das verderbliche Sexualverhalten eines Freundes oder den Zustand seiner Seele bestimmt nicht einfach ignorieren. Wenn Sie jemanden lieben, werden Sie seinen gefährlichen oder zugrunde richtende Ansichten oder Verhaltensweisen nicht gleichgültig gegenüber stehen, nur um etwaige Kränkung zu vermeiden. Doch die neue Toleranz verlangt gerade diese Art von Gleichgültigkeit.

Die Toleranz sagt: »Du musst mit mir übereinstimmen.« Die Liebe antwortet: »Ich muss etwas Schwierigeres tun; ich werde dir die Wahrheit sagen, weil ich überzeugt bin, dass die Wahrheit ›dich freimachen wird‹.«

Die Toleranz sagt: »Du musst mein Verhalten gutheißen.« Die Liebe antwortet: »Ich muss etwas Schwierigeres tun; ich werde dich lieben, selbst wenn dein Verhalten für mich anstößig ist.«

Die Toleranz sagt: »Du darfst nichts dagegen haben, wie ich leben will.« Die Liebe antwortet: »Ich muss etwas Schwierigeres tun; ich werde mich dafür einsetzen, dass du auf einen guten Weg kommst, weil ich glaube, dass du dieses Risiko wert bist.«

Toleranz versucht, unanstößig zu sein; Liebe nimmt Risiken auf sich. Toleranz ist gleichgültig; Liebe ist aktiv. Toleranz kostet nichts; Liebe kostet alles.

Wiederum ist Jesus das höchste Vorbild der wahren christlichen Liebe, die manchmal der Gegensatz der Toleranz ist. Seine Liebe trieb ihn zu einem grausamen Tod am Kreuz. Weit entfernt von aller Gleichgültigkeit gegenüber den »Lebensentscheidungen« anderer, bezahlte er den Preis solcher Entscheidungen mit seinem eigenen Leben und machte es in Liebe für jeden möglich, hinzugehen und nicht mehr zu sündigen (Johannes 8,11).

Liebe verdammt nicht

Ein weiteres Beispiel dafür, was wahre Liebe nicht tut, ist: Liebe wird nicht verdammen. Sie wird niemanden bloß ein Gefühl der Verdammung vermitteln, sondern wird Hoffnung auf Vergebung und Wiederherstellung bieten.

Wenn irgendjemand das Recht hat, Sünder zu verdammen, dann Jesus. Er war vollkommen, ohne Sünde. Doch »Gott hat seinen Sohn nicht in die Welt gesandt, dass er die Welt richte, sondern dass die Welt durch ihn errettet werde« (Johannes 3,17). Denken Sie an seine Begegnung mit der beim Ehebruch ertappten Frau:

> Die Schriftgelehrten und die Pharisäer aber bringen eine Frau, die beim Ehebruch ergriffen worden war, und stellen sie in die Mitte und sagen zu ihm: Lehrer, diese Frau ist auf frischer Tat beim Ehebruch ergriffen worden. In dem Gesetz aber hat uns Mose geboten, solche zu steinigen. Du nun, was sagst du? Dies aber sagten sie, ihn zu versuchen, damit sie etwas hätten, um ihn anzuklagen. Jesus aber bückte sich nieder und schrieb mit dem Finger auf die Erde. Als sie aber fortfuhren, ihn zu fragen, richtete er sich auf und sprach zu ihnen: Wer von euch ohne Sünde ist, werfe als Erster einen Stein auf sie. Und wieder bückte er sich nieder und schrieb auf die Erde. Als sie aber dies hörten, gingen sie einer nach dem anderen hinaus, angefangen von den Älteren; und er wurde allein gelassen mit der Frau, die in der Mitte stand. Jesus aber richtete sich auf und sprach zu ihr: Frau, wo sind sie? Hat niemand dich

verurteilt? Sie aber sprach: Niemand, Herr. Jesus aber sprach zu ihr: Auch ich verurteile dich nicht. Geh hin und sündige von jetzt an nicht mehr.[10]

Beachten Sie, dass Jesus zwischen der Frau und ihrem Verhalten unterscheidet. Er ignoriert ihre Sünde zwar nicht (er gebot ihr, das sündige Leben aufzugeben), vermittelte ihr jedoch nicht Verdammnis, sondern Liebe und Barmherzigkeit (»auch ich verurteile dich nicht«).

So sieht wirkliche Liebe aus. John Stott schreibt warnend über Römer 2,1-2: Von Christen wird nicht erwartet, »entweder unsere kritischen Eigenschaften außer Kraft zu setzen oder alle Kritik und allen Tadel anderer als unberechtigt abzuwehren; [es ist uns jedoch verboten,] Gericht über andere Menschen zu sitzen und sie zu verdammen (wozu Menschen kein Recht haben), besonders, wenn wir darin versagen, uns selbst zu verdammen.«[11]

Genau diese Haltung müssen wir uns wieder aneignen, wenn wir hoffen je so zu lieben, wie Jesus geliebt hat. Wir müssen bewusst und beständig unterscheiden zwischen *der Person selbst* und *ihrem Glauben, Verhalten, Lebensstil* und *Wahrheitsanspruch*. Wir müssen christusgemäße Liebe und Akzeptanz der Person vermitteln, *selbst wenn* wir dem Glauben der Person widersprechen oder ihr Verhalten verabscheuen. Und wir dürfen weder die Wahrheit über die Situation dieser Person ignorieren *noch* sie bloß aburteilen. Diese Unterscheidung erlaubt uns, das biblische Gleichgewicht zwischen dem radikalen Leben in Liebe und dem demütigen Eintreten für Wahrheit zu halten.

Radikal in Liebe leben
»Du bist mein Bruder bzw. meine Schwester und bist meiner liebenvollen Anerkennung und meines Respekts würdig als ein unvorstellbar wertvoller Mensch, im Bilde Gottes geschaffen, eine unbezahlbare Seele, für die Christus starb.«

Demütig für Wahrheit eintreten
»Weil ich dich liebe, werde ich demütig auf die Wahrheit hinweisen, und zwar bezüglich allem, was dein Glück, deine Gesundheit und dein geistliches Wohlergehen bedroht.«

Beachten Sie, dass ich meine, wir sollten *radikal* in Liebe leben und *demütig* für die Wahrheit eintreten. Es ist wichtig, die beiden Haltungen gleichermaßen zu bewahren. Wir müssen radikal nach Liebe streben, weil Liebe unser Auftrag ist; sie ist unsere große Sache, unsere »Geheimwaffe« für das Gewinnen der Herzen der Menschen für den Herrn Jesus Christus. Gleichzeitig dürfen wir jedoch nicht nachlässig werden, für die Wahrheit einzutreten.

Vor nicht langer Zeit verteidigte ein Student, der für eine College-Zeitung schrieb, das Programm der Homosexuellen:

> Ich denke, ich kann mir vorstellen, wie es ist, wenn man glaubt, Homosexualität sei moralisch falsch (das macht mich tolerant). Doch ich denke, dass es moralisch falsch ist, Menschen für ihr Vorlieben zu diskriminieren, wen sie heiraten möchten.
>
> Senden Sie mir bitte keine Hasspost mit Zitaten der »Anti-homo-Verse«, die Sie alle kennen – Jesus lehrte vor allem anderen Liebe. Im Grunde ist alles, worum ich solche bitte … die einem homosexuellen Lebensstil widersprechen, dass sie Anderen ihre eigenen Werte bestimmen lassen.[12]

Über die Bitte dieses Schreibers um »Toleranz« könnte viel gesagt werden, doch die Bemerkung, dass »Jesus vor allem anderen Liebe lehrte«, ist wohl am herausforderndsten. Jesus lehrte Liebe, *aber niemals auf Kosten der Wahrheit …* denn wahre Liebe ignoriert die Wahrheit nicht. Sein Wort lehrt, dass wir »in Wahrheit lieben« (2. Johannes 1) *und* »die Wahrheit in Liebe [reden] sollen« (Epheser 4,15).

Doch glaube ich, dass es auch geboten ist, beim Streben nach und Eintreten für Wahrheit demütig zu sein, weil wir in uns selbst keine Autorität haben, über Recht und Unrecht zu richten. Ebenso wenig können wir persönlich Wahrheit definieren; wir können nur demütig auf das hinweisen, was Gott darüber sagt. Im Klartext: Wir *haben* die Wahrheit *nicht* für uns gepachtet, aber wir können demütig – und liebevoll – andere daran erinnern, dass Gott die eine Wahrheit ist.

Das Problem ist jedoch, dass Christen zu oft darin versagt haben, in dieser Weise auf Menschen zu reagieren, deren Ansichten unbiblisch sind oder deren Verhalten unmoralisch ist. Nur allzu oft haben wir versäumt, die christusgemäße Reaktion liebevollen Mitgefühls zu zeigen, und haben stattdessen das Verdammungsurteil über die Auffassungen oder das Verhalten der Menschen ausgesprochen. Anstatt diejenigen radikal zu lieben, die anders glauben als wir oder sich anders verhalten, und sie demütig auf die Wahrheit hinzuweisen, waren wir zurückhaltend mit dem Erweisen unserer Liebe und Akzeptanz und arrogant im Reden der Wahrheit – als hätten *wir*, und nicht vielmehr Gott, die Autorität, die Menschen außerhalb der Gemeinde zu richten (1. Korinther 5,12-13). Mar Osthathios schreibt:

> Letzten Endes ist der Heilige Geist der Missionar, der die Welt von Sünde, Gerechtigkeit und Gericht überführt, und wir sind aufgefordert, *Zeugen* des gekreuzigten und auferstandenen Christus zu sein, und nicht *Richter* über andere.[13]

Was bedeutet das nun in der Praxis? Wie sieht das in der wirklichen Welt aus? Wieder einmal ist Jesus unser Vorbild. Denken Sie zum Beispiel an den Bericht über die Begegnung des Herrn mit Zachäus in Lukas 19,1-10:

> Und er ging hinein und zog durch Jericho. Und siehe, da war ein Mann, mit Namen Zachäus genannt, und der war ein Oberzöllner und war reich. Und er suchte Jesus zu sehen, wer er sei, und er konnte es nicht wegen der Volksmenge, denn er war klein von Gestalt. Und er lief voraus und stieg auf einen Maulbeerfeigenbaum, damit er ihn sehe, denn er sollte dort durchkommen. Und als er an den Ort kam, sah Jesus auf und erblickte ihn und sprach zu ihm: Zachäus, steig eilends herab! Denn heute muss ich in deinem Haus bleiben. Und er stieg eilends herab und nahm ihn auf mit Freuden. Und als sie es sahen, murrten alle und sagten: Er ist eingekehrt, um bei einem sündigen Mann zu herbergen. Zachäus aber stand und sprach zu dem Herrn: Siehe, Herr, die Hälfte meiner Güter gebe ich den Armen, und wenn ich von jemand etwas durch falsche Anklage genommen habe, so erstatte ich es vierfach. Jesus aber sprach zu ihm: Heute ist diesem Haus Heil widerfahren, weil auch er ein Sohn Abrahams ist; denn der Sohn des Menschen ist gekommen, zu suchen und zu retten, was verloren ist.

Nun, Zachäus war ein Sünder. Er hatte ein Leben der Gier und der Erpressung geführt. Doch der biblische Bericht gibt kein Anzeichen, dass Jesus irgendein Wort der Kritik oder der Verdammnis Zachäus gegenüber äußerte. Er hätte das natürlich tun können; Jesus war der Fleisch gewordene Gott und hatte jedes Recht, mit dem Finger auf das Benehmen des Menschen zu zeigen. Aber es gibt keinen Hinweis, dass er es tat.

Beachten Sie, was Jesus stattdessen tat. Er sagte: »Zachäus, steig eilends herab! Denn heute muss ich in deinem Haus bleiben.« Er vermittelte liebevolle Annahme, indem er den Wunsch äußerte, den Tag mit dem Steuereintreiber zu verbringen.

Beachten Sie auch, wie Zachäus reagierte, als Jesu ihn als Person (jedoch nicht sein Verhalten) angenommen hatte. Zachäus schnitt das Thema seiner eigenen Sünde an: *»Siehe, Herr, die Hälfte meiner Güter gebe ich den Armen, und wenn ich von jemand etwas durch falsche Anklage genommen habe, so erstatte ich es vierfach.«*

Sie sehen, Jesus sprach über Zachäus keine Verdammnis aus; er musste es nicht. Zachäus' eigenes Verhalten verurteilte ihn. Das wurde zweifellos durch die bloße Gegenwart des Sündlosen hervorgerufen. Mit der Gegenwart Jesu Christi konfrontiert, gestand Zachäus seine Sünde ein, tat Buße und gelobte, Wiedergutmachung zu leisten.

Natürlich ist es genauso wichtig zu beachten, dass Jesus ihm nicht widersprach, als Zachäus seine Sünde bekannte. Er sagte nicht: »Oh, sorge dich nicht, Zachäus; du hast es doch gut gemeint.« Er zuckte nicht seine Achseln und sagte: »He, Zachäus, wer bin ich, dir zu sagen, dass deine Taten falsch waren?« Er sagte: »Heute ist diesem Haus Heil widerfahren.« Jesus freute sich, dass Zachäus seine Sünde bekannte und Buße tat.

Liebe wird die Bedürfnisse der Menschen nicht vergessen

Jesus wurde als Freund der Sünder bezeichnet. Er zeigte ihnen Annahme, indem er mit ihnen aß. Er gab ihnen Trost, indem er ihre Krankheiten heilte. Er brachte ihnen Aufmerksamkeit entgegen, indem er ihnen seine Zeit widmete. Er bekam ihr Gehör, weil er hinter ihre Sünde blickte und bestrebt war, ihren wahren Bedürfnissen zu begegnen. Dr. David Ferguson hilft uns diesen entscheidenden Punkt zu verstehen:

> Was geschah bei Jesu unglaublicher Begegnung mit Zachäus? Ein vor einigen Jahren beliebtes Lied beschreibt es etwa so: Jesus sah hinter Zachäus' Schuld und sah seine Not. Und als die Liebe Christi Zachäus am Punkt seiner Not berührte, drängte diese Liebe den Sünder, die Sünde zu bekennen und die Vergangenheit in Ordnung zu bringen. Mit anderen Worten: Christi Liebe begegnet der tiefsten Not des Menschen und Zachäus reagierte auf diese Liebe, indem er die Sache mit seiner eigenen Schuld klärte.

> Hätte Jesus Zachäus am Baum einfach für sein sündiges Verhalten getadelt und wäre seines Weges gegangen, wären dann die Ergebnisse dieselben gewesen? Wahrscheinlich nicht. Zweifellos war Zachäus regelmäßig von den religiösen Führern jener Tage getadelt worden, die sich nicht durch Verbrüderung mit ihm verunreinigen wollten. Jesus jedoch hatte einen Blick für die Bedürfnisse des Steuereintreibers ebenso wie für seine Unehrlichkeit. Wie jeder andere auch, brauchte Zachäus Aufmerksamkeit, Annahme, Achtung usw., aber er versuchte, diese Bedürfnisse auf sündigen Wegen zu erfüllen. Als Zachäus einmal Jesu liebevolle Annahme erfahren hatte, war er bereit, die Wahrheit über seine sündiges Leben anzunehmen.[14]

Das ist der »vortrefflichere Weg«, zu dem Christen aufgerufen sind – ein Weg, eine Beziehung mit einer bedürftigen Welt einzugehen und ihr Liebe und Annahme zu bringen.

Der lebendige Christus fordert uns auf, eine Beziehung zu anderen einzugehen – selbst zu denen, deren Glaube oder Verhalten uns verwerflich erscheinen – und – wie er es mit Zachäus tat – ihnen die Liebe und Annahme Christi zu bringen. Es war die *Gegenwart Christi* in Form einer Beziehung, die Zachäus seine Sünde zeigte und sein Leben änderte. In ähnlicher Weise möchte der Herr, dass jeder von uns echte und liebevolle Beziehungen der Annahme zu solchen eingeht, die ihn nicht kennen, »denn der Sohn des Menschen ist gekommen, zu suchen und zu retten, was verloren ist« (Lukas 19,10).

Missionsfeld, nicht Schlachtfeld

Zu lange bestand die christliche Evangelisationsmethode in erster Linie darin, kirchenferne Menschen in die Kirche einzuladen. Natürlich ist daran nichts verkehrt und viele sind durch solch eine einfache Einladung zur Errettung gebracht worden. Doch ich glaube fest, dass der Herr von uns möchte, dass wir aus unseren »christlichen Ghettos« ausbrechen und nach solchen mit nichtchristlichen Glaubensansichten, Verhaltens- und Lebensweisen Ausschau halten, sie in unsere Häuser einladen, mit ihnen essen, mit ihnen etwas unternehmen oder bei ihnen sind, wenn sie krank sind, und sie so durch den in uns wohnenden Heiligen Geist in die Gegenwart Christi bringen.

Die Methode, die ich vorschlage, bestreitet nicht die persönliche Evangelisation von Mensch zu Mensch; die ist genauso bedeutsam wie eh und je. Diese Methode ist auch kein Ersatz für das Lehren der Wahrheit; ich habe mein Leben der Aufgabe gewidmet, der Welt die Wahrheit zu sagen. Was ich vor Augen habe, ist eine Ergänzung zur »Aktions-Evangelisation« und die Basis, von der aus die Wahrheit effektiver weitergesagt werden kann.

Professor John D. Woodbridge meinte:

> Wir müssen bedenken, dass wir einem dreieinen Gott dienen, der Sünder liebt: »Denn so hat Gott die Welt geliebt, dass er seinen eingeborenen Sohn gab.« Dieser bekannte Vers (Johannes 3,16) zeigt in großartiger Weise Gottes Retterliebe. Für »die Welt« könnten wir »den Vergewaltiger« einsetzen, »den Homosexuellen«, »den Ehebrecher«, »den säkularen Humanisten«, »den kapitalistischen Räuberbaron«, »den militaristischen Kriegshetzer«. Gott liebt diese Menschen wirklich. Er liebte sie so sehr, dass er seinen eingeborenen Sohn für sie gab. Und auch wir sollen sie lieben, obwohl wir wissen, dass Sünde wirklich betrüblich für Gott ist (Psalm 5,6-7; 7,11; Maleachi 1,3) …
>
> Wenn wir die Welt durch die Augen unseres Herrn sehen, sanft und mit Mitleid, werden wir uns hüten, die Brille des Kulturkampfes des »wir gegen sie« aufzusetzen. Außerdem [werden wir] unsere Nachbarschaft oder örtliche Schule nicht als ein weiteres Schlachtfeld im »Kulturkampf« sehen, sondern als Missionsfeld. Unser Haus und unsere Gemeinde werden dann keine Militärbunker sein, sondern Zufluchtsorte der Gastfreundschaft mit Willkommensgeheiß über den Haustüren.[15]

Die neue Toleranz verlangt, jede Glaubensauffassung und jedes Verhalten als legitim und der Billigung und sogar der Teilnahme wert zu akzeptieren; wahre christliche Liebe wird jedoch viel weiter gehen. Sie wird versuchen, hinter dem Glauben oder Verhalten eines Menschen seine zwischenmenschlichen Bedürfnisse zu sehen, genau wie Jesus hinter Zachäus' Schuld blickte und sein Bedürfnis sah (etwas, das der Herr für jeden von uns getan hat). Zu oft neigen wir Christen dazu, nur die geistlichen Bedürfnisse der Menschen zu erkennen. »Sie brauchen nur Jesus«, sagen wir. Aber viele »falsche Glaubensauffassungen« und »sündige Verhaltensweisen« sind Ausdruck einer tiefen zwischenmenschlichen oder emotionalen Verletzung. Während jeder Sünder den Heiland braucht, dürfen wir nicht die tiefen zwischenmenschlichen Bedürfnisse vernachlässigen, die oft zuerst angesprochen werden müssen, bevor ein Nichtchrist auch auf Christi Liebe und Gnade reagieren kann.

Zum Beispiel sprach ich vor einigen Jahren bei einer Highschool-Freiversammlung in Phoenix, Arizona. Ich stand auf einem großen Felsen und redete zu einer Menge von ungefähr 1000 Studenten, als eine Gruppe von Punkern mit grünen Frisuren und meterlangen Ketten sich bis auf 5 Meter meinem Standort näherte. Einige Lehrer und andere Studenten beobachteten die schrille Gruppe aufmerksam und erwarteten, dass sie irgendwie stören würden, doch ich führte meinen Vortrag bis zum Ende fort, ohne unterbrochen zu werden. Sobald ich die Rede beendet hatte und vom Fels hinunterstieg, lief der offensichtliche Führer der wild gekleideten Gruppe hinauf und stellte sich weniger als einen Schritt vor mich auf. Ein Raunen des Erschreckens ging durch die Masse, und 2000 Augen schienen auf mich und jenen jungen Mann gerichtet zu sein.

Die meisten konnten jedoch weder die Tränen sehen, die dem Punker in den Augen standen, noch konnten sie hören, wie er mich bat, ihn zu umarmen. Als ich dann meine Arme um diesen jungen Mann schlang und er seinen Kopf an meine Schulter beugte und weinte, reagierte das Publikum mit einer Welle des Gemurmel. Wir standen über eine Minute lang so da – das ist für einen Punker eine sehr lange Umarmung. Schließlich ließ er mich los und erklärte unter Tränen: »Mein Vater hat mich kein einziges Mal umarmt oder zu mir gesagt ›Ich hab' dich lieb‹.«

Nun, hatte dieser junge Mann spirituelle Bedürfnisse? Musste er die Errettung in Christus erfahren? Absolut. Doch er hatte auch zwischenmenschlichen Bedürfnisse. Er lechzte förmlich nach Liebe und Annahme und seine exotische Erscheinung und sein wildes Benehmen waren ein Schrei nach Aufmerksamkeit und Zuneigung. Und weil ich ihm meine eigene Aufmerksamkeit und Zuneigung zeigen konnte, erlaubte er mir, ihm die Liebe Gottes in Christus mitzuteilen, was ihn dazu führte, sein Leben Jesus zu übergeben.

Wenn wir hoffen, dem Aufstieg der neuen Toleranz entgegen zu treten, müssen wir anfangen, die zwischenmenschlichen Bedürfnisse zu erkennen, aufgrund der sich die Jugendlichen in unserer Nachbarschaft so exotisch zu kleiden; wir müssen die Bedürfnisse verstehen, aufgrund der die homosexuellen Aktivisten in unseren Städten so laut nach Annahme und Gutheißung schreien; wir müssen uns auf die

Bedürfnisse konzentrieren, aufgrund der militante Feministen für die Freigabe von Abtreibung demonstrieren; wir müssen auf die Bedürfnisse junger Menschen reagieren, die unsere Werte ablehnen und »ihr Leben selbst bestimmen« wollen.

Ich bin überzeugt: Wenn Christen beginnen, sich aufrichtig mit selbst dem militantesten Homosexuellen, dem entschiedensten Abtreibungsbefürworter oder dem hartnäckigsten Kriminellen anzufreunden und ihre zwischenmenschlichen Bedürfnisse erkennen und darauf eingehen, wird die Attraktivität der neuen Toleranz im Licht der wahren christlichen Liebe verblassen.

Ich bin überzeugt: Wenn christliche Studenten versuchen, ihren den Glauben ablehnenden Professoren die Freundlichkeit der »zweiten Meile« zu erweisen, wird der Charme der neuen Toleranz im Vergleich mit der wahren christlichen Liebe oberflächlich erscheinen.

Ich bin überzeugt: Wenn Christen wie früher den Maßstab setzen für Versöhnung und Einheit zwischen den Rassen, wird der Einfluss der neuen Toleranz im Schatten der wahren christlichen Liebe versiegen.

Ich bin überzeugt: Wenn Christen die dunkelsten Ecken menschlichen Glaubens und Lebens mit dem Licht der Liebe Christi erhellen – indem sie Beziehungen aufbauen und auf die tiefsten zwischenmenschlichen Bedürfnisse derer eingehen, die in Sünde gefangen sind –, werden *wir* und *unsere Kinder* nicht nur selber den Gefahren der neuen Toleranz entrinnen; wir werden auch »wie Himmelslichter scheinen« »inmitten eines verdrehten und verkehrten Geschlechts« (Philipper 2,15).

7 Toleranz und Erziehung

Mein Sohn Sean stand im Abschlussjahr der Highschool, als ich fragte: »Sag mal, ist dir in zwölf Schuljahren jemals eine absolute Wahrheit beigebracht worden?«

»Sicher«, sagte er.

Überrascht fragte ich: »Welche absolute Wahrheit hast du in der öffentlichen Schule gelernt?«

Er zuckte mit den Achseln. »Toleranz«, sagte er.

Ich muss gestehen, dass ich damals überrascht war. Aber heute bin ich es nicht mehr. Vor mehr als einer Generation konzentrierten sich Schulen auf solche Fächer wie Englisch, Geschichte, Mathematik und Naturwissenschaft; heute ist eines der wichtigsten Ziele vieler Lehrer – an Grund- und Mittelschulen sowie an Oberstufen –, die neue Toleranz zu lehren und zu fördern, wie die folgende Geschichte veranschaulicht:

Shawna stand an der Haustür, hatte alles gepackt und war bereit, mit ihrer Freundin Terilyn ins Wochenende zu fahren.

»Wann kommst du von dieser Konferenz mit Terilyn heim?«, fragte ihre Mutter, die beim Reden an ihrer Frisur hantierte.

»Es ist eine dreitägige Konferenz«, antwortete Shawna. »Wir werden am Sonntagabend gegen sechs Uhr zurück sein.«

»Und worum geht es bei dieser Konferenz genau?«

Shawna hatte ihrer Mutter schon vorher etwas über die Konferenz erzählt, aber nichts »Genaues«. Wenn Shawna alles erzählt hätte, wäre ihre Mutter ausgeflippt und hätte sich das ganze Wochenende nicht mehr beruhigt. »Eine Leiterschaftskonferenz für junge Frauen im Hilton in San Francisco«, antwortete sie. »Terylin sagt, es sei die beste Möglichkeit, ins Studentenparlament an der Reagan-Highschool zu kommen. Die Beraterin des Studentenrates nimmt zehn Mädchen von der Reagan-Highschool mit und Terilyn hat mir einen Platz besorgt.«

Das stimmte alles. Doch Shawna erzählte ihrer Mutter nicht, dass ein wichtiges Thema der Konferenz »Toleranz« lautete.

Als sie sich am nächsten Tag im Hilton in der Innenstadt angemeldet hatten, gingen Shawna und Terylin mit Lisa Carmona, der Studienberaterin der Reagan-Highschool, in die Pizzeria. Sie diskutierten über die im Programm aufgeführten Konferenzthemen, als eine der anderen Studentinnen sagte, sie sei manchmal verwirrt, wenn über Toleranz gesprochen wird. Sie sei sich nicht sicher, was das Wort bedeuten würde.

»Toleranz ist die höchste aller Tugenden«, sagte Frau Carmona lächelnd. »Sie ist die höchste aller Tugenden, weil sie die persönlichen Rechte und Werte aller Kulturen und Menschen anerkennt und vertritt. Doch sie wird oft missverstanden, weil die Fundamentalisten in unserer Kultur sie falsch definiert haben.«

Frau Carmona rollte ihren Strohhalm zwischen ihren lackierten Fingern. »Die Tugend der Toleranz gründet sich auf die Tatsache, dass jeder gleich an Wert ist. Niemand an diesem Tisch ist besser als irgendjemand anderes, richtig?« Die Mädchen nickten wie auf Kommando. »Das ist richtig. Wir unterscheiden uns in vielerlei Hinsicht, aber wir sind alle gleich an Wert. Und wenn alle Kulturen und alle Menschen gleich an Wert sind, dann sind alle Lebensstile gleich. Toleranz bedeutet einfach, den Glauben und die Wahl des Lebensstil eines anderen Menschen zu akzeptieren und zu respektieren.«

Shawna nickte mit den anderen Mädchen. Sie vermutete, dass ihre Mutter – und wahrscheinlich ihr Pastor – etwas Falsches an den Ideen von Frau Carmona finden würden, aber Shawna konnte keinen Fehler darin entdecken. Schließlich war Frau Carmona eine Lehrerin; sie wusste offensichtlich, worüber sie sprach.[1]

Shawnas Erfahrung ist typisch für die heutigen Erfahrungen vieler unserer Kinder in öffentlichen Schulen und Universitäten, von Grundschulkindern bis hin zu graduierten Studenten. Die Botschaft der neuen Toleranz hat eine grundlegend negative Auswirkung auf das Bildungssystem – und, wichtiger noch, auf unsere Kinder. Es gibt sechs Hauptbereiche, die negativ beeinflusst werden. Die neue Toleranz unterdrückt schulische Leistungen, entwertet den Bildungsinhalt, schreibt die Geschichte um, ignoriert Tatsachen, schränkt Freiheiten ein und verleugnet elterliche Rechte. Wenn wir so kurz vor der völligen Isolation stehen, wie können wir auf den Einfluss der neuen Toleranz auf unsere Bildungssysteme reagieren? Wie können wir die negativen Auswirkungen der neuen Toleranz auf unsere Kinder und auf ihre Erziehung verringern?

Zuerst und allem voran müssen wir »den vortrefflicheren Weg« in jeder Situation anwenden. Denken Sie daran, dass Christen aufgerufen sind, »Salz der Erde« und »Licht der Welt« zu sein (Matthäus 5,13-14). Eine liebevolle Reaktion erfordert nicht, dass wir vor unserer Kultur kapitulieren oder Kompromisse mit ihr eingehen, denn wir müssen darauf achten, was für unsere Kinder am besten ist. Sie erfordert auch nicht, dass wir uns in einen »heiligen Krieg« mit dem Bildungssystem verwickeln. Eine gut informierte Übung christlicher Liebe kann der Kultur wirksam entgegentreten, indem sie eine biblische Methode anwendet: »So seid nun klug wie die Schlangen und einfältig wie die Tauben« (Matthäus 10,16).

Das vorherrschende Thema des modernen Lehrplans

»Wir teilen uns eine Welt. Trotz aller unserer Unterschiede in Politik, Rasse, Wirtschaft, Fähigkeiten, Kultur und Sprache – wir teilen uns eine Welt. Tolerant sein bedeutet, die Unterschiede begrüßen und sich daran freuen, diese Welt gemeinsam zu teilen.«[2]

So beginnt die Einleitung zur Internet-Homepage des Magazins *Teaching Tolerance*, eines Magazins, das Schullehrern und Verwaltungsbeamten vom Southern Poverty Law Center kostenlos angeboten wird. »Toleranz kann gelehrt werden«, schreibt die Herausgeberin Sarah Bullard, »man kann nicht nur darüber sprechen. Lehrer haben eine verblüffende Vielfalt funktionierender Techniken entwickelt und wir werden sie Ihnen mitteilen … Toleranz ist ein Gedanke, der von universaler Bedeutung ist, und sie gehört überall in den Lehrplan hinein. Hier werden Sie über Lehrer und Schüler lesen, die daran zusammenarbeiten, die Beziehungen zwischen den Rassen zu verbessern, religiöse Vielfalt und Unterschiede in Fähigkeiten zu respektieren, Vorurteile gegen Geschlechter und Homophobie zu zerstreuen, Hass zu bekämpfen und Gemeinschaften im Klassenraum aufzubauen.«[3]

Beachten Sie die Bedeutung von Bullards Behauptung: »Toleranz … *gehört überall in den Lehrplan hinein.*« Dies bedeutet, praktisch gesagt, dass die neue Toleranz im Geschichtsunterricht, im Kunstunterricht, im naturwissenschaftlichen Unterricht – sogar im Mathematikunterricht! – gelehrt werden soll. Tatsächlich behauptet der Nationalrat für Sozialforschung (NCSS) in seinen »Lehrplan-Richtlinien für multikulturelle Erziehung«, dass »Erziehung zum Multikulturalismus [die neue Toleranz, angewandt auf unterschiedliche Kulturen] ... mehr als eine Veränderung in Lehrplänen und Schulbüchern erfordert. Sie erfordert systemweite Veränderungen, die alle Aspekte der Schule durchdringen.«[4] Dieses Ziel, Toleranz überall zu lehren, erstreckt sich auch auf die Universität. Kenneth Stern zufolge »sollte Lehrvielfalt ein Bildungsauftrag sein, der die Universität durchdringt«.[5] Und Steven Bates fasst im *American Express* alles mit diesen niederdrückenden Worten zusammen:

> Toleranz ist vielleicht tatsächlich das vorherrschende Thema des modernen Lehrplans. Die Verfasser einer kürzlich erschienenen Studie der amerikanischen Highschools schlussfolgerten: »Die Tolerierung der Vielfalt ist der moralische Klebstoff, der Schulen zusammenhält.« In einer Studie über amerikanische Geschichtsbücher wurde Toleranz dargestellt als »die einzige religiöse Idee, die einen Platz im Gedächtnis verdient«.[6]

Toleranz wird nicht nur oft betrachtet als »einzige religiöse Idee, die einen Platz im Gedächtnis verdient«, sondern die neue Toleranz wird von vielen als die einzige Tugend angesehen, die es wert ist, in den schulischen Lehrplan einbezogen zu werden. Bedenkenswert ist z. B. die folgende aktuelle Stellungnahme des Vorsitzenden der Nationalen Bildungsvereinigung im US-Bundesstaat New Hampshire. Bei einem Bildungsforum in diesem Staat, sagte er zu George W. Fellendorf, dem Vorsitzenden der Christlichen Koalition New Hampshires, der gleichzeitig Spezialist für Erziehungsfragen ist:

> Wenn Kinder mit anderen Werten in die Schule kommen als denen, die in der Schule gelehrt werden, sollten die Lehrer die Kinder dazu anhalten, die Lektionen ihrer Eltern zu vergessen.[7]

Das ist sicher besorgniserregend. Doch das ist es genau, was geschehen *muss* und was in diesem Zeitalter der neuen Toleranz *geschieht,* in den Grund-, Mittel- und Oberschulen. In den gesamten USA, in Kanada und anderen westlichen Nationen werden Bücher und Unterrichtsfächer revidiert, um Schulen »inklusivistischer«, »vielfältiger«, »sensibler«, »geschlechtsneutraler«, »antirassistischer« und »demütiger« zu machen. Manche dieser Veränderungen sind positiv. Es ist gut für Schüler, nicht nur etwas über William Shakespeare und George Washington, sondern auch über Sequoya (den Erfinder des Alphabets der Cherokee), Martin

Luther King Junior und Gandhi zu lernen. Es ist gut für uns alle, etwas über die oft vernachlässigte Musik, Literatur, dem Theater und den Sitten anderer Kulturen zu lernen.

Leider jedoch geht das Programm der neuen Toleranz weit tiefer – und ist finsterer –, als bloß Schulkinder mit anderen Kulturen vertraut zu machen. Sogar in den Grund- und Mittelschulen führen die Verfechter der neuen Toleranz einen Feldzug der Indoktrination durch, der in sechs Bereichen am bemerkenswertesten und gefährlichsten ist.

Selbstachtung statt Leistung

Wie wir zuvor festgestellt haben, behauptet die neue Toleranz nicht nur, dass alle Kulturen gleich seien, sondern dass die Identität eines Menschen untrennbar mit seiner Kultur verbunden sei. Wenn Studenten daher »tolerant« behandelt werden sollen, müssen sie bewusst als Mitglieder ihrer spezifischen rassischen, ethnischen oder sogar sexuell ausgerichteten Gruppe behandelt und erzogen werden. Nur dann, so wird argumentiert, würden sie beginnen, die Selbstachtung zu entwickeln, die für akademische Leistung als notwendig erachtet wird.

In der Wirklichkeit jedoch verfinstert die Entwicklung der Selbstachtung in Schulen, die von der neuen Toleranz beherrscht werden, häufig Lernziele. Wirkliche Leistung wird oft geopfert, um die Selbstachtung des Schülers nicht zu schädigen. Richard Bernstein zum Beispiel berichtet von einem Seminar, das von einer multikulturalistischen Referentin geleitetet wurde:

> McIntosh [die Referentin] beginnt mit einer Geschichte. Sie war kürzlich in Roxbury, sagt sie, und bezieht sich auf Bostons überwiegend arme, schwarze Umgebung, wo sie ein junges schwarzes Kind beobachtete, das versuchte, mit einem Mathematik-Arbeitsblatt fertig zu werden, das die Addition von 24 Aufgaben von drei einzelnen Zahlen, wie z.B. 2+4+3 umfasste.
>
> »Sie versuchte, diese Probleme richtig zu lösen«, sagte McIntosh. »Die Alternative war, die Aufgaben falsch zu lösen.« Aber das Mädchen verstand die dazugehörige Mathematik nicht; sie löste das erste Problem falsch und kam auch bei den anderen zu falschen Ergebnissen ... Das ist eine typische Situation in der Welt des Gewinnens und Verlierens, in welcher es keine Möglichkeit gibt, dass das Mädchen sich mit seiner Aufgabe gut fühlen kann.[8]

Bernstein fährt fort und beschreibt die Vorschläge der Referentin, wie man dem Kind helfen könne, »sich bei seiner Aufgabe gut zu fühlen«. Doch er bemerkt, dass McIntosh *keine einzige Lösung vorschlug für die Unfähigkeit des Mädchens, Summen zu addieren* und scheinbar jeden Gedanken mied, dass die Selbstachtung des Mädchens durch richtiges Lernen und Leistung verbessert werden könnte!

Lynn Cheney, die unter den US-Präsidenten Reagan und Bush Vorsitzende der Nationalen Stiftung für Geisteswissenschaft war, schreibt:

> Bildung geschieht um des Strebens nach Wahrheit willen und eins der Kennzeichen [der neuen Toleranz] ist, dass sie Bildung zu etwas anderem macht – ein Vorgang, der Menschen z. B. gute Gefühle vermitteln soll; ein Weg zum Aufbau von Selbstachtung … Bildung geschieht nicht erstrangig um der Selbstachtung willen. Sie geschieht mit dem Ziel, nach Beweisen zu suchen, Informationen zu bewerten, gegensätzliche Meinungen zu wiegen.[9]

Dieses Kennzeichen der neuen Toleranz muss uns alle angehen, unabhängig von unserer Hautfarbe. Viel zu viele unserer kostbaren Kinder und jungen Leute (jeder Rasse, Hautfarbe und Religion) können weder lernen noch Leistungen erbringen, weil ihr Bildungssystem viele ihrer Lehrer zu Sozialarbeitern macht, deren wichtigstes Ziel nicht Bildung ist, sondern ihren Schülern dabei zu helfen, »sich bei ihren Aufgaben gut zu fühlen«.

Aber Christen *können* einen Unterschied setzen, besonders wenn wir uns bei folgenden Aufträgen alle Mühe geben:

- Wir müssen liebevoll die Ansicht hinterfragen, die Identität eines Menschen sei untrennbar mit seiner oder ihrer Kultur verbunden. Stattdessen sollten wir die biblische Grundlage für Selbstachtung fördern; das heißt, dass Männer, Frauen und Kinder respektiert werden – und sich selbst respektieren – sollten, nicht weil sie Mitglieder einer spezifischen rassischen, ethnischen oder sexuell orientierten Gruppe sind, sondern weil sie das einzigartige und wunderbare Werk Gottes sind (Psalm 139,13-14).
- Wir sollten uns darauf konzentrieren, Menschen zu lieben und zu akzeptieren (jeder Rasse, Hautfarbe und Religion), *unabhängig* von ihrem Verhalten, weil ihre Identität *nicht* mit ihrem Tun *gleichzusetzen ist*. Helfen wir, Schülern Liebe und Anerkennung zu geben,

ob sie nun Einsen oder Sechsen auf ihren Zeugnissen mit nach Hause bringen, auch wenn wir sie gegebenenfalls zu größerer Anstrengung ermuntern sollten.

- Verteidigen wir das Recht *jedes* Kindes auf Lernen. Hinterfragen Sie Lehrpläne, die Schüler – jeder Rasse und Religion – nicht darauf vorbereiten, in einer immer mehr konkurrierenden globalen Wirtschaft Kompetenz zu beweisen.

Stil statt Substanz

Gehen Sie in die heutigen Grund- und Mittelschulen in den USA und Kanada und Sie werden wahrscheinlich eine bunte Mischung von Plakaten, Ausstellungen und anderen Lehrhilfen entdecken, die Titel haben wie »Große Momente der Schwarzen Geschichte« und »Indianische Frauen in der Mathemathik« und eine »Friedensmauer«, die solche Friedensstifter wie Gandhi, Martin Luther King Junior und Häuptling Joseph der Nez Percé ehrt. Heute werden die Schüler und Studenten mit solchen bisher vernachlässigten Kulturen wie die Ashanti- und Yoruba-Kulturen Afrikas und die Zuni und Ojibwas Kulturen in Nordamerika bekannt gemacht. In Queens sind Schüler asiatischer Abstammung in zweisprachige Klassenzimmer versetzt worden – *gegen den Willen ihrer Eltern*, denen es lieber wäre, dass ihre Kinder, ebenso wie nichtasiatische Schüler, Englisch lernen.[10]

Leider jedoch hat dieses »multikulturelle Programm« der öffentlichen Bildung gewöhnlich den Effekt, den Wissensstand des Kindes nicht nur zu erweitern, sondern auch einzuengen. Es gibt schließlich nur eine begrenzte Stundenzahl pro Schultag und viele Themen werden nicht deshalb ausgewählt, weil sie etwa wertvoll oder nützlich wären, sondern weil sie diese oder jene Kultur repräsentieren. Folglich werden solch wichtige Figuren wie William Shakespeare und George Washington häufig verdrängt, ebenso wie die Niederlage der spanischen Armada und die Erfindung des Flugzeugs und solche wichtigen Dokumente wie die Magna Charta Libertatum und die Verfassung der Vereinigten Staaten.

Bernstein schreibt von einem Gespräch mit einer Lehrerin der fünften und sechsten Klassen. Er fragte, was sie ihren Schülern über George Washington beibringt. »Dass er der erste Präsident war«, antwortete sie, »dass er Sklavenbesitzer war, dass er reich war – nicht viel.«[11]

Folglich erwerben viele unserer Kinder und Jugendlichen ein großes multikulturelles Wissen; doch gleichzeitig haben wir, der Bildungsaktivistin Candace de Russy zufolge, »das Kernwissen bedenklich ausgehöhlt, das wir früher als garantiert annahmen. Jetzt haben wir College-Studenten, die als kulturelle Analphabeten graduieren – und manche als völlige Analphabeten. Und Hochschulabsolventen ohne jede Ahnung von Englisch.«[12] Diese Verschiedenheit lässt jedoch viele »tolerante« Erzieher gleichgültig, weil in der Welt der neuen Toleranz didaktischer Inhalt generell nicht so wichtig ist wie das Studieren anderer Lebensweisen und das gute Gefühl über die eigene Identität.

Es sollte uns zu denken geben, dass Stil an die Stelle von Substanz getreten ist. Und wir können einen Unterschied setzen, besonders wenn unser Engagement die folgende Gestalt annimmt:

- Als Eltern erinnern Sie sich daran, dass *Sie* für die Schulbildung Ihrer Kinder verantwortlich sind, und nicht die Lehrer, nicht deren Vorgesetzte und nicht ihre Schule oder Schulbehörde. Achten Sie auf das, was Ihren Kindern beigebracht wird; schmökert in ihren Schulbüchern; gehen Sie mit in die eine oder andere Veranstaltung; begleiten Sie dann und wann einen Gang durch die Schule. Drücken Sie jede Besorgnis freundlich, aber bestimmt aus und geben Sie sich besondere Mühe, Wertschätzung auszudrücken, wenn die Schule oder ein Lehrer Verständnis für Ihre Rechte als Eltern zeigt oder Sie unterstützt.
- Warten Sie nicht darauf, dass die Schule Ihr Kind mit wirklichen Lehrinhalten bekannt macht. Fragen Sie Ihre Kinder bei den Mahlzeiten, was sie über George Washington *und* George Washington Carver, über Martin Luther *und* Martin Luther King Junior wissen.
- Falls möglich, bieten Sie Lehrern Ihre Hilfe in den Bereichen an, die Ihnen wichtig sind. Wenn der Geschichtstext Ihres Kindes zum Beispiel nur die schuldige Teilnahme Ihrer Nation an der Sklaverei diskutiert, bieten Sie an, in einer oder zwei Unterrichtsstunden die Größe derer darzustellen, die für die Abschaffung der Sklaverei gekämpft haben (wie William Wilberforce im Britischen Empire und Frederick Douglass in den USA).

Propaganda statt Geschichte

Eine weitere gefährliche Auswirkung der neuen Toleranz an öffentlichen Schulen und Universitäten ist die systematische Ersetzung von Geschichte durch Propaganda. Zwei Historiker von der University of Pennsylvania geben dies offen zu und schreiben:

> Wir alle sind darin engagiert, eine Art Propaganda zu schreiben … Anstatt an die absolute Wahrheit dessen zu glauben, was wir schreiben, müssen wir an die moralische und politische Position glauben, die wir damit einnehmen … Historiker sollten ein Argument auf der Grundlage seiner Überzeugungskraft beurteilen, seiner politischen Nützlichkeit und seiner politischen Lauterkeit.[13]

Anders gesagt: Viele heutige Geschichtschreiber haben kein Anliegen mehr für Genauigkeit, sondern sind stattdessen auf politische Überzeugungskraft bedacht. Sie fragen nicht: »Ist es die Wahrheit?«, sondern: »Ist es politisch nützlich?« So sagt es auch Gene Veith: »Weil es keine objektive Wahrheit gibt, darf Geschichte nach den Bedürfnissen einer speziellen Gruppe umgeschrieben werden … Wahrheit muss nicht hinderlich sein.«[14] Und tatsächlich: ein Großteil der so genannten Geschichte und Kultur, die von den Verfechtern der neuen Toleranz gelehrt werden, verfolgt ein vierfaches Programm:

1. Verpasse dem Westen einen Dämpfer,
2. Romantisiere nichtwestliche, nichttraditionelle und nichtweiße Kulturen,
3. Behandle alle kulturellen Werte als gleich,
4. Kritisiere auf keinen Fall nichtwestliche, nichttraditionelle oder nichtweiße Kulturen.[15]

»Studenten der freien Künste«, schreibt Dinesh D'Souza, Schriftsteller und Forschungsassistent am Amerikanischen Unternehmensinstitut, »einschließlich derer, die Eliteuniversitäten besuchen, werden sehr wahrscheinlich einer versuchten Gehirnwäsche unterzogen werden, die das westliche Lernen verwirft und eine im Namen des Multikulturalismus geförderte neomarxistische Ideologie hochhält. Selbst Studenten der harten Wissenschaften werden so gut wie sicher mit einer antiwestlichen, antikapitalistischen Weltsicht überschwemmt werden.«[16] D'Souza ist wohl kaum der einzige Gelehrte, der so etwas sagt; selbst Eugene Genovese, ein marxistischer Historiker, hat (mit Bedauern) zugegeben, dass in unseren Schulen heute »die Bildung der Indoktrination gewichen« ist.[17]

Bernstein veranschaulicht diese Tatsache mit seiner Kritik an einem »Welt in der Krise« genannten Kurs an einer Highschool in einem wohlhabenden Vorort von Boston. Der Kurs konzentrierte sich auf drei Krisengebiete: Nordirland, Nahost und Vietnam. Bernstein schreibt:

> Die Wahl [dieser drei Krisengebiete] als einzige Studiengebiete des Kurses ist ziemlich merkwürdig. Wenn Lehrer sich dafür interessieren, die Welt in der Krise darzustellen, warum nehmen sie dann nicht die Sowjetunion in Afghanistan oder 1968 in der Tschechoslowakei? Warum nicht den Kalten Krieg oder Khomeinis Iran oder islamischen Fundamentalismus oder den Bürgerkrieg im Libanon oder in Burundi oder die Auflösung der Sowjetunion?
>
> Die Sektion über Nordirland stellte die Briten als die Schurken dar, der Part über Indochina stellte Amerika als den Schurken dar und der Part über Nahost schloss dann mit der impliziten Aussage ab, das Problem sei ein Problem der unheilvollen Unterdrückung der Palästinenser durch europäische Kolonisten [berichtete Sandra Stotsky, eine Mutter, die den Kurs unter die Lupe nahm] ... »Wenn Studenten den Kurs abschließen, sind sie implizit ermutigt worden, alle weißen Protestanten, Amerikaner, Briten, andere Europäer und Israelis als Unterdrücker der armen oder farbigen Menschen zu sehen sowie Großbritannien, Amerika und Israel – alles Demokratien – als die wichtigsten Unterdrückernationen der Welt.«[18]

Dieses Programm beschränkt sich nicht auf Colleges und Universitäten. Sein Erfolg wird im Kommentar eines Lehrers einer fünften Klasse gegenüber Richard Bernstein deutlich: »Die Empfindung in meinem Klassenzimmer ist die, dass sie Christen und Weiße nicht mögen, weil sie gesehen haben, was im Namen des Christentums verübt wurde und was die Weißen den Indianern und Afrikanern angetan haben.«[19]

In der Kirchengeschichte und in der Geschichte der USA und anderer westlicher Nationen gibt es natürlich Vieles, was eingestanden und verurteilt werden muss, doch die spanische Inquisition und Amerikas Indianerkriege und Sklavenhandel geben wohl kaum ein vollständiges Bild der Kirchen- und der amerikanischen Geschichte ab. Gleichwohl ist das praktisch das einzige Bild, das vielen Schülern und Studenten in diesem Zeitalter der neuen Toleranz präsentiert wird, und es produziert eine Rekordernte antichristlicher und antiamerikanischer Empfindungen. Albert Shanker vom Amerikanischen Lehrerbund drängt das zu folgendem Kommentar: »Keine andere Nation in der Welt lehrt eine Nationalgeschichte, die ihren Kinder negative Gefühle über ihr eigenes Land vermittelt – unsere wäre die erste.«[20]

Wir können der Ersetzung der Geschichte durch Propaganda jedoch entgegen treten, wenn wir Folgendes in Liebe versuchen:

- Treten Sie für wahre Wertschätzung anderer Kulturen ein, nicht weil alle kulturellen Praktiken gleich wären (obwohl alle Kulturen positive wie negative Aspekte haben), sondern weil alle Kulturen die Einheitlichkeit des menschlichen Zustandes demonstrieren (wir sind alle Sünder, die Gottes Erlösung bedürfen) und illustrieren, wie wir instinktiv Tugend billigen und Laster ablehnen ... und das nicht nur in anderen Kulturen, sondern auch in unserer eigenen. Entdecken Sie, unabhängig von Ihrer Hautfarbe oder Ihrem ethnischen Hintergrund, die inspirierenden Geschichten von Booker T. Washington und Sojourner Truth, die tragischen Erfahrungen von Häuptling Joseph vom Nez Percé Stamm und der Kurden im Irak Saddam Husseins, die zarten *shan-shui* Landschaften des alten China und die architektonischen Errungenschaften der Maya- und Azteken-Kulturen. Verurteilen Sie die Sklaverei im Amerika des 19. Jahrhunderts nicht weniger als die heutige Sklaverei im Sudan.

  Nehmen Sie jede Gelegenheit wahr, rassische und kulturelle Grenzen zu überschreiten, und zeigen Sie den Geist Christi, »der religiöse, geschlechtliche und ethnische Grenzen überschritt, um zu heilen und zu lehren«.[21] Zögern Sie nie, zusammen mit Christen aus anderen rassischen, ethnischen oder kulturellen Hintergründen Gott anzubeten. »Wenn es kulturelle Barrieren gibt, die zwischen verschiedenen ethnischen Gruppen bestehen«, schreibt Peter Tze Ming Ng von der Chinesischen Universität Hong Kong, »ist es Auftrag der Gemeinde zu zeigen, dass Christus diese trennenden Mauern abgebrochen hat.«[22]
- Umgehen Sie die Falle, auf die christliche Gemeinde als auf eine weiße und westliche Institution zu blicken, wie Peter Tze Ming Ng betont:

  > Christen glauben, dass Christus für Menschen aus jeder Kultur und Rasse gekreuzigt wurde, starb und auferstand. Wenn jemand wirklich glaubt, dass Christus der Heiland der ganzen Menschheit ist, dann muss er auch bekräftigen, dass Christus auch der Heiland seines asiatischen, afrikanischen, spanischen und ein-

geborenen amerikanischen Nächsten ist. Sie sind nicht bloß Christen, die am Rand stehen, sondern gehören zur selben Familie Gottes. Der Galaterbrief hat für Christen heute große Bedeutung. Hier sagt Paulus: »Denn ihr alle seid Söhne Gottes durch den Glauben an Christus Jesus ... Da ist nicht Jude noch Grieche, da ist nicht Sklave noch Freier, da ist nicht Mann und Frau, denn ihr alle seid einer in Christus Jesus.«[23]

- Nehmen Sie jede Gelegenheit wahr, sich und so viele Menschen wie möglich um Sie herum daran zu erinnern, dass

  »die wahre Gemeinde multikulturell ist – und immer war ... Gott machte seine Gemeinde multikulturell und es war von Anfang an seine Absicht, dass sie so sein sollte ...

  Wenn wir an die Gemeinde denken, dürfen wir uns nicht nur Menschen unseresgleichen vorstellen, sondern Menschen aller Hautfarben und Gestalten und Epochen, Männer und Frauen mit unterschiedlichen Sprachen, unterschiedlichen Sitten, verschiedenen Gewohnheiten, die aber alle denselben Herrn anbeten.«[24]

  Das muss unsere Vision der Gemeinde sein und wir müssen auch Pädagogen und anderen helfen, die Realität ebenfalls zu erkennen.
- Helfen Sie anderen zu verstehen, dass wir alle für unsere eigenen Sünden verantwortlich sind (5. Mose 24,16; Hesekiel 18,20); wir können von den Sünden vergangener Generationen lernen, vielleicht sogar ihre Auswirkungen korrigieren, aber wir können sie nicht reinwaschen oder stellvertretend für sie leiden. Wir sind verantwortlich für unsere eigenen Missetaten, doch hier gibt es auch eine Botschaft der Erlösung, die selbst die Verfechter der neuen Toleranz (Lehrer und Professoren, Schuldirektoren und Dekane eingeschlossen) hören müssen: »Wenn wir unsere Sünden bekennen, ist er treu und gerecht, dass er uns die Sünden vergibt und uns reinigt von jeder Ungerechtigkeit« (1. Johannes 1,9).

Erfindungen statt Tatsachen

Zusätzlich zu ihrer romantisierenden und andere Kulturen begünstigenden Propaganda beinhaltet die neue Toleranz nicht nur Propaganda, die dem Christentum und der westlichen Kultur gegenüber feindlich ist, sondern *erfindet* manchmal absichtlich Propaganda, die andere Kulturen begünstigt, wie es die leidenschaftliche Stellungnahme William Kings beweist, eines Studenten der Stanford University und Präsidenten der Schwarzen Studentenunion:

> Unter dem alten System, sagte er, »wurde mir nie die Tatsache beigebracht ... dass Sokrates, Herodot, Pythagoras und Solon in Ägypten studierten und anerkannten, dass vieles von ihrer Kenntnis der Astronomie, Geometrie, Medizin und Baukunst aus der afrikanischen Zivilisation in und um Ägypten stammte. [Mir wurde nie beigebracht,] dass der hippokratische Eid sich zu dem griechischen ›Vater der Medizin‹ Imhotep bekannte, einem schwarzen ägyptischen Pharao, den sie Aeskulap nannten ... Ich wurde nie informiert, wann es herausgefunden wurde, dass die ›sehr dunklen und kraushaarigen‹ Mauren in Spanien das klassische Wissen, das die Griechen gesammelt hatten, erhielten, ausdehnten und wiedereinführten, was zur ›Renaissance‹ führte ... Ich las die Bibel, ohne zu wissen, dass der Heilige Augustinus wie ich schwarz aussah, dass die Zehn Gebote beinahe direkte Kopien der 147 negativen Bekenntnisse ägyptischer Eingeweihter waren ... Ich lernte nicht, dass die Niederlage Toussaint L'Ouvertures gegen Napoleon auf Haiti direkt die Französische Revolution beeinflusste oder dass die Irokesen in Amerika eine repräsentative Demokratie hatten, die als Modell für das amerikanische System diente.«[25]

Diese Aussage, schreibt D'Souza, »erntete begeisterten Applaus und wurde viel zitiert. Das einzige Problem ist, dass ein Großteil nicht wahr ist. Es gibt keinen Beweis, dass Sokrates, Pythagoras, Herodot und Solon in Ägypten studierten, obwohl Herodot möglicherweise dorthin gereist ist. Augustinus wurde in Nordafrika geboren, aber seine Hautfarbe ist unbekannt, und jedenfalls konnte er nicht in der Bibel erwähnt werden; er wurde über 300 Jahre nach Christus geboren. Bernard Lewis, ein Experte in der Kultur des Islams und des Mittleren Ostens an der Universität Princeto, der Kings Rede auf meine Bitte hin prüfte, beschrieb sie als ›ein paar Bröckchen Wahrheit inmitten eines Großteils von Unsinn‹.«[26]

Solche dubiosen Behauptungen[27] können jedoch den Trend setzen für die Zukunft der öffentlichen Bildung, wie die Behauptungen von Dr. Leonard Jeffries, dem Leiter der Afro-Amerikanischen Studien am City College in New York. Jeffries' behauptet u.a., es sei »entdeckt worden«, dass die Melanin-Konzentration bei Schwarzen überdurchschnittliche Intelligenz verursacht, dass Kaukasier »Eismenschen« sind, die genetisch zur Niederträchtigkeit und Aggression prädisponiert seien und dass AIDS von Weißen geschaffen wurde, als Teil einer Verschwörung mit dem Ziel, die Schwarzen zu vernichten.[28]

Diese Ansichten sind ebenso unbegründet, wie die Behauptung, das abendländische Erbe sei die Quelle *alles* Guten und Lohnenden in der Kultur. Nein! Wir müssen unnachgiebig daran festhalten, dass es im kulturellen Erbe der Schwarzen, Asiaten, Spanier und eingeborenen Amerikaner Vieles gibt, das von allen Studenten aller Rassen gelernt und geschätzt werden sollte. Doch D. Jackson, der in einem Brief seine afrozentrische Schulbildung in Kalifornien kommentiert, hatte Recht mit seinem Argument, dass die *Erfindung* von Geschichte keine Verteidigung, sondern ein Betrug am Schwarzen Stolz ist. »Wir sollten aufhören, uns selbst und unsere Kinder zu belügen, und aufhören, ein falsches rassisches Resümee zusammenzubrauen«, sagte er. »Schämen wir uns so sehr für unsere Geschichte, dass wir die Errungenschaften anderer Menschen als unsere eigenen in Anspruch nehmen müssen?«[29]

Vielleicht am beunruhigendsten jedoch ist die Tatsache, dass die dubiose Natur solcher Behauptungen für die Verfechter der neuen Toleranz und des Multikulturalismus bedeutungslos ist, weil es ihnen nicht um Wahrheit geht, sondern um Macht. Wenn die Propagierung »eines falschen rassischen Resümees« dazu dient, Macht auf irgendeine Weise von der so genannten dominanten Kultur (d. h. weiß, christlich, europäisch) auf eine andere Kultur zu verlagern, dann (so argumentieren sie), sollte es getan werden … im Namen der Toleranz.

Doch Christen brauchen nicht mit solchen Taktiken zu spielen. Wir haben eine echte Botschaft der Hoffnung für diejenigen, die versucht sind, im Namen der neuen Toleranz Tatsachen für Erfindungen zu opfern:

- Streben Sie in solchen Situationen wie den oben beschriebenen danach, Wahrheit anstatt Macht zu erheben, Tatsachen über Erfindungen, Dokumentation über Spekulation (und bringen Sie ihren Kindern bei, dasselbe zu tun). Lernen Sie höflich zu fragen: »Können Sie mir sagen, woher Sie das wissen?« »Wo haben Sie das erfahren?« »Können Sie mir Belege für Ihre Ansicht liefern?«
- Versuchen Sie, Ihren Freundes- und Bekanntenkreis soweit wie

möglich zu erweitern. Es ist einfacher, »dem vortrefflicheren Weg« in sensiblen Bereichen (wie z. B. Rasse, Macht und Politik) zu folgen, wenn Sie andere Perspektiven aus erster Hand hören können. Dies wird Ihnen dabei helfen, »zuerst zu verstehen versuchen, dann verstanden zu werden«.

»Politische Korrektheit« statt Freiheit

Vor nicht langer Zeit sprach ich bei Fishnet, einem Musikfestival in Virginia, als acht verschiedene Studenten zu mir kamen und bestätigten, was ich über das Bildungssystem sagte. »Alles, worüber Sie gesprochen haben«, sagten Sie, »erleben wir selbst. Wenn man an unserer Universität der Intoleranz beschuldigt wird, muss man tatsächlich an einem Kurs in kultureller Sensibilität teilnehmen, um zu graduieren.« Einer der Studenten fügte hinzu: »Ich bin Jesus sehr hingegeben, doch dies war das schwerste Jahr meines Lebens. Ich bin ein Tutor hier am Ort und letztes Jahr musste ich an einer zweitägigen Konferenz über Toleranz teilnehmen. Sie brachten Schwule, Lesben und Pädophile herein und sagten, wir müssten tolerant sein und sie akzeptieren. Sie sagten: ›Sie müssen lernen zu bestimmen, was richtig für Sie ist und was falsch für Sie ist. Niemand kann das für Sie tun und Sie können Ihre Werte nicht anderen auferlegen. Sie müssen anderen die Freiheit geben zu bestimmen, was richtig und was falsch für sie ist, um es dann ungehindert auszuleben.‹ In jeder Sitzung fangen sie damit an uns zu sagen: ›Sie können niemanden verändern. Wenn Sie es versuchen, werden Sie gefeuert, und das wird ein bleibender Makel auf Ihrem Zeugnis sein.‹ Ich bin jetzt soweit, dass ich mich fürchte, den Namen Jesu zu nennen, selbst im privaten Rahmen meines eigenen Zimmers; jede Anschuldigung, dass ich jemanden zu bekehren versuchte, würde fürchterliche Probleme verursachen.«

Solche Verletzung individueller Freiheiten ist auch in manchen Grund- und Mittelschulen üblich, wo das Gebet und die Nennung des Namens Jesu Christi als ein unannehmbares – sogar kriminelles – Verhalten betrachtet wird. Sehen Sie sich die folgenden Fälle an:

- Einem elfjährigen Jungen wurde verboten, in der Schule ein Gedicht aufzusagen, weil es einen Bezug auf Jesus enthielt.
- Einem jungen Studenten aus Pennsylvania wurde gesagt, es sei unangemessen, »Jesus liebt dich« auf eine Essensdose zu schreiben.
- Highschool-Studenten in Texas wurde verboten, für ihren Bibel-

> kreis nach der Schule zu werben, wenn sie nicht die Namen Gott und Jesu wegließen.[30]

Bedenken Sie, dass so etwas geschehen darf, weil Christus und das Christentum für die Verfechter der neuen Toleranz eine intolerante, absolutistische und dogmatische Lehre repräsentieren. Daher wird jede Intoleranz Christen gegenüber als gut und angemessen betrachtet.

Darüber hinaus ist die Entschlossenheit der Förderer der neuen Toleranz zur Verfolgung derer, die nicht mitspielen, vielleicht nirgends offensichtlicher als im Bildungsbereich. Die Abteilung für Studentenwohnheime an der University of Pennsylvania zum Beispiel gibt eine schriftliche Notiz an alle ortsansässigen Tutoren, Studenten und Fakultätsmitglieder heraus, die in Studentenwohnheimen leben:

> [Diese Anordnung] erlegt ihnen nicht nur auf, sich gut zu benehmen, sondern dass sie, selbst wenn sie »verdächtigt« werden unlautere Einstellungen zu verbergen, gerade durch diese Tatsache »einer Haltung der Intoleranz« schuldig sind.
>
> »Wenn man *vermutet*, dass Sie rassistisch, sexistisch, ethnozentrisch, intolerant oder voreingenommen sind gegenüber Behinderungen oder anderen Religionen als Ihrer eigenen, müssen Sie bereit sein, dieses Verhalten zu prüfen und zu ändern«, sagt die Notiz der Verwaltung [Hervorhebungen zugefügt].[31]

Manche Universitäten, wie die University of Michigan und die University of Connecticut, haben versucht, aggressive »Sprachcodes« anzunehmen, mit denen sie so etwas wie »unangebrachtes Gelächter, taktlose Witze, anonyme Briefe oder Telefonanrufe und den verschwörerischen Ausschluss eines anderen Studenten vom Gespräch« auszurotten beabsichtigen.[32]

Heute wird »Intoleranz« von manchen als so böse betrachtet, dass sie es rechtfertigen, einem Menschen das Recht auf freie Rede (z. B. die einfache Nennung des Namens Jesu Christi) zu verwehren. Dies dehnt sich sogar so weit aus, dass man nicht mehr nach Belieben lachen und jemanden von einem Gespräch ausschließen darf.

Wie sieht also »der vortrefflichere Weg« christusgemäßer Liebe in einem Bildungssystem aus, das grundlegende Freiheiten im Namen der neuen Toleranz opfert? Es wird sicher Folgendes einbeziehen, sich aber nicht nur darauf beschränken:

- Erstens: »Euer Wort sei allezeit in Gnade, mit Salz gewürzt« (Kolosser 4,6). »Kein faules Geschwätz komme aus eurem Mund«, sondern »[redet] die Wahrheit *in Liebe*«, wie die Bibel sagt (Epheser 4,29; 4,15, Hervorhebungen zugefügt). Klären Sie, ob es um der Gerechtigkeit willen geschieht, wenn Sie verfolgt werden oder einige von Ihren Freiheiten verletzt werden … und nicht, weil Sie unsanft oder grausam waren.
- Nutzen Sie jede Gelegenheit, anderen liebevolle Anerkennung zukommen zu lassen – besonders, wenn Sie für eine Wahrheit eintreten müssen. Bringen Sie Ihren Kindern bei, dasselbe zu tun. Wenn ein Lehrer oder Professor zum Beispiel sagt, dass Homosexuelle auch Menschen sind und wir deshalb Homosexualität nicht verurteilen können, kann der »vortrefflichere Weg« bedeuten, eine Hand zu erheben und zu sagen: »Ich bin auch davon überzeugt, dass Homosexuelle in Gottes Augen unendlich wertvoll sind, genau wie wir alle.« Das sollte geschehen, bevor eine Diskussion über die Verkehrtheit homosexuellen Verhaltens in Gang kommt.
- Wissen Sie Bescheid über Ihre Rechte und die Rechte Ihrer Kinder und anderer Schüler. Jay Sekulow und Keith Fournier z. B. heben hervor, dass die folgenden Rechte durch die US-Verfassung geschützt sind und in der jüngsten Rechtsprechung des Obersten Gerichtshofes bestätigt wurden:
- Bibelkreise und religiöse Organisationen haben das Recht, auf dem Schulgelände zu werben. Öffentliche Lautsprecheranlagen, schwarze Bretter, Schulzeitungen und andere übliche Möglichkeiten, mit denen auf Veranstaltungen hingewiesen wird, stehen Ihnen offen.
- Von Studenten initiierte religiöse Gruppen sind geschützt. Studenten dürfen Gruppen entwickeln, um das Evangelium an der Schule bzw. Uni zu verbreiten. Wenn es teilnehmende Schüler gibt, müssen Schulen ihren Schülern die Freiheit einräumen, ihre eigenen Treffen an der Schule zu beginnen und daran teilzunehmen.
- Der Oberste US-Gerichtshof hat deutlich gemacht, dass Schulen Bibelkreise oder religiöse Organisationen keineswegs irgendwie anders behandeln können als andere nicht zum Lehrplan gehörende Gruppen. Sie haben das volle Recht, wie jede andere Organisation behandelt zu werden. Mitarbeiter der Schule müssen ihnen dieselben Veranstaltungszeiten wie anderen Gruppen gewähren und dieselbe Möglichkeit, ihre Botschaft auszubreiten, die anderen Studenten gegeben ist.

- Ihnen kann nicht verboten werden, ein Shirt mit einer christlichen Botschaft oder irgendeiner anderen Botschaft zu tragen. Dieses Recht ist durch das Erste Amendement geschützt. Studenten können nicht daran gehindert werden, eine Bibel in die Schule oder Uni mitzubringen. Der Student ist nur an die Verpflichtung gebunden, die Schuldisziplin nicht zu zerstören.
- Sie haben das Recht, an Ihrer Highschool über Ihren Glauben zu reden. Mitarbeiter der Schule können nicht jedes studentische Gespräch kontrollieren, nur weil das einzelne Gespräch religiöser Art ist. Studenten haben das Recht, Broschüren, Traktate oder anderes Material herauszugeben, das vor ihren Mitschülern ihren Standpunkt ausdrückt. Im Fall der Mergens[33] machte die Ansicht des Gerichtes deutlich, dass das Recht des Studenten, seinen Glauben mitzuteilen, die Rechte nicht beeinträchtigt.
- Ihre Rechte erstrecken sich auch auf den Unterrichtsraum, die Cafeteria und das Sportgelände. Niemand kann Sie daran hindern, still zu beten, wo immer Sie möchten … Wenn Studenten sich während ihrer Freizeit als Gruppe versammeln, sind ihnen grundlegende Rechte einschließlich des gemeinsamen Gebets garantiert.[34]

Regierungsautorität statt elterlicher Rechte

Im öffentlichen Schulsystem der USA gibt es ein seltsames Paradox. Schulkrankenschwestern dürfen einem Schüler ohne elterliche Erlaubnis kein Aspirin verabreichen, aber Schulklinikpersonal darf frei und in großen Zügen Kondome verbreiten, sogar ohne es den Eltern mitzuteilen. In ähnlicher Weise senden Lehrer den Eltern ausführliche Genehmigungsformulare (einschließlich medizinischer Information für einen Notfall), wenn ihre Schüler einen Besuch im Zoo machen sollen, aber in manchen Staaten kann eine Minderjährige ohne Kenntnis ihrer Eltern eine Abtreibung vollziehen lassen.

Als unmittelbare Folge des Postmodernismus werden die Rechte der Eltern, das Leben ihrer Kinder zu leiten und zu beeinflussen, systematisch untergraben und niedergerissen. Schauen wir uns nur die Aussagen von Paul Kurtz an, einem »Humanisten« und Philosophieprofessor an der State University of New York in Buffalo:

> Eltern haben kein Recht, ihre Religion ihren Kindern aufzuerlegen oder zu verhindern, dass sie anderen Standpunkten ausgesetzt werden. Ein fundamentalistischer Protestant, ein orthodoxer Jude, ein

Katholik oder ein Moslem hat als Vater kein Recht, vom Staat zu erwarten, ihn in seinem engstirnigen Denken zu unterstützen. Das gilt besonders, weil wir alle dieselbe Weltkultur teilen.[35]

Und der Kolumnist Robert Holland listet eine Reihe von Zielen auf, die eine Kommission für Schulen aufstellte, und fügt hinzu: »Bemerkenswerterweise wurden Eltern in diesem umfangreichen Dokument nicht einmal erwähnt. Vielmehr rief der Bericht das Schulsystem auf, den Kindern solche Einstellungen beizubringen, die von Elitekräften in Regierung und Industrie gewünscht werden.«[36]

Immer mehr spiegelt das Bildungsprogramm in heutigen Schulen die Empfindung Paul Liacos' wider, des Oberrrichters von Massachusetts, der anordnete, dass öffentliche Schulen – sogar Aufbauschulen für Highschools – unabhängig von elterlichen Einwänden Kondome unter Schülern verteilen dürften. Er sagte: »Eltern haben kein Recht, die Programme öffentlicher Schulen zuzuschneiden, um ihren individuellen religiösen oder moralischen Vorlieben zu entsprechen.«[37]

Die staatliche Erziehung im Westen wird immer feindlicher gegen Eltern, und besonders gegen Eltern, die zu beeinflussen versuchen, was ihren Kindern beigebracht wird. Aber Christen haben, im Gegensatz zu dem, was Paul Kurtz sagen mag, nicht nur ein Recht, sondern eine Verantwortung, die Erziehung ihrer Kinder zu beeinflussen und zu beobachten. In der Tat macht Gottes Wort deutlich, dass Erziehung nicht auf die Schulstunden beschränkt sein, sondern von Eltern geleitet werden und jeden Lebensbereich einbeziehen sollte, selbst den profansten (5. Mose 6,6-9).

Zusätzlich sollten Christen bei folgenden Aufgaben wachsam sein:

- Halten Sie die Grenzen der Kommunikation weit offen. Bevor die ersten Kinder der geburtenstarken Jahrgänge an die Universitäten kamen, war die Mehrheit der Kinder in kleinen Nachbarschaftsschulen ausgebildet worden, die oftmals Verwandte und Nachbarn als Lehrerstab hatten, und der Lehrplan spiegelte die lokale Gemeinschaft wider. Als die erste geburtenstarke Welle das Einschulungsalter erreichte, veränderte die plötzliche Nachfrage nach Lehrern und größeren Klassenzimmern den Charakter der öffentlichen Schulbildung. Schüler wurden in so genannte »Bildungsfabriken«[38] zusammengepfercht – riesige Regionalschulen mit großen Klassen, die von Lehrern unterrichtet wurden, die diese Kinder oder deren

Eltern nicht kannten. Folglich konnte eine Struktur, die zuvor die elterlichen Bemühungen bekräftigt hatte, ihren Kindern traditionelle Werte beizubringen, diese Werte nicht mehr legitimieren, geschweige denn sie unterstützen.

Das Problem ist, dass wenige von uns ihr Verhalten dieser Veränderung angepasst haben. Wir schicken unsere Kinder weg und lassen sie von Menschen erziehen, *die wir nicht kennen*.

Geben Sie sich alle Mühe, sich dieser Realität anzupassen, indem Sie daran arbeiten, feste Beziehungen zu den Lehrern Ihrer Kinder, zu Schuldirektoren, zu Aufsichtsbeamten, zu Mitgliedern des Schulrates, zu Vorsitzenden der Eltern-Lehrer-Vereinigung und zu Schulhausmeistern aufzubauen. Erkundigen Sie sich nach den Adressen der Lehrer. Wir müssen lernen, welche Lehrer (und andere) unsere Werte und Überzeugungen teilen, und welche das nicht tun – nicht damit wir die verkehrt gesinnten Einzelpersonen »loswerden« können, sondern um sie besser zu verstehen und, wenn nötig, ihrem Einfluss und ihren Ideen entgegenwirken zu können.

- Suchen Sie nach Gelegenheiten, Lehrern und Verwaltern gegenüber Freundlichkeit und Wertschätzung ausdrücken zu können. Setzen Sie es sich zum Ziel, für jede Kritik oder Sorge, die Sie einem Schulbeamten ausdrücken müssen, ihm wenigstens zweimal herzliche Liebe zu erweisen.
- Bestehen Sie taktvoll darauf, in Bezug auf die Erziehung Ihrer Kinder informiert *und* zu Rate gezogen zu werden. Reagieren Sie standfest auf alle Aktionen, die Ihre von Gott gegebene Stellung als wichtigster Lehrer Ihrer Kinder einschränken.

Wie Sie sehen, erfordert die Bekämpfung der Kultur der neuen Toleranz, dass Sie gut informiert sind. Sie wird zweifelsohne erfordern, dass Sie den Dingen, die Ihr Kind möglicherweise an der Schule lernt, mit einer biblischen Weltsicht entgegentreten und diese ausgleichen. Doch wenn Sie Ihrem Kind eine tiefe Liebe zum einen wahren Gott und zu seinen nächsten Mitmenschen beibringen, können Sie und Ihre Familie wahrlich »wie Himmelslichter leuchten« »inmitten eines verdrehten und verkehrten Geschlechts« (Philipper 2,15).

8 Toleranz und Regierung

Hab ich nicht gewusst!

In der heutigen von der neuen Toleranz beherrschten Zeit tun Christen gut daran, die folgenden Fakten über den Anfänger ihres Glaubens zu bedenken:

- Vom Augenblick seiner Geburt an wurde er als eine politische Bedrohung betrachtet (Matthäus 2,16-18);
- Er und seine ersten Anhänger waren Angehörige eines oftmals unterdrückten Volkes, das von einer Kolonialmacht regiert wurde;
- Er wurde vom Staat hingerichtet (Matthäus 27,27-31).

Jahrhundertelang waren Christen in der ganzen Welt gezwungen, in Jesu Fußstapfen zu treten. Sie wurden zu Tode gemartert. Sie wurden gefangen genommen. Sie wurden verfolgt und diskriminiert. Sie gerieten oft in Konflikt mit der Regierung, weil sie, wie Philip Yancey sagt, »verstanden, dass ihr Glaube nicht bloß privat und fromm war; er hatte Folgen für die gesamte Gesellschaft und beeinflusste die Gesetzgebung, die allgemeine Moral, die Gesundheit und das menschliche Wohlergehen«.[1] Für einen Großteil der vergangenen zwei Jahrhunderte standen Christen in Amerika, Kanada und anderen westlichen Nationen im Genuss einer allgemeinen Freiheit von solchen Umständen. Doch ich glaube, dass sich die Situation wandelt und sich tatsächlich schon erheblich verändert hat. Alan Keyes', der frühere Uno-Botschafter unter US-Präsident Ronald Reagan, sagte:

> Wo finden wir die am meisten verfolgten Christen in der Welt? Finden wir sie in China, wo, trotz allem, der Leuchter der Christen hell brennt … ständig neues Licht ausstrahlt und einen Platz für Gottes Wahrheit bereitet? Finden wir sie im Sudan? Ich glaube nicht. Denn alle Regierenden, die denken, sie könnten den Leuchter der Wahrheit mit all der physischen Brutalität in den 2000 Jahren der Kirchengeschichte auslöschen, liegen erwiesenermaßen falsch; die Wahrheit verbreitet sich weiter!
>
> … Ich finde [die am meisten verfolgten Christen] in den Klassenzimmern unserer öffentlichen Schulen, wo der Angriff sich nicht

> gegen den Körper, sondern gegen die Seele richtet. Ich finde sie in den Lügen, die unseren jungen Menschen erzählt werden; immer wieder, an verschiedenen Orten versuchen sie vorzutäuschen, dass sexuelle Perversion und Promiskuität die normale Tagesordnung seien. Ich finde diese Verfolgung auf den Bildschirmen unserer Kinos und in unseren Fernsehshows, wo *der Angriff sich nicht gegen den Körper richtet, sondern gegen die Wahrheit, die die Seele formt* … Ich finde sie in den Häusern und Herzen dieses Landes. Eltern, deren Rechte und Pflichten bei der Fürsorge, Erziehung und Ausbildung ihrer Kinder an jedem einzelnen Tag verletzt werden, und zwar durch *den Aufbau einer Struktur der Regierungsautorität, die zwar auf der Trennung von Kirche und Staat fußt, aber tatsächlich das moralische Urteil und den Glauben aus unserem Leben auszutreiben scheint.*
>
> … Und ich finde diese Verfolgung in den sterilen Kliniken, in denen Abtreibungsmörder täglich ihre Morde an unschuldigen Ungeborenen verüben und mit diesem Schlag nicht nur das körperliche Leben eines Babys wegnehmen, sondern *das moralische Herz und die Seele unseres Landes.* Das empfinde ich als Verfolgung [Hervorhebungen zugefügt].[2]

Der christliche Konsens, der einst das öffentliche und private Leben der USA und anderer westlicher Nationen bestimmte, ist bis zu dem Punkt zerfallen, dass wir nicht mehr in einer nachchristlichen Gesellschaft leben; wir leben in einer antichristlichen Gesellschaft, einer Gesellschaft, in der der christliche Glaube abgewiesen oder verspottet wird und Christen verdächtigt und ihre Motive und ihr Verhalten massiv beschimpft werden. Folglich stehen Christen immer mehr vor der Herausforderung des Lebens in zwei unversöhnlichen Königreichen.

Eine Geschichte von zwei Reichen

In einem ihrer vielen Versuche, Jesus zu Fall zu bringen, fragten die Pharisäer ihn, ob sie dem Kaiser Steuern zahlen sollten oder nicht. Jesus zeigte ihnen das Bild des Kaisers und die Inschrift auf einer römischen Münze und antwortete: »Gebt denn dem Kaiser, was des Kaisers ist, und Gott, was Gottes ist (Matthäus 22,21). Die Weisheit seiner Antwort ließ sie sich »wundern«.

Ich glaube, dass ein Teil des Grundes, weshalb sie so verwundert über seine Antwort waren, darin lag, dass Jesus hinter die oberflächliche Fragestellung blickte und zum Kern der Frage vorstieß. Und der Kern der Frage war damals wie heute und immer, wie ein Christ siegreich in zwei Reichen leben kann. Denn das ist es, wozu wir berufen sind. Jesus sagte in seinem hohenpriesterlichen Gebet in Johannes 17, dass seine Nachfolger »*in* der Welt« sind, aber »nicht *von* der Welt« (Vers 11, Hervorhebungen zugefügt). Anders gesagt: Wir leben in einem Reich, das vom Teufel regiert wird, dem »Fürsten dieser Welt« (Johannes 12,31), aber »unser Bürgerrecht ist in den Himmeln« (Philipper 3,20).

Als Christen haben wir das einmalige Kennzeichen der doppelten Staatsbürgerschaft. Wir sind zeitweilig Bürger des Landes, in dem wir jetzt leben, das ein Teil des Reiches des Teufels ist, und wir sind auf ewig Bürger des Himmels, des Reiches Gottes. Zwei verschiedene Reiche. Zwei verschiedene Listen von Maßstäben. In vielen Fällen sind diese Maßstäbe ähnlich genug, sodass das Leben in zwei Reichen kein ernsthaftes Problem darstellt. In anderen Fällen jedoch finden wir die beiden Listen von Maßstäben im diametralen Gegensatz – und uns mitten dazwischen. Wie handhaben wir das?

Die meisten Gläubigen stimmen überein, dass wir unter keinen Umständen Gottes Maßstäbe aufs Spiel setzen dürfen. Aber was meint das genau? Und wie und wo ziehen wir die Grenze?

Römer 13,1 stellt eindeutig fest: »Jede Seele unterwerfe sich den übergeordneten staatlichen Mächten! Denn es ist keine staatliche Macht außer von Gott und die bestehenden sind von Gott verordnet.« Anderswo jedoch erklärt der Apostel Petrus: »Man muss Gott mehr gehorchen als Menschen« (Apostelgeschichte 5,29).

Diese beiden Verse belehren uns, dass wir gesetzestreue Bürger des Landes sein sollen, in dem wir leben, und zwar *in dem Maße, wie das Gesetz des Landes nicht dem größeren Gesetz Gottes widerspricht.* Zum Beispiel sollten wir an Stoppschildern anhalten, die zulässige Höchstgeschwindigkeit nicht überschreiten und unsere Steuern bezahlen. Doch wenn das Gesetz eines Landes uns etwas zu tun befiehlt, das Gottes Wort verbietet – wie die Unterdrückung des Evangeliums, weil das Evangelium eine »intolerante« Botschaft sei, die absolute moralische Maßstäbe und objektive Wahrheit verkündige –, müssen wir freilich gegen das geringere weltliche Gesetz ungehorsam sein, um Gottes Gesetz gegenüber treu zu sein. Wenn wir darin versagen, diese Unterscheidung zu vollziehen – und darin weiter fortschreiten –, begehen wir einen schweren Fehler.

Wir sind »in der Welt«, aber nicht »von der Welt«. Aber *was bedeutet das in der Praxis?* Das ist eine gute Frage, auf die Christen in unterschiedlicher Weise und mit unterschiedlichem Erfolg beantwortet haben:

- **Strenge Separationisten:** Diese Menschen möchten einen gänzlich nichtreligiösen Staat, mit der Trennung der traditionellen Religion von allen zivilen Angelegenheiten.
- **Pluralistische Separationisten:** Diejenigen, die unter diese Kategorie fallen, verteidigen einen »neutralen« Staat, aber erlauben noch, dass religiöse Werte die Regierungspolitik beeinflussen, solange die Politik als eine »öffentliche Angelegenheit« betrachtet wird.
- **Institutionelle Separationisten:** Das Ziel ist hier ein »theozentrischer Staat«, in dem die Regierung eine »wohlwollende Neutralität« den jüdisch-christlichen Einrichtungen und Werten gegenüber aufrechterhält.
- **Nonpräferentialisten:** Die Vertreter dieses Ideals glauben, dass die Regierung zwar selbst nicht konfessionsgebunden ist, aber ein starkes Interesse an »der Bewahrung und der Förderung des Glaubens« in den besten Interessen der Öffentlichkeit und als eine Grundlage der Moral behält.
- **Restorationisten:** Diese Gruppe glaubt, dass es richtig sei, aktiv daran zu arbeiten, den Status für das Christentum wiederherzustellen, den es, wie sie glauben, einst im frühen Amerika besaß; sie möchten sehen, dass das Land wieder eine »christliche Nation« wird.[3]

Obwohl es Meinungsunterschiede in allen diesen Positionen gibt, fallen die meisten Christen unter eine dieser Kategorien. Unsere Absicht ist es hier nicht, eine von diesen Positionen zu verteidigen oder zu verurteilen. Doch als Christen mit einer doppelten Bürgerschaft sollten wir die besten möglichen Modelle dieser Bürgerschaft sein, gleichwie wir uns erinnern, dass unser größter und dauerhaftester Sieg nicht in Washington oder Ottawa oder irgendeiner der Hauptstädte der Welt errungen wurde, sondern am Kreuz auf Golgatha. Das ist der wahre Grund, weshalb Gott uns zu einer doppelten Bürgerschaft berufen hat; so dürfen wir »den Dienst der Versöhnung« ausüben, der uns von Christus überantwortet worden ist (2. Korinther 5,18). Und wir tun das, indem wir das Evangelium der Liebe und Wahrheit leben und predigen.

Flammpunkte

In der Physik ist ein Flammpunkt die Temperatur, bei welcher Gase (wie z. B. Benzindämpfe) in der Luft Feuer fangen, wenn sie einer Flamme ausgesetzt werden. Es gibt gleicherweise eine Anzahl hochexplosiver Flammpunkte, auf die Sie, Ihre Kinder oder Ihre Gemeinde wahrscheinlich im heutigen kulturellen Klima stoßen werden. Was sollte ein Christ tun, wenn sich die Regierungspolitik mit der neuen Toleranz in einer leicht entzündlichen Kombination vereinigt? Wie sieht wahre christliche Liebe in solchen Situationen aus? Und was bedeutet es, radikal in Liebe zu leben, während man demütig für die Wahrheit eintritt? Dies sind die Fragen, die wir zu beantworten versuchen werden, indem wir auf die neue Toleranz blicken, wie sie alle Bereiche der Kirche und des Staates, des Lebens und des Todes und der Ehe und der Sexualität berührt.

Kirche und Staat

Weil das Evangelium Jesu Christi einen Affront für die Lehre der neuen Toleranz (die behauptet, dass alle Glaubensauffassungen, Verhaltensweisen und Wahrheitsansprüche gleich seien) darstellt, wird die Regierung wiederholt von den Verfechtern der neuen Toleranz (die oft einen beherrschenden Einfluss *in* der Regierung ausüben) angerufen, um unsere Schulen, Städte, Innenstädte, Staaten und Provinzen von christlichen Stimmen und Ideen zu säubern.

Betrachten Sie zum Beispiel den Flammpunkt, der sich in Gadsden, einer Stadt im Nordosten Alabamas, entzündete. 1980 bearbeitete Roy Moore ein Holzstück, das dann zwei steinerne Tafeln darstellen sollte und gebrauchte ein Brenneisen, um die Zehn Gebote in die Platte einzugravieren. Diese hängte er in seinem Haus und dann später in seiner Anwaltskanzlei auf. Als er 1992 Bezirksrichter wurde, hing er die Platte in den Gerichtsraum und begann mit der Gewohnheit, die Gerichtssitzungen im Gebet zu eröffnen.

Die Amerikanische Union für bürgerliche Freiheiten und die Freidenkervereinigung Alabama klagten, indem sie behaupteten, dass die Gebete und die Platte Verletzungen der Verfassungen des Staates Alabama und der USA seien. Anfänglich ordnete ein Richter in Montgomery an, dass Moore die Platte behalten konnte, aber mit den Gebeten aufhören müsste. Als im Januar 1998 der Oberste Gerichtshof des Staates Alabama den Fall entschied, indem er anordnete, dass die Parteien, die den Rechtsstreit hervorgerufen hatten, kein Recht dazu hatten, weil sie keinen gesetzlichen Widerspruch gegen den Richter hatten, kündigte ein Sprecher der Amerikanischen Union für bürgerliche Freiheiten öffentlich den Wunsch nach jemandem an, »der von Moores religiösen Praktiken betroffen ist, damit ein Rechtsstreit geführt werden kann«.[4]

In ähnlicher Weise verlangte die Amerikanische Union für bürgerliche Freiheiten in Columbus, Ohio, dass ein Bundesgericht den Staat daran hindern sollte, das Staatsmotto, das im Jahre 1959 angenommen wurde, auf das Staatshaus von Ohio eingravieren zu lassen. Das anstoßerregende Motto? »Mit Gott sind alle Dinge möglich.« Die Rechtsanwälte der Amerikanischen Union für bürgerliche Freiheiten machten geltend, dass das Zitat »Angehörige von Minderheitenreligionen beleidigen würde und eine verfassungswidrige Förderung der Religion darstelle«.[5]

Die Gerichte sind nicht das einzige Werkzeug, das benutzt wird, um unbeliebte religiöse Ansichten zu verfolgen und zu bestrafen. Eine neuere, von Bruce Bates, dem ehemaligen Verlagsleiter der Nationalen Religiösen Rundfunksprecher, geleitete Studie offenbarte, dass religiöse Radio- und Fernsehsprecher siebenmal wahrscheinlicher als ihre säkularen Kollegen vom Internen Finanzverwaltungsdienst überprüft würden. Bates sagt, er glaube, dass die ausführende Gewalt »den Internen Finanzverwaltungsdienst gebraucht hat, um bestimmten religiösen Organisationen und ihren Leitern nachzugehen«.[6]

Solche Angriffe kommen aber nicht nur in den USA vor. 1992 beschlagnahmten kanadische Regierungsbeamte Sendeausrüstungen von einigen christlichen Fernsehsendern, die 24 Stunden Programm ausstrahlen. Einer von ihnen war von einer Kirche in Medicine Hat, Alberta, betrieben worden. Der Grund für diese Regierungsaktion? Die Sender operierten illegal. Dies war, technisch gesprochen, durchaus wahr. Die Sender strahlten ohne Lizenzen aus, weil es unmöglich für einen nur christlichen Fernsehsender war, eine Sendeerlaubnis von der Kanadischen Radio-, Fernseh- und Telekommunikationskommision (CRT) zu erhalten. Die CRT erlaubte Fernsehsender, die nur Rockmusik, nur Sport oder nur Spielfilme brachten, aber keine nur christlichen Sender. Es bedurfte eines Rechtsstreites, um die CRT zu überzeugen, christlichen Sendern Lizenzen zu erteilen. Als die CRT am 14. Oktober 1994 ihre Position revidierte, frohlockte Gerald Renald vom Kanadischen Zentrum für Recht und Gerechtigkeit: »Wir freuen uns, dass zum ersten Mal in nahezu 70 Jahren christliche Sender autorisiert sein werden, in Kanada zu wirken.«[7]

Dieser Fall endete glücklich. Viele andere finden keinen glücklichen Abschluss, wie der Fall Colorado, bei dem es einem Lehrer verboten wurde, seine Bibel, die er in einer früheren freien Zeit gelesen hatte, auf seinem Tisch liegen zu lassen.[8] Ein anderer Vorfall ereignete sich im Capitol der Vereinigten Staaten, als eine Gruppe Touristen eine Gebetspause einlegte und unterbrochen und gewarnt wurde, dass jedes merkbare Gebet als eine »Demonstration« betrachtet würde, die die Entfernung aus dem Gebäude, bis zu 500 Dollar Geldstrafe und sechs Monate Gefängnis zur Folge hätte.[9]

Wenn Sie und Ihre Kinder solcher Feindschaft bislang noch nicht begegnet sind, können Sie sich glücklich schätzen. Aber seien Sie vorbereitet; die Vollstrecker der neuen Toleranz werden Ihre christlichen Glaubensauffassungen, Ihren Lebensstil und Ihre Wahrheitsansprüche nicht lange unangefochten bleiben lassen. Was sollten Sie also tun? Wie können Sie mit christusgemäßer Liebe reagieren?

- Vergessen Sie erstens nicht, dass Christen am wirksamsten zu sein scheinen, wenn sie auf der örtlichen Ebene die Regierung über Fragen bezüglich Kirche und Staat, Leben und Tod und Ehe und Familie einschalten. Ich glaube, dass es teilweise geschieht, weil wir am wirksamsten sind, wenn wir *in Beziehung* sowohl zu unseren Verbündeten als auch zu unseren Gegnern stehen. Deshalb ist es entscheidend, dass wir *auf allen Ebenen* feste Beziehungen aufbauen – zu Mitgliedern des Schulrats, des Stadtrats, zu Bezirksbevollmächtigten, zu Staatsvertretern, zu Mitgliedern des Kongresses, und besonders zu solchen Politikern oder Aktivisten, die uns entgegenstehen. Ich bin überzeugt: Wenn die Regierenden und politischen Aktivisten in unseren Kommunen und Ländern mehr über Christen wüssten – und selbst von Christen gekannt würden –, hätte das einen grundlegenden Effekt nicht nur auf dieses gegenwärtige Zeitalter, sondern auch auf das zukünftige.

  Nehmen Sie zum Beispiel die Erfahrung von Tom Minnery, dem Vizepräsidenten der Öffentlichkeitsarbeit für Focus on the Family. Tom nahm an einer Podiumsdiskussion bei einer Konferenz der

University of Colorado teil, als eine Frau im Publikum stand und sich selbst als Leiterin einer nationalen Schwulen- und Lesbenorganisation vorstellte. Ihre nächsten Worte überraschten Tom:

> Sie sagte, dass sie direkt vor der Konferenz [das Hauptquartier von Focus on the Family] besucht hatte. Sie sagte, dass sie echte Liebe seitens unseres Personals während ihres Besuches verspürt habe, und dass sie unsere Arbeit schätzen ... Sie zeigte nichts von dem Ärger, dem ich oft bei solchen Ereignissen begegne. *Nachdem sie unsere Leute getroffen hatte,* schien sie es schwer zu haben, uns als »den Feind« zu sehen – oder zu glauben, dass wir sie so sahen« [Hervorhebungen zugefügt].[10]

Das ist die Idee. Wenn wir gute Beziehungen pflegen – besonders zu denen, die uns widersprechen –, mag es leichter werden, die uns trennenden Mauern zu entfernen.

- Wenn wir sagen, wir seien Christen und glaubten Gottes Wort, dann müssen wir 1. Timotheus 2,1-2 gehorchen, wo wir aufgefordert werden, zu beten »für Könige und alle, die in Hoheit sind, damit wir ein ruhiges und stilles Leben führen mögen in aller Gottseligkeit und Ehrbarkeit«. Es ist viel leichter, jemandem gegenüber liebend zu handeln, für den man gebetet hat.
- Ich glaube, wir müssen »klug wie die Schlangen und einfältig wie die Tauben« sein (Matthäus 10,16), indem wir so viel wie möglich über unsere politische Umgebung lernen, sodass wir »die Zeiten verstehen« können, und gleichzeitig alles Mögliche lernen über Gottes Maßstäbe, wie in der Bibel dargelegt. Wie können wir gute Bürger dieser Welt oder des Himmels sein, wenn wir nicht weise genug sind zu wissen, was diese Reiche von uns erwarten? Meine Erfahrung bringt mich dazu zu folgern, dass die Mehrheit der Christen, die so unerbittlich sind, wenn es um das Lernen der Zehn Gebote im Klassenzimmer geht, diese Gebote nicht einmal aufzählen können. Das ist sicherlich keine Weisheit!
- Wählen Sie Ihre Themen weise. Vielleicht gibt es scheinbar Hunderte von Dingen, die an Ihrer Schule und in ihrer Gemeinde geschehen, die Sie verrückt machen oder zur Aufgabe Ihrer Grundsätze veranlassen könnten. Aber Sie können nicht jedes Thema ansprechen; Sie würden bald sich selbst und Ihre Ressourcen erschöpfen. Sie würden wahrscheinlich auch einen Ruf bekommen,

der Ihre zukünftige Wirksamkeit lahm legen könnte. Reden Sie und stehen Sie auf, wenn es zu einem Frontalangriff auf Ihren Glauben oder einer klaren Verletzung des moralischen Anstandes kommt, aber denken Sie nicht, Sie müssten gegen *alles* protestieren, was die Sache Christi nicht fördert.

- Bauen Sie eine Koalition auf. In Zahlen liegt Einfluss. Finden Sie andere Menschen, die mit Ihnen übereinstimmen, und arbeiten Sie in einem Netz mit ihnen zusammen. Stimmen Sie überein bezüglich der Themen, die angesprochen werden müssen und verfolgen Sie dann eine Lösung mit stiller, vorsichtiger Logik. Eine Koalition von Männern und Frauen, die sich um die moralische und ethische Wohlfahrt einer Gemeinschaft sorgen, kann eine mächtige Kraft zum Guten darstellen.
- Kennen Sie die »Warums« hinter den Themen, die Sie unterstützen oder bekämpfen. Wenn Sie ein Thema wählen und eine solide Koalition hinter sich haben, sollten Sie sichergehen, dass Sie auf mögliche Fragen vorbereitet sind, warum eine bestimmte Einstellung falsch ist – und wie sie zu korrigieren ist. Die Bibel unterweist uns in 1. Petrus 3,15: »Haltet den Herrn, den Christus, in euren Herzen heilig! Seid aber jederzeit bereit zur Verantwortung jedem gegenüber, der Rechenschaft von euch über die Hoffnung in euch fordert.«

Ich schlage zwei Ebenen der Vorbereitung vor: (1) Seien Sie bereit, eine moralische und ethische Verteidigung für Ihre ethische Position zu bieten; und (2) geben Sie innerlich Acht auf Ihre geistlichen Überzeugungen. Da wir in einer pluralistischen Gesellschaft leben, können Sie beim Wiederaufbau gemeinschaftlicher Werte effektiver sein, indem Sie die Werte nachdrücklich fördern und Ihren Glauben sanft vorstellen. Appellieren Sie an grundlegenden Anstand und die Verletzung des allgemeinen Empfindens anstatt an biblische Werte oder Kirchenlehre, wenn Sie Ihre Sache vor einer Schule oder einem Regierungsorgan vorstellen. Das bedeutet nicht, dass Menschen nicht schließlich verstehen sollten, dass Ihre vertretenen Grundsätze sich auf den Charakter Gottes und auf die Herrschaft Christi gründen; es bedeutet, dass wir der biblischen Anweisung aus Kolosser 4,6 nachkommen sollten: »Euer Wort sei allezeit in Gnade, mit Salz gewürzt.«

Leben und Tod

Der zweite Flammpunkt, bei welchem die neue Toleranz ihren Kopf heute in die Regierung steckt, betrifft Angelegenheiten, bei denen es um Leben bzw. Tod geht. Nun dürfen nach der neuen Toleranz Menschen alles glauben oder behaupten. Die einzigen Ausnahmen sind natürlich diejenigen, deren Ansprüche die postmoderne Auffassung herausfordern, alle Wahrheitsansprüche seien gleich. Und gerade hier, bei den Fragen von Leben und Tod, muss jede von der neuen Toleranz dominierte Regierung christlichen Widerspruch hervorrufen.

Zum Beispiel sind ziviler Ungehorsam und friedlicher Protest seit der Zeit Jeffersons und Washingtons Kennzeichen des politischen Prozesses in den USA gewesen. Sie sind es heute immer noch. Im Laufe des Nachrichtenzyklus eines einzigen Tages hört bzw. liest man von einer auf den Treppen eines Parlamentsgebäudes durchgeführten friedlichen AIDS-Nachtwache, von Pelzgegnern, die ein Kaufhaus besetzen, von Studenten, die dagegen protestieren, dass eine Universität ihre Studienpatz-Vergabe- und Finanzierungspolitik ändert, von Filmstars, die sich Bulldozern in den Weg stellen, um so die Umwelt zu retten und sogar von illegalen Ausländern, die gegen Gesetze protestieren, die sie betreffen. Solche Demonstranten werden manchmal verhaftet. Manchmal werden sie verfolgt, sogar zu Geldstrafen verurteilt. Doch die weitaus schärfsten Strafen sind denjenigen reserviert, die wagen, die »Todesmaschinerie« der Abtreibungsindustrie zu unterbrechen.[11]

1989 verklagte das Feministische Frauengesundheitszentrum fünf Demonstranten, die für das Leben demonstriert hatten, weil sie den Eingang zu ihrer Klinik in Sacramento blockiert hatten und beschwerte sich, die Protestierenden hätten Patienten und Personal belästigt. Im Jahre 1991 verfügte der Oberste Richter des Gerichts von Sacramento, dass die fünf Demonstranten die Gerichtskosten der Klinik zu zahlen hätten, einen Betrag, der sich auf fast 100 000 Dollar belief. 1993 erhielt das Berufungsgericht die Entscheidung aufrecht. Als der Oberste Gerichtshof des US-Bundesstaates es ablehnte, den Fall anzuhören, riefen die Verteidiger den Obersten US-Gerichtshof an. Sie argumentierten, dass die 100 000 Dollar Bußgeld die Protestierenden effektiv dafür bestrafe, dass sie ihr zustehendes Recht in Anspruch genommen haben, denn es lag kein Anzeichen vor, dass sie gewalttätig gewesen seien. Kommentarlos ließ das Gericht die Strafe stehen.[12]

In derselben Saison lehnte der Oberste Gerichtshof eine Berufung auf Redefreiheit von 16 Abtreibungsgegnern ab. Sie waren verhaftet worden, weil sie zu nahe am Haus eines Abtreibungsarztes vorbeimarschierten. Ferner lehnte das Gericht ab, die massive Kritik an den schwerwiegenden Einschränkungen anzuhören, die Protesten gegen Abtreibungskliniken auferlegt worden waren, und wies Appelle von Abtreibungsgegnern zurück, die als *Gangster* verfolgt worden waren, weil man ein Gesetz von 1970 auf sie angewendet hatte, das sich gegen organisiertes Verbrechen richtete.

Warum legen die Gerichte den Abtreibungsgegnern ständig Strafen und Einschränkungen auf, die bei anderen nicht angewandt werden? Weil die Abtreibungsgegner eine Herausforderung sind für die neue Toleranz – die Lehre, die sich in den juristischen, legislativen und exekutiven Bereichen der Regierung immer weiter ausbreitet. Die Abtreibungsgegner protestieren nicht nur deshalb, weil sie glauben, dass Abtreibung »für sie« falsch wäre; sie behaupten, dass die Tötung von Babys innerhalb oder außerhalb des Mutterleibes (auch bei »Geburten in Einzelteilen«, wie bei der »Teilgeburt-Abtreibung«) prinzipiell falsch ist. Und da die Grundprämisse ihrer Opposition mit der neuen Toleranz unvereinbar ist, betrachten viele Regierungsmitglieder (und nicht nur der US-Regierung) sie anders als etwa Gegner von Robbenbaby-Tötung oder von Abholzung von Redwood-Bäumen. Das erklärt, weshalb Papst Johannes Paul II. so viele französische Regierungsmitglieder verärgerte, als er das Grab eines langjährigen Freundes besuchte, des 1994 verstorbenen Abtreibungsgegners und Genetikers Jérome Lejeune. Die Führer der Sozialistischen Partei verurteilten diesen Besuch des Papstes und behaupteten, dass dadurch Abtreibungsgegner ermutigt werden könnten, die das »Makel der *Intoleranz*«[13] tragen.

Solcherlei Behandlung erwartet auch diejenigen, die in anderen Fragen des Lebens und des Todes für biblische Sichtweisen eintreten, wie z. B. in Sachen Beihilfe zum Selbstmord und zur Euthanasie. Kürzlich wurde beispielsweise die Hospizbewegung angegriffen, eine Alternative zur Beihilfe zum Selbstmord und zur Euthanasie, die sich darauf konzentriert, unheilbar Kranke zu trösten und zu pflegen. Regierungsprüfer haben begonnen, die Hospizbeihilfen unter Beschuss zu nehmen, die verfügbar sind, wenn ein Arzt bestätigt, dass ein Patient sechs Monate oder weniger zu leben hat. Obwohl 85 bis 90% der Patienten in dieser Zeitspanne sterben,[14] ist das offensichtlich nicht gut genug für das US-Ministerium für Gesundheits- und Sozialwesen, das die Organisation »Restore Trust« darauf ansetzte, unter dem Verdacht der Täuschung gegen die Industrie zu ermitteln. Obwohl durch dieses Unterfangen womöglich viele Fälle von Täuschungen aufgedeckt wurden, fühlten sich manche Industrielle angriffen, nicht weil ihre Praktiken betrügerisch wären, sondern weil sie offensichtlich zu viel Wert auf die Bewahrung des Lebens legten.

Die Hospizschwester Michele Evans, die in der *Los Angeles Times* schrieb, fragte: »Welche Botschaft vermittelt es, wenn [Jack Kevorkian, der bis Anfang 1998 mindestens 76 Menschen zum Selbstmord verholfen hatte[15]] ganz normal auf den Titelseiten erscheint«, während Hospize nur berücksichtigt werden, »wenn die Regierung beschließt, dass wir die Menschen zu lange leben lassen?«[16]

Wenn ich so freimütig eine Antwort darauf anbieten darf, lautet die Botschaft: Die neue Toleranz ist zur Tagesordnung geworden.

Wie sieht der »vortrefflichere Weg« der christusgemäßen Liebe in solchen Fragen von Leben und Tod aus?

- Denken Sie daran, *radikal* in Liebe zu leben und gleichzeitig *demütig* auf die Wahrheit hinzuweisen. Leider entscheiden sich viele Frauen für Abtreibung, weil es ein Nichtchrist ist, der mit ihnen weint, wenn sie die Nachricht einer ungewollten Schwangerschaft erhalten oder weil die Christen in der Umgebung Verdammnis statt Vergebung und Versöhnung predigen. Zu viele leidende Patienten wählen Beihilfe zum Selbstmord, weil ihnen Trost und Unterstützung besorgter Christen fehlt. Sie selbst werden effektiver auf die Wahrheit hinweisen, wenn Sie sich mehr für Dinge wie Schwangerschaftsberatung in Krisenzeiten oder in Krankenbesuchen engagieren.
- Vergessen Sie nicht, dass es letztlich nicht Sie sind, mit dem die Verfechter der neuen Toleranz argumentieren müssen; es ist die Wahrheit, Jesus selbst. Die Gegner der Wahrheit sollten nicht die Gegenstände Ihres Hasses oder Ihrer Verachtung sein; Sie sollten ihnen gegenüber vielmehr »mitleidig, voll brüderlicher Liebe, barmherzig, demütig« sein (1. Petrus 3,8) und bedenken, dass sie »verloren gehen, dafür, dass sie die Liebe der Wahrheit zu ihrer Errettung nicht angenommen haben« (2. Thessalonicher 2,10).
- Vergessen Sie nie die dringenden Nöte der Menschen auf allen Seiten der jeweiligen Problematik. Das ungeborene Baby ist ein Mensch, der in Gottes Bild geschaffen ist, eine kostbare Seele, die Gott liebt; gleiches gilt auch für die Mutter, die vielleicht in Erwägung zieht, dieses Leben wegzunehmen. Seien Sie sorgsam darauf bedacht, beide mit christusgemäßer Liebe zu behandeln. Setzen Sie alle Hebel in Bewegung, um das Leben des Babys zu schützen

und begegnen Sie gleichzeitig aufopferungsvoll den Bedürfnissen der Mutter. Widmen Sie z. B. Ihre Zeit dem Betreuen von Geburten, geben Sie vermehrt finanzielle Hilfe für Säuglingskleidung, bieten Sie Ihre Hilfe beim Arrangement einer Adoption usw. Verachten Sie ebenso wenig die Leiden eines unheilbar kranken Patienten, der nach Erleichterung schreit, oder beantworten Sie solche Schmerzen nicht mit Platitüden. Unterstützen Sie stattdessen mitfühlende Alternativen zur Euthanasie und zur Beihilfe zum Selbstmord auf Kosten Ihrer Zeit, Anstrengung und Ihres Engagements.

Ehe und Sexualität

Der dritte Flammpunkt für biblisch gesinnte Christen in einem Zeitalter, in dem die Regierung von der neuen Toleranz beherrscht wird, besteht in den Fragen der Ehe und Sexualität. Nur einige wenige Beispiele werden veranschaulichen, wie sich die Regierung und die neue Toleranz in diesem Bereich vermengen.

Zwei Gesetzesentwürfe wurden am 15. Juli 1997 von Kaliforniens Juristischem Komitee des Senats angenommen. AB 257 erklärte Homosexualität zum offiziellen »Bürgerrecht« auf gleicher Ebene mit Rasse und Nationalität. AB 310 ging sogar noch weiter: Behörden wird erlaubt, »Kirchen, religiöse Schulen, Missionswerke und alle anderen religiösen juristischen Personen, die diskriminieren«, zu überprüfen und zu verfolgen. Der Gesetzesentwurf erlaubte auch Untersuchungsbeamten des FEHA, die Mietbücher von Immobilienbesitzern und Personalbücher von Arbeitgebern – einschließlich Kirchen – zu prüfen, »um festzustellen, ob sie jemals diskriminierend aktiv waren«. Die Nachprüfungen würden keinen Durchsuchungsbefehl erfordern, sondern nur einen Anlass oder eine vorliegende Beschwerde. »Schwulenaktivisten könnten sich bei Kirchen um einen Arbeitsplatz bewerben und – wenn sie abgelehnt werden – eine Anzeige wegen Diskriminierung erstatten«, sagte Art Croney, Geschäftsführer des in Sacramento ansässigen »Komitees für Moralfragen«.[17]

Ende 1996 gab die Rechtsabteilung der US-Post einen Verhaltenskodex heraus, der ihren 4600 Inspektoren und Polizeibeamten verbot, Homosexuelle zu diskriminieren, was sogar außerhalb der Dienstzeit gilt. Der neue Kodex forderte, dass Beschäftigte eine Stellungnahme unterzeichnen sollten, mit der sie einwilligten, den Kodex zu befolgen. Ein Beschäftigter lehnte die Unterschrift ab, weil er glaubt, dass Homosexualität Sünde ist. Ein anderer wollte nicht unterschreiben, weil er fürchtete, es würde ihn davon abhalten, seine Stimme gegen gleichgeschlechtliche Paare oder homosexuelle Pastoren in seiner Gemeinde zu erheben.

Die Antidiskriminierungs-Klausel dieses Verhaltenskodex erklärte:

> Angestellte in einer offiziellen Funktion werden eine Diskriminierung, die sich auf Lebensalter, Geschlecht, ethnische Herkunft, physisches oder mentales Unvermögen oder sexuelle Orientierung gründet und sich gegen irgendeine Person richtet – ob Angestellter oder nicht –, weder direkt noch indirekt autorisieren, noch erlauben, noch daran teilnehmen. Weil wir eine Behörde zur Durchsetzung von Gesetzen sind, wird ein Verhalten, das Unfähigkeit zu fairem, objektivem und unvoreingenommenem Umgang mit anderen zeigt, auch außerhalb der Dienstzeit nicht toleriert werden.[18]

Obwohl alle Behörden auf Kabinettebene (außer dem Pentagon) bereits Reglementierungen haben, die Diskriminierung aufgrund sexueller Ausrichtung verhindern, ist der Kodex der Post *die einzige Verordnung, die sich auch über die Dienstzeit hinaus erstreckt.* Robert Maginnis, Analytiker beim »Gremium für Familienforschung«, warnt, diese Verordnung vermittle die Botschaft, dass »Menschen, die tief verwurzelte moralische Überzeugungen haben … sich nicht um Stellen im öffentlichen Dienst zu bewerben brauchen … Das ist umgekehrte Diskriminierung der übelsten Art«.[19]

Derartige Diskriminierung – und in zunehmendem Maße auch Verfolgung – derer, die an biblischen Überzeugungen festhalten, was Ehe und Sexualität betrifft, wird an der Tagesordnung sein, wenn die Regierung von Anhängern der neuen Toleranz beherrscht wird.

All das scheint Philip Yanceys warnende Worte zu bestätigen:

> Jahr für Jahr findet sich die Kirche in den USA mehr und mehr in einer Situation wieder, der sich auch die Kirche des Neuen Testaments gegenüber sah: Eine bekämpfte Minderheit zu sein, die in einer pluralistischen, heidnischen Gesellschaft lebt. Christen in Ländern wie Sri Lanka, Tibet, Sudan und Saudi-Arabien sahen sich jahrelang offener Feindschaft seitens der Regierungen ausgeliefert. Da wir in den USA jedoch auf eine Geschichte zurückblicken, die dem Glauben so zuträglich war, gefällt uns das nicht. [Und wir fragen uns:] Was sollen wir dagegen tun?[20]

Wie *reagieren* wir in christusgemäßer Weise auf eine Regierungspolitik, die biblische Maßstäbe für Ehe und Sexualität untergräbt und in einigen Fällen diejenigen verfolgt, die an solchen Maßstäben festhalten? Es ist natürlich unmöglich, für alle erdenklichen Umstände, in denen die Regierung uns und unseren Glauben angreift, spezielle Reaktionen vorzuschreiben. Dennoch wollen wir hier einige wenige Beispiele von Reaktionen aufzeigen, die hilfreich sein können:

- Beantworten Sie Arroganz nicht mit Arroganz. Zu häufig neigen wir Christen dazu (vielleicht, weil wir die Wahrheit kennen, die Freiheit bringt[21]), die Sünden und Unzulänglichkeiten anderer ziemlich freimütig hervorzuheben, ohne die geringste Anerkennung unserer eigenen Unvollkommenheiten. Es ist eine beständige, aber lohnenswerte Herausforderung, die Haltung der Demut zu pflegen, die sagt: »Wissen Sie, auch ich bin ein Sünder und ich weiß auch nicht auf alles eine Antwort, aber lassen Sie mich sagen …«
- Treten Sie Grundsätzen entgegen, nicht Menschen. Es *sind* natürlich Menschen, die falsches Denken und Verhalten fördern. Doch um wirksam zu sein, dürfen Sie nicht Menschen angreifen, sondern unmoralische Grundsätze. Bleiben Sie bei den Themen; treten Sie standhaft für Grundsätze ein, doch widerstehen Sie der Versuchung, Ihre Gegner anzugreifen.

  Kurz bevor der Apostel Petrus Christen ermahnte, immer »bereit zur Verantwortung« zu sein (1. Petrus 3,15), gebot er uns, »mitleidig, voll brüderlicher Liebe, barmherzig, demütig« zu sein (1. Petrus 3,8). Und unmittelbar nach seiner Aufforderung, zum persönlichen Zeugnis bereit zu sein, riet er: »Und habt ein gutes Gewissen, damit die, welche euren guten Wandel in Christus verleumden, darin zuschanden werden, worin euch Übles nachgeredet wird« (1. Petrus 3,16).
- Verteidigen Sie die von Gott verordnete Einrichtung der Ehe zwischen Mann und Frau nicht nur als biblisch (1. Mose 2,24), sondern auch als grundlegend für das Funktionieren der Gesellschaft und als erwiesenermaßen entscheidend für die optimale gesunde Entwicklung der Kinder. Das ist eine leidenschaftliche Opposition nicht nur gegen homosexuelle Lebensgemeinschaften, sondern auch gegen Bigamie, Polygamie und Ehescheidung.
- Seien Sie sich dabei – wie auf jedem Gebiet – deutlich bewusst, dass Ihnen »Doppeldenk« (die Auffassung, zwei widersprüchliche

Vorstellungen könnten beide wahr sein) und »Neusprech« (die falschen Gleichsetzungen der neuen Toleranz, wie z. B.: »Was ich bin, ist gleich, was ich tue« und »Widerspruch ist gleich krankhafter Angst«) begegnen werden, wenn Sie die Vertreter der neuen Toleranz hören werden. Erlauben Sie Ihrem Gesprächskontrahenten nicht, *Ihren* Widerspruch als Diskriminierung oder Angst zu brandmarken; widerstehen Sie ihren Abstemplungstaktiken freundlich, aber entschieden.

- Halten Sie nach Gelegenheiten Ausschau, zwischen homosexuellen Personen und homosexuellem Verhalten zu unterscheiden, zwischen Schwulen und dem Schwulenprogramm. Geben Sie sich Mühe, liebevolle Anerkennung des Homosexuellen zu vermitteln, selbst wenn Sie mit seinem Verhalten nicht übereinstimmen können.
- Bekämpfen Sie Feuer mit … Liebe. Die natürliche Tendenz ist selbstverständlich die, mit Feuer zu kämpfen. Doch erinnern Sie sich daran, das wahre Gegengift gegen die neue Toleranz ist echte christliche Liebe. Folgen Sie dem kreativen Beispiel der Christen in Ypsilanti im US-Bundesstaat Michigan. Als ein örtlicher Drucker freundlich ablehnte, Material zu drucken, das Homosexualität fördern sollte, reagierten homosexuelle Aktivisten ärgerlich und planten eine Demonstration vor dem Druckereibetrieb. Am Tag der Demonstration füllten Polizisten und Nachrichtenteams die Straße in der Erwartung von Gewalt. Dann geschah etwas Wunderbares. Ungefähr 150 Christen kamen an, »die über tausend Kekse und etliche Kannen heißen Kaffee und kalten Punsch mitbrachten, die sie den homosexuellen Demonstranten anbieten wollten«.[22] Als sich weniger als zehn homosexuelle Aktivisten zeigten, wurden sie von den Christen willkommen geheißen, die sie mit Erfrischungen und Unterhaltungen überhäuften. Die möglicherweise explosive Situation wurde durch eine Ausgießung christlicher Liebe entschärft.

9 Toleranz und Gesellschaft

Als die Schornsteine an der Papiermühle anfingen, ihre Abgase in die Luft über der Kleinstadt im Mittelwesten der USA zu blasen, beschwerten sich die Anwohner zunächst. Der feine Staub deckte alles zu, sagten sie, und der beißende Geruch war überall. Er drang in die Polster ihrer Autositze und kroch in ihre Häuser. Er schien ihre Nahrung und ihr Wasser zu würzen. Er setzte sich in den Fasern ihrer Kleidung ab. Er durchdrang die ganzen Poren ihrer Haut.

Doch der Duft war der Geruch des Geldes, sagten die Stadtväter ihnen wiederholt. Der beißende Gestank bedeutete Arbeitsplätze für ihre Söhne und Ehemänner. Er versprach Wohlstand und Sicherheit.

»Und außerdem«, sagten sie, »werdet ihr euch daran gewöhnen.«

Und sie gewöhnten sich daran. Nach ein paar Wochen war der Gestank nicht mehr ekelhaft. Nach einigen Monaten bemerkten die Anwohner ihn nicht einmal mehr. Ein oder zwei Jahre später dachten die Bürger nur an den schrecklichen Gestank, wenn Besucher der Stadt ihn erwähnten. Der stinkende Ausstoß der Mühle war so durchdringend geworden, dass er für diejenigen, die Tag für Tag am meisten von ihm betroffen waren, unmerklich geworden war.

Das Schicksal jener Stadt stellt ein Gleichnis für die Gedanken dar, die unsere Gesellschaft durchdrungen haben und sich uns von allen Seiten aufdrücken wollen. Die neue Toleranz dringt unaufhaltsam und unterschwellig in unser Leben ein, über Fernsehen und Liedtexte. Ob Sie es wissen oder nicht, die verführerische Lehre der neuen Toleranz – und der begleitende Götzendienst, den sie fördert – umgibt Sie und dringt nicht nur in Ihr Herz, sondern auch in die Herzen Ihrer Kinder und anderer geliebter Menschen ein. Und wenn wir nachlässig sind und nicht aufpassen, wird sie bald für diejenigen, die von ihr am meisten gefährdet sind, unmerklich werden – und somit unwiderstehlich.

Gefahrenbereiche

In diesem Kapitel werden wir uns den Einfluss der neuen Toleranz in vier Bereichen ansehen: Kunst und Literatur, Unterhaltung, Gesundheit und Wissenschaft. Dabei werden wir die biblische Frage zu beantworten versuchen: »Wenn die Grundpfeiler umgerissen werden, was richtet da der Gerechte aus?« (Psalm 11,3). Was *können* wir ausrichten? Wie können wir auf den alles durchdringenden Einfluss der neuen Toleranz in der Gesellschaft reagieren? Und wie können wir unsere Kinder vor Gefahren schützen?

Kunst und Literatur

Durchschnittsbürger und -eltern in vielen westlichen Ländern haben in den letzten Jahrzehnten oft ihren Kopf schütteln müssen über das, was viele in der Gesellschaft nunmehr als Kunst ansehen. Unter den bizarrsten Beispielen befinden sich solche, die in den USA von der »Nationalen Stiftung für die Künste« (NEA) gefördert wurden. Unter den steuerbegünstigten »Kunstwerken« der NEA befinden sich:

- eine junge Frau, die in einer Toilette uriniert;
- ein Foto eines Kruzifixes in einem Gefäß mit Urin;
- ein 1 Meter hoher Hügel aus Kot;
- eine verstümmelte Skulptur von zwei Frauen beim Geschlechtsakt.[1]

Wie könnte *irgendjemand* solche Exponate als »Kunst« bezeichnen, geschweige denn sie mit staatlichen Mitteln fördern? Ganz Einfach. Solche Ausstellungen sind ein Ergebnis des Einflusses der neuen Toleranz.

Sehen Sie es so: Wenn alle Glaubensansichten, Verhaltensweisen, Lebensstile und Wahrheitsansprüche *gleich* sind, dann gibt es keinen Maßstab, den man gebrauchen kann, um zu sagen, dass die *Mona Lisa* bessere Kunst sei als ein Foto eines homoerotischen Aktes von Robert Mapplethorpe. In Wirklichkeit ist sogar die Aussage, ein Gemälde oder eine Skulptur sei »ein Meisterwerk«, beleidigend, schreibt William A. Henry III., »weil es impliziert, dass eine Idee, Kultur oder ein Mensch tatsächlich besser sein könnte als ein anderer«.[2] In einer von der neuen Toleranz beherrschten Gesellschaft wird jede objektive Definition dessen, was Kunst ist, unmöglich; Kunst wird *zu dem, was der Künstler – oder das Publikum – sagt, was sie sei.*

Eine ähnliche Dynamik ist in der Welt der Literatur am Werk. Früher waren sich die Menschen im Klaren, dass sie in Büchern oder Artikeln die Ansicht der Verfassers lasen. Der Verfasser mag sich unbeholfen oder gewandt ausgedrückt haben, doch bestimmte er, was seine Worte bedeuten sollten; Sache des Lesers war es, die Absicht des Verfassers zu erfassen.

In unserer heutigen Gesellschaft, an Schulen wie Universitäten, ist das ganz allgemein nicht mehr so. Jim Leffel erklärt:

> Für postmoderne Denker sind Leser … keine Lernenden, die unter der Autorität des Verfassers und des Textes stehen. Sie sind nicht länger gefragt, zu entdecken, was der Verfasser und die Worte des Textes meinen. Stattdessen werden Leser zum Status der Autorität über den Text erhoben … Die Absicht des Verfassers wird irrelevant … Gleichzeitig jedoch ist sogar der Leser keine Autorität in irgendeinem objektiven oder endgültigen Sinn. *Alle Lesarten sind gleichwertig* und alle Leser sind ihre eigenen Autoritäten [Hervorhebungen zugefügt].[3]

Anders gesagt: In der heutigen Gesellschaft darf man *Das Tagebuch der Anne Frank* lesen und es auffassen als das Tagebuch eines jüdischen Mädchens, das sich inmitten des Holocaust vor den Nazis versteckte. Würde ich dasselbe Buche lesen und zum Schluss kommen, es sei ein Selbsterhaltungs-Handbuch, *hätte ich Recht … und Sie ebenso!* Denn nach der neuen Toleranz ist das, was Anne Frank berichten und mitteilen wollte, irrelevant; das Buch bedeutet das, was Sie und ich meinen, was es bedeute. Unsere Behauptungen und Auffassungen sind *gleichwertig.*

Dies wird vielleicht am besten durch die jüngste Veröffentlichung einer »inklusiven« Bibelübersetzung durch die Oxford University Press veranschaulicht. Kenneth Woodward, der Redakteur der Rubrik »Religion« im Magazin *Newsweek*, kommentiert:

> Wer als Leser die Bibel sexistisch, rassistisch, elitär und taktlos gegenüber körperlich Behinderten findet, kann neuen Mut fassen. Die neue »Übersetzung in inklusivistischer Sprache« des Neuen Testaments und der Psalmen von der Oxford University Press hat Gottes Werk gründlich gesäubert. In dieser Übersetzung ist Gott nicht mehr »Vater«, und Jesus ist nicht mehr »Sohn«. Der hierarchische Titel »Herr« wird als archaische Anrede Gottes entfernt. Gott (männliche Pronomen für die Gottheit sind abgeschafft worden) regiert auch kein »Reich«, und wie der Herausgeber erklärt, hat das Wort einen »aufdringlich androzentrischen und patriarchalischen Charakter« … Selbst Gottes metaphorische »rechte Hand« ist aus der Achtung vor der linken Hand amputiert worden. Einige Beispiele:

- Im majestätischen Prolog des Johannesevangeliums wird aus der »Herrlichkeit eines Eingeborenen vom Vater« die »Herrlichkeit als eines einzigen Kindes der Eltern« (Johannes 1,14).
- Das Gebet des Herrn beginnt nun folgendermaßen: »Vater-Mutter, geheiligt sei dein Name. Deine Regierung komme« (Lukas 11,2).
- Jesu eigenes Selbstverständnis als Sohn Gottes wird verallgemeinert zu: »Niemand kennt das Kind als nur die Vater-Mutter; und niemand kennt die Vater-Mutter als nur das Kind …« (Matthäus 11,27).
- Um einen weiteren traditionellen Ausdruck (»Sohn des Menschen«) zu vermeiden, liest der Oxford-Text: »Dann werden sie den Menschlichen kommen sehen in Wolken mit großer Macht und Herrlichkeit« (Markus 13,26).

Die Herausgeber behaupten nicht, dass Jesus in geschlechtsneutraler Sprache gesprochen habe. Aber sie denken offensichtlich, das hätte er tun sollen. Die Veränderungen, die sie angebracht haben, sind nicht bloß kosmetischer Natur. Sie stellen eine fundamentale Neuinterpretation dessen dar, was das Neue Testament sagt – und wie es das sagt.[4]

Unter der Knechtschaft der neuen Toleranz ist nichts im Geringsten Falsches daran, die Worte der Bibel zu verändern, denn die Bibel hat – wie jedes »literarische Werk« – überhaupt keine objektive Bedeutung. Sie bedeutet nur das, was jeder einzelne Leser meint, was sie bedeute.

Was sollte ein besorgter Christ also tun? Wie können wir auf die neue Toleranz in Kunst und Literatur reagieren? Im Folgenden möchten wir einige Tips für den Anfang aufzeigen:

- Bekräftigen Sie die Auffassung, dass wahre Kunst (ob visuell, musisch oder literarisch) folgende biblische Merkmale widerspiegelt bzw. unterstreicht: »Alles, was wahr, alles, was ehrbar, alles, was gerecht, alles, was rein, alles, was liebenswert, alles, was wohllautend ist, wenn es irgendeine Tugend und wenn es irgendein Lob gibt, das erwägt!« (Philipper 4,8). Kunst sollte daher das Wesen Gottes (wenn auch nur am Rande) widerspiegeln und verherrlichen; Gegenkunst erreicht das Gegenteil, Unkunst gleicherweise.
- Wenn Sie der Auffassung begegnen, die Bedeutung von Büchern (bzw. Filmen oder Kunstwerken) würde durch die Leser oder Zuschauer bestimmt, so stellen Sie sanft und taktvoll die Ironie einer

solchen Behauptung heraus. Zum Beispiel sagt ein Freund von mir, ein Professor, er reagiere auf solche Vorstellungen mit einem herzlichen Lächeln und folgender Aussage: »Ach so, was ich Sie sagen höre, ist, dass Jesus Christus Herr ist!« Die einzige Möglichkeit der konsequenten Argumentation besteht für seine Zuhörer darin, zuzugeben, dass diese Aussage wahr ist; wenn sie seiner Interpretation widersprechen, gestehen sie ein, dass sie ihre Worte objektiv verstanden wissen wollten und widersprechen somit ihrem eigenen Argument.

- Helfen Sie Ihren Kindern, so früh wie möglich zu verstehen, dass *Worte Bedeutung haben.* Die Bedeutung mag manchmal ungeschickt formuliert sein oder missverstanden werden, aber wenn sie *keine* Bedeutung hätten, wäre es *sinnlos,* überhaupt zu sprechen oder zu schreiben! Dies mag für frühere Generationen offensichtlich gewesen sein, doch heute ist das nicht mehr so.
- Fallen Sie nicht auf die Lüge herein, wir könnten *überhaupt nichts* über die Intention des Autors oder Künstlers wissen, weil wir nicht *alles* wissen, was er ausdrücken wollte. Das ist ein Irrtum, den der Schriftsteller Dennis McCallum besonders in Bezug auf die Bibel widerlegt:

> Gott hat Sprache als das Hauptmittel seiner Offenbarung ausgewählt und wir glauben, dass wir die Absicht der Offenbarung in *einem wesentlichen Maße* genau verstehen können. Der Auftrag der Hermeneutik – der Auslegungswissenschaft – ist es, unser Verständnis aufgrund von kulturellen und sprachlichen Unterschieden zur Zeit der Niederschrift anzugleichen, sodass wir die vom Verfasser beabsichtigte Bedeutung verstehen können. Dieser Auftrag wurde weitgehend erfolgreich ausgeführt.[5]

Die Unterhaltungsbranche

Die Gerüchte hatten sich seit der ersten Sendung der Show 1994 ausgebreitet. Als dann die Nachricht durchsickerte, dass der Star der Show ihre Hauptdarstellerin entdecken lassen wollte, dass sie homosexuell war, schürten die Gerüchte einen Medienwirbel. Als Ellen Degeneres' Namensvetterin und Hauptdarstellerin im April 1997 in ihrer Situationskomödie *Ellen* unabsichtlich ihre Homosexualität über die Lautsprecheranlage eines Flughafens bekannte, erschien diese Nachricht auf allen Titelseiten, was der Schauspielerin eine Flut von Auftritten in Talkshows und Titelseiten in Nachrichtenmagazinen einbrachte.

Die Aufregung war natürlich auf den »historischen« Charakter der Entscheidung zurückzuführen. Ellen würde der erste offen homosexuelle Star einer Fernsehshow sein. Im Rückblick ist die Sendung weitaus weniger schockierend und revolutionär, als es anfangs schien. Schließlich ist das Fernsehen seit der Situationskomödie *Soap* in den 70er Jahren von zentraler Bedeutung für die von der neuen Toleranz geschürte Tendenz, Billigung und Ausübung homosexueller Lebensweise zu fördern – eine Tendenz, die so erfolgreich gewesen ist, dass im Februar 1997 (vor Ellens »*Geständnis*«) 22 homosexuelle Darsteller die Fernsehkanäle bevölkerten, von den *Simpsons* bis zu *Melrose Place.*[6]

Warum diese Überrepräsentation Homosexueller im Fernsehen (und in Kinofilmen)? Der Richter Robert Bork schlägt eine Möglichkeit vor:

> Die Autoren, Produzenten und Manager Hollywoods denken, populäres Entertainment beeinflusse das Verhalten. Sie verkaufen nicht bloß Werbung für Milliarden von Dollar unter der Voraussetzung, dass sie das Verhalten beeinflussen können; sie denken auch, dass der Inhalt ihrer Programme die Gesellschaft reformieren könne ... Sie verstehen, dass kein einzelnes Programm viel an Haltungen verändern wird, aber sie verlassen sich auf den steigenden Einfluss langjähriger Indoktrination durch das Fernsehen.[7]

Durch die Bemühung der heutigen Unterhaltungsindustrie, »die Gesellschaft zu reformieren«, wird nicht nur Homosexualität gefördert (wenn auch nicht, wie wir wiederholen sollten, in einer menschlichen Verschwörung). Die Produzenten, Autoren und Schauspieler aus Film, Fernsehen, und Musik erteilen den Ideen und Idealen der neuen Toleranz ihre Zustimmung – und besondere Durchschlagskraft.

Oliver Stones Filme *JFK* und *Nixon* sind typisch für die Lehre der neuen Toleranz, die sich in der Gesellschaft breit macht. In seinen Porträts von Kennedys Ermordung und Nixons Niedergang fühlte sich Stone offensichtlich den Tatsachen nur wenig verbunden, weil es in einer von der neuen Toleranz beherrschten Gesellschaft *auf Tatsachen nicht ankommt*. Stones Sicht der »Geschichte« *ist nicht weniger gültig* als die Sicht von Historikern, die vielleicht ein Leben mit der chronologischen Erforschung der Tatsachen verbracht haben.

Selbst die gestandene Disney-Tradition ist von der neuen Toleranz durchdrungen. Der Zeichentrickfilm *König der Löwen* ist eine faszinierende Geschichte, die Elemente aus Monismus,[8] Pantheismus[9] und Zauberei mit seinem Thema »der Kreis des Lebens« verbindet. *Pocahontas* erzählt rückblickend die Geschichte einer edlen indianischen Häuptlingstochter, die sich in einen weißen Mann (stellvertretend für eine korrupte, unterdrückende Kultur) verliebt.

Denken wir beispielsweise an den offensichtlichen Pantheismus im Hit aus der Filmmusik von *Pocahontas*, »Farben des Windes«:

> Du denkst, dir gehöre jedes Land, auf dem landest;
> die Erde ist nur ein totes Ding, das du in Anspruch nehmen kannst;
> doch ich weiß, dass jeder Fels und Baum und jedes Geschöpf
> ein Leben, einen Geist, einen Namen hat.[10]

Würde eine solche pantheistische Philosophie unmittelbar präsentiert, dann würde Sie oder Ihre Kinder sie wahrscheinlich erkennen und ablehnen. Aber wenn sie in einem Liedtext auftaucht, von einer Zeichentrickfigur auf einer Leinwand gesungen? Auf eine solche Weise, sagt Professor David Wells, »vermitteln jetzt Film und Fernsehen die Werte, die einst von der Familie vermittelt wurden«.[11] Die gefährliche Lehre der neuen Toleranz wird mit List und Tücke in Ihren Kopf, in die Köpfe Ihrer Kinder und in Ihr gesellschaftliches Umfeld eingeführt. Aber es ist möglich, den Gefahren der neuen Toleranz mit den folgenden Mitteln entgegenzutreten:

- Als Eltern sollten Sie zuerst bedenken: Ihre Kinder zu erziehen, ist nicht Aufgabe von Hollywood, der Madison Avenue oder der Spielzeugindustrie, sondern *Ihre* Aufgabe. Wie sehr Ihre Kinder auch protestieren, ist es Ihre Verantwortung, zu Spielzeugen, Musik, Filmen oder anderen Formen der Unterhaltung nein zu sagen, die christliche Prinzipien und Maßstäbe untergraben oder gefährden. Ein mir bekannter Vater traf mit seinem Teenagersohn die Vereinbarung, dass der Junge jede Musikkassette oder CD ohne »Nicht-jugendfrei«-Aufkleber kaufen konnte, vorausgesetzt, dass der Vater sie hört (oder die Texte liest), bevor der Sohn sie auflegt. Wenn der Vater nicht allein die Sprache, sondern auch die unterschwelligen Botschaften der Musik guthieß, war es in Ordnung; wenn nicht, würden sie die Kassette oder CD ins Geschäft zurückbringen. In einem Fall brachten Vater und Sohn in weniger als einer Stunde *drei Musikkassetten* in ein Musikgeschäft zurück, bevor sie an jenem Nachmittag eine Musikauswahl fanden, die annehmbar war! Der Vater erklärte dem Sohn seine Entscheidungen stets und obwohl es dem Sohn nicht immer passte, lernte er bald selber, die Botschaften in den Medien zu filtern.

- Beschweren Sie sich nicht über das Problem; tragen Sie zur Lösung bei. Ein Freund von mir arbeitet in Hollywood. Ich saß einmal an einem Tisch ihm gegenüber und beklagte all das, was in Filmen und Fernsehen falsch läuft. Ohne Umschweife unterbrach er mich.

  »Hör mal«, sagte er geradezu mit erhobenem Zeigefinger, »ich wünschte mir, die Christen würden tatsächlich etwas gegen die Hollywood-Produkte *unternehmen*, über die sie ihrem Unmut Luft machen.« Ich war über seine Aussage überrascht, aber noch mehr überraschten mich sein Schmerz und Verdruss, die auf seinem Gesicht abzulesen waren. »Wo sind all die anderen christlichen Drehbuchautoren und Produzenten und Direktoren? Sie sind nicht in Hollywood, das kann ich dir sagen, denn die meiste Zeit fühle ich mich als Christ in dieser Industrie ganz allein.« Seine Stimme wurde sanfter. »Wenn du wirklich auf einem echten Missionsfeld arbeiten willst«, sagte er, »dann komm nach Hollywood.«

  Seine Worte brachten mich zum Schweigen. Er hatte sehr wohl Recht. Unserer Gesellschaft wird nicht geholfen, wenn wir uns beschweren; sie braucht vielmehr Christen, die bereit sind, mit Christen *und* Nichtchristen in Beziehung zu treten, die von der neuen Toleranz beeinflusst sind, welche unsere Gesellschaft durchdringt.
- Lernen Sie kritisches Lesen, Zuschauen und Zuhören … und bringen Sie es Ihren Kindern bei. Lernen Sie, zu

  verstehen: Was sagt das Buch/die Sendung/das Lied aus?

  bewerten: Wie wird die Botschaft präsentiert? Sind irgendwelche Tendenzen offensichtlich? Werden alle Seiten gezeigt? Ist das Ziel des Verfassers/Reporters/Künstlers offensichtlich … oder versteckt? Wie verhält sich die Botschaft zur Wahrheit der Heiligen Schrift und zur Offenbarung Gottes in Christus?

  reagieren: Wird durch meine Bewertung erforderlich, dass ich die Botschaft annehme oder verwerfe?
- Helfen Sie Ihren Kindern, die Botschaften kritisch zu bewerten, mit denen sie in den Medien ständig bombardiert werden. Lassen Sie Ihre Kinder nicht allein fernsehen. Unterbrechen Sie das Videoband

von *Pocahontas*, um zu fragen, was der Film wirklich mitteilt. Wenn ihre Lieblings-Serie von Werbung unterbrochen wird, helfen Sie ihnen, das Gesehene zu *verstehen, zu bewerten* und *zu beantworten*.

- Ergreifen Sie jede Gelegenheit, die Medien der Gesellschaft zu nutzen, um biblische Botschaften zu vermitteln. Die pseudo-spirituellen Texte mancher Popsongs sind eine gute Gelegenheit, auf spirituelle Fragen biblische Antworten zu geben. Ein Teenager, den ich kenne, wird bei jeder Gelegenheit die ringende Frage des Liedes »Wer wird deine Seele retten?« so beantworten: »Ich weiß, wer meine Seele rettet. Weißt du es?« Ein anderer hat Joan Obbornes Frage »Was wäre, wenn Gott einer von uns wäre?« genutzt, um seinen Freunden die Botschaft das Evangeliums zu sagen, indem er aus seiner Senfkornbibel Philipper 2,5-11 vorlas. Und obgleich Fiona Apple nicht von Gott singt, wenn sie in ihrem Lied »Criminal« bezeugt: »Ich muss erlöst werden mit dem, gegen den ich gesündigt habe«, kann ein aufgeweckter Christ diese Zeile als ein Sprungbrett benutzen, um die Wahrheit zu bezeugen, dass wir alle gegen Gott gesündigt haben und dass es einen Erlöser gibt (Römer 3,23-26).

Gesundheit und Medizin

Er war auf der Titelseite vom *Time*-Magazin. Er war in nahezu jeder morgendlichen Talkshow und jeder abendlichen Nachrichtensendung zu sehen. Seine Bücher erklimmen die Spitzen der Bestsellerlisten. Eine beliebte CD mit Musik und Meditationen trägt seinen Namen und seine Internetseite wird regelmäßig von über einer Millionen Surfer besucht.

Er heißt Dr. Andrew Weil, Verfasser der Bücher *Spontanheilung* und *Das Acht-Wochen-Programm zur Aktivierung der inneren Heilkräfte*. Und er ist einer der erfolgreichsten Anwender der »Alternativmedizin« und der »New-Age-Heilmittel«, zusammen mit Deepak Chopra (*Die Körperzeit*), Marianne Williamson (*The Healing of America*) und Bernie Siegel (*Mit der Seele heilen*).

Diese Heilpraktiker und ihre »Therapien« gewinnen schnell Popularität und Anerkennung; sie machen alternative Gesundheitspflege zu einer Industrie mit 14 Milliarden Dollar Umsatz. Und einige ihrer Ideen sind gar nicht so ungewöhnlich: Essen Sie weniger Fett, sagen sie; treiben Sie regelmäßig Sport und sorgen Sie für weniger Stress. Doch an dieser Stelle hören sie nicht auf. Chopra zum Beispiel praktiziert Ayurveda-Medizin, die traditionelle Medizin Indiens, die nicht nur eine ausgewogene Ernährung und pflanzliche Präparate umfasst, sondern auch hinduistische Lehren einbezieht (z. B. das Prinzip des *Prana*, der Lebensenergie, die durch jeden Menschen fließt) und hinduistische Praktiken (wie *Yagyas*, religiöse Zeremonien, mit denen man Hilfe von Hindu-Göttern erbittet).

Darüber hinaus machte in den 70er Jahren die Sekte »Transzendentale Meditation« hinduistische Praktiken populär. Auch eine andere Praktik, der »Therapeutic Touch« (»Berührungstherapie«), hat östlichen Mystizismus in Wissenschaft und Medizin verbreitet:

> Nach [Dolores Krieger, einer der »Expertinnen« in der »Therapeutic-Touch«-Bewegung] ist »Therapeutic Touch eine Heilpraktik, die auf den bewussten Gebrauch der Hände basiert, um zu therapeutischen Zwecken ausgewählte, übernatürliche menschliche Energien zu lenken und zu regulieren, die den menschlichen Körper aktivieren.«
>
> Bei der Ausübung muss ein Heiler »zentriert« werden, bevor er therapeutische Berührung versuchen kann. Die Zentrierung ist »ein Akt der Selbstsuche, ein In-sich-Hineingehen, um die tieferen Ebenen des Selbst zu erkunden«.[12]

Die von Weil, Chopra, Krieger und anderen verfochtenen alternativen Therapien verwenden u. a. Hypnose, Meditation und »Lenkung«, Schädelmanipulation und »seelische Heilung«. Viele dieser »Heilmethoden« machen von Techniken und Terminologie östlicher Religionen Gebrauch, indem sie sich auf eine »spirituelle Orientierung« beziehen und sich mit einer »höheren Macht« verbinden.[14] Doch nur wenige von ihnen werden durch empirische Belege gestützt. Die Beschwerde Dr. Arnold Relmans, des früheren Herausgebers des *New England Journal of Medicine* und Professor an der Harvard Medical School über Andrew Weils Methoden wir auch oft auf andere angewendet: »Dr. Weil möchte Ihnen weis machen, Sie bräuchten die wissenschaftliche Methode nicht, Sie bräuchten keine Belege verlangen … Ich ärgere mich über gebildete Leute, die irrationale Elemente unserer Kultur ausnutzen – und genau das tut er.«[15]

Dr. Relmans Frustration ist verständlich, weil »Alternativmedizin« im Trend liegt und als Ergebnis der neuen Toleranz und ihres Stiefkinds Multikulturalismus äußerst erfolgreich ist. Dr. Donal O'Mathuna betont, dass die Verfechter und Praktiker vieler alternativer Heilmethoden nicht nur irrationale Elemente in unserer Kultur *ausnutzen*, sondern sich auf sie *verlassen*:

> Verteidiger der Alternativmedizin wenden die postmoderne Methode an, um die Annehmbarkeit ihrer Ansicht zu etablieren. Genau gesagt, verwenden sie drei postmoderne Argumente:
>
> 1. Sie sorgen für Zweifel an den Ergebnissen der biochemischen Medizin, indem sie argumentieren, sie sei bloß Auswuchs einer westlichen (modernistischen) Mentalität, die materialistisch, von Männern dominiert und kaltherzig sei.
> 2. Sie argumentieren, Alternativmedizin sei das Produkt der »an den Rand gedrängten« oder unterdrückten Minderheitenkultur des Westens. Sie behaupten, Kritik an Alternativmedizin sei nichts anderes als ein Zurechtrücken der Machtverhältnisse durch das medizinische Establishment, das bestrebt ist, sein Herrschaftsmonopol über in der Medizin zu erhalten.
> 3. Sie versuchen, die bisherige Grundlage zur Bewertung einer Therapie – objektive, rationale und experimentell ermittelte Daten – durch eine neue Grundlage zu ersetzen: persönliche Erfahrung.[16]

Niemand bezweifelt, dass die wissenschaftliche Medizin noch viel zu lernen hat und sicherlich gibt es Behandlungsmethoden, deren Entdeckung noch aussteht. Aber ein großer Teil der Alternativmedizin ist gefährlich. Nicht nur, weil sie allgemein anerkannte Gesundheitspflege mit fernöstlichem Spiritismus vermischt und dadurch viele Ärzte, Krankenpfleger, Studenten und Patienten – und vielleicht sogar Sie und Ihre Kinder – in Götzendienst führt, der als Medizin getarnt ist; sie stellt auch Gefahren für solche dar, die bewährte, zuverlässige Behandlung benötigen. Ein Leberkranker, der eine konventionelle Behandlung ablehnt und die Kräuterheilkräfte der Milchdistel bevorzugt, kann womöglich Hilfe erfahren; er kann aber auch eine unermessliche Schädigung erleiden … im Namen der neuen Toleranz.

Doch obwohl die neue Toleranz in Gesundheitswesen und Medizin feiner und klüger verkleidet sein mag, ist es dennoch möglich, ihren heimtückischen Einfluss nicht nur zu erkennen, sondern ihm auch entgegenzutreten. Zum Beispiel folgenderweise:

- Achten Sie in Diskussionen über Gesundheit und Medizin auf Schlüsselbegriffe wie z. B. *zentriert, Channeling, Höhere Kraft, spirituell* und *übersinnlich*, wodurch ein Bezug zur fernöstlichen Philosophie und Religion angezeigt wird. Sie brauchen nicht kategorisch alle »alternativen« Formen der Medizin (wie Kräuterheilmittel, Stressabbau-Techniken usw.) verwerfen, aber akzeptieren Sie keinen Götzendienst oder als Medizin verkleidete Okkultpraktiken.

- Scheuen Sie sich nicht, Fragen zu stellen (und bringen Sie das auch Ihren Kindern bei). Wenn Ihr Arzt oder Heilpraktiker Ihnen unbekannte Techniken oder Praktiken empfiehlt, erkundigen Sie sich nach dokumentierten Nachweisen der Wirksamkeit dieser Methode (geben Sie sich nicht Begründungen vom Hörensagen zufrieden) und zögern Sie nicht sich auf Ihre eigene, andere Ansicht zu berufen.
- Hüten Sie sich vor der Machtpolitik, die sowohl in herkömmlicher wie *auch* alternativer Medizin im Gange ist. Eine Behandlung sollte nicht allein deshalb als empfehlenswert angesehen werden, weil sie eher östlich als westlich ist oder weil sie ein Beispiel »weiblich dominierter Pflege« im Gegensatz zum »männlich dominierten medizinischen Imperialismus« ist. Sie sollte vielmehr empfohlen werden, weil sie bestätigt wird durch nachprüfbare Daten, die auf den zuverlässigsten verfügbaren Methoden beruhen.
- Bestehen Sie darauf, dass Religion nicht mit Medizin vermischt werden sollte. Nicht etwa, weil Religion nicht mit Wissenschaft vereinbar wäre (sie ist sehr wohl damit vereinbar), sondern weil Medizin nicht als Werbemittel für fernöstliche Religionen gebraucht werden sollte.[17]
- Lassen Sie sich nicht weis machen, medizinische Quacksalberei gäbe es seit dem Schlangenöl nicht mehr. Aus einer Umfrage geht hervor, dass 26,6% der Amerikaner eine fragwürdige medizinische Behandlung in Anspruch genommen haben. Im Zeitalter der neuen Toleranz muss der Käufer aufpassen – vielleicht mehr als je zuvor.

Wissenschaft

Die neue Toleranz hat nicht nur das Gesundheitswesen, die Unterhaltungsbranche und die Kunst in unserer Gesellschaft verwandelt; sie hat auch Forschung und Lehre der Naturwissenschaften beeinflusst.

Beispielsweise legte vor ein paar Jahren Professor David Ayres von der Dallas Baptist University Beweise vor, dass einige Unterschiede zwischen Mann und Frau biologisch bzw. genetisch begründet sind. Seine Ergebnisse brachten jedoch Feministinnen an der Universität auf die Palme. Sie ziehen es vermutlich vor, an das feministische Dogma zu glauben (*allen* wissenschaftlichen oder anderweitigen gegenteiligen Beweisen zum Trotz), welches besagt, es gäbe keine Unterschiede zwischen den Geschlechtern außer denen, die von Kultur und Umwelt auferlegt sind.

Die Universitätsverwaltung, von den Feministinnen eingeschüchtert, verlautete Anklagen gegen Professor Ayres und beauftragte den Dekan Don Jeffrey mit der Untersuchung des Falles. Jeffrey lehnte ab; er hielt daran fest, dass Ayres legitime Wissenschaftsforschung betrieb und dass durch die Taktik der Universität sein Recht auf einen angemessenen Prozess eingeschränkt wurde. Beide Männer wurden gefeuert.[19]

Ein anderer Wissenschaftler namens Dean Kenyon, ein bekannter Biologe an der San Francisco State University, stand kürzlich den Auswirkungen der neuen Toleranz gegenüber. Obwohl er einst fest an den Darwinismus geglaubt hatte, hatte Kenyon eine Zeit lang seine Erstsemester-Studenten dem ausgesetzt, was Chuck Colson als »Betriebsgeheimnis der Biologie« bezeichnet – die Tatsache, »dass das darwinistische Standardmodell der Evolution mit Problemen durchlöchert ist«.[20]

Kenyon lehrte keinen Kreationismus; er sprach sie noch nicht einmal gegen die Evolutionslehre aus. Er zeigte lediglich die beunruhigende Fülle von Schwierigkeiten in der darwinistischen Theorie auf. Das jedoch war den »Wissenschaftlern« der Universität offensichtlich zu viel. Sie beschuldigten ihn, Religion zu lehren und entfernten ihn aus dem Unterrichtsraum. Als das nicht funktionierte (das Universitätskomitee für akademische Freiheit und andere Gruppen verteidigten sofort Kenyons akademische Freiheit), probierten Kenyons Kollegen es mit einer anderen Taktik.

Wie Chuck Colson berichtet, traf sich die biologische Fakultät der Universität und »votierte mit 27 gegen 5 dafür, dass naturalistische Evolution die einzige in der Biologie zulässige Theorie sei – und dass eine Bezugnahme auf eine intelligente Ursache am Anfang des Lebens streng unwissenschaftlich sei«.[21]

Colson schreibt empört weiter: »Was für eine Karikatur der echten Wissenschaft! Mit dieser Resolution, spöttelt der wissenschaftliche Autor Paul Nelson, haben wir nichts weniger als die Geburt einer neuen Methode in der Wissenschaft erlebt. Warum kostenintensive Experimente durchführen? Um heute Wissenschaft zu betreiben, benötigen wir nur einen Kugelschreiber und ein Blatt Papier.«[22]

Das mag wie eine überzogene Vereinfachung erscheinen, doch im Zeitalter der neuen Toleranz besteht der Kern der Naturwissenschaft (wie in Medizin und Geschichte) nicht in *Fakten*, sondern in *Macht*. Und nicht nur in Macht, sondern auch in Erfahrung. Lee Campbell, Vorsitzender der Abteilung für Naturwissenschaften am Ohio Dominican College, stellt eine wachsende Verbundenheit der Wissenschaft mit dem Mystizismus fest:

> Mystische Wissenschaftler beurteilen die traditionelle Wissenschaft negativ … [Sie] glauben, dass eine aufgeklärtere Wissenschaft möglich sei. Aufgeklärte Wissenschaft, wie gewöhnlich definiert, ist »inklusivistisch«, »ganzheitlich« und nährt sich vom Leben.[23]

Campbell zitiert dann Fritjof Capra, »den meistgekauften Apologeten für postmoderne mystische Wissenschaft«, aus dessen Buch *Das Tao der Physik:*

> Dieses Buch zielt darauf ab, das Image der Wissenschaft zu verbessern. Dazu zeigt es auf, dass eine wesentliche Harmonie zwischen dem Geist der östlichen Weisheit und der westlichen Wissenschaft existiert. Es versucht nahezulegen, dass moderne Physik weit über bloße Technik hinausgeht, dass der Weg – oder das Tao – der Physik ein Weg des Herzens sein kann, ein Weg zu spiritueller Erkenntnis und Selbstverwirklichung.[24]

Ist das Wissenschaft oder Religion? Beides. Es ist Wissenschaft in der Knechtschaft der neuen Toleranz, die gleichzeitig – und paradoxerweise – »Religion« ablehnt (wenn das Wort z. B. traditionelle christliche Ansichten über die Schöpfung meint), während sie »Spiritualität« integriert (natürlich nur aus der östlichen, monistischen und pantheistischen Vielfalt). Es ist auch eine »Wissenschaft«, die Rationalität und Objektivität (die wichtigsten Säulen wissenschaftlicher Entdeckungen) zunehmend leugnet, zugunsten von nichtwestlichen Prinzipien wie Intuition und »Selbstverwirklichung«.

Doch was können wir tun? Wir können doch vernünftigerweise nicht erwarten, etwas gegen den Einfluss einer solch massiven wissenschaftlichen Gemeinschaft ausrichten zu können. Wir können doch den angerichteten Schaden nicht beheben.

Vielleicht nicht. Aber darauf kommt es nicht an. Die Worte von König David in Psalm 11,3 sind heute so relevant wie zur Zeit ihrer Niederschrift: »Wenn die Grundpfeiler umgerissen werden, was richtet da der Gerechte aus?« Wenn wir den Rest des Psalms lesen, der dieser Frage nachgeht, finden wir die Antwort: Wenn die Grundpfeiler umgerissen werden, *ist Gott immer noch auf dem Thron.* Was kann der Gerechte tun? *Fahre fort, gerecht zu sein.*

Wie erreichen wir das? Lassen Sie mich nur ein paar Ansatzpunkte nennen, die sich auf den Einfluss der neuen Toleranz auf die Wissenschaft beziehen:

- Erkennen Sie die zwischenmenschlichen und emotionalen Bedürfnisse, durch welche die neue Toleranz so attraktiv wird für ihre Verfechter *und* für diejenigen, die auf sie hereinfallen. Erkennen Sie auch die zwischenmenschlichen und emotionalen Bedürfnisse, welche die neue Toleranz schafft oder verstärkt. Eines dieser Bedürfnisse wird von Dennis McCallum in seinem Buch *The Death of Faith* angesprochen:

  > In ihrem Kern ist die postmoderne Kultur zutiefst einsam. Wenn Menschen dienende Liebe ersetzen durch hohle Werte von »Respekt« und »Toleranz«, führt das nur zu zwischenmenschlicher Distanz. Sie begnügen sich damit, Tabu-Aussagen zu vermeiden, Konflikte mit den Ansichten eines anderen zu umgehen und für ihre eigenen Rechte aufzustehen. Christen ... können echte Beziehungen und Gemeinschaft aufbauen, um welche die säkulare Welt sie nur beneiden kann. Viele Postmodernisten konnten für Christus gewonnen werden, nachdem sie eine Gruppe von Christen sahen, die untereinander die Liebe Christi ausübten.[25]

  Einsamkeit ist sicherlich weder das einzige Ergebnis der neuen Toleranz noch die einzige Motivation, die Menschen veranlasst, Antworten in den leeren Versprechungen der neuen Toleranz zu suchen. Eine Sehnsucht nach Annahme ist wahrscheinlich ein häufiger Beweggrund, ebenso ein Wunsch nach Bestätigung und Respekt. Wenn wir die Bedürfnisse erkennen, wodurch andere zu ihren Glaubensauffassungen und ihrem Verhalten motiviert werden, dann können wir darüber hinaus effektiver reagieren.
- Ermutigen Sie Christen, die im wissenschaftlichen Bereich arbeiten; helfen Sie ihnen, mit der Einsamkeit und Hoffnungslosigkeit umzugehen, die in einem Bereich aufsteigen kann, der so stark vom Postmodernismus und Atheismus beeinflusst ist.

- Lassen Sie sich nicht einschüchtern. Vielleicht meinen Sie, Sie als Laie hätten nicht das Zeug dazu, den Einfluss der neuen Toleranz mit gelehrten Wissenschaftlern auszudiskutieren. Denken Sie aber daran, dass Wissenschaftler auch nur Menschen sind und dass sie denselben moralischen, zwischenmenschlichen und geistlichen Dilemmas gegenüberstehen wie Sie auch.
- Vergessen Sie nicht, dass in der Wissenschaft der Postmodernismus demselben Irrtum zur Beute fällt wie auf vielen anderen Gebieten auch: innere Inkonsistenz. Mit anderen Worten: »Ihre Vertreter kommen mit Hilfe von Beobachtung und Logik zur Schlussfolgerung, dass Beobachtung und Logik uns keine Erkenntnis einbringen. Sie argumentieren im Zirkelschluss und widerlegen sich damit selbst. Mit dem Benutzen der wissenschaftlichen Werkzeuge zeigen sie, dass auch sie glauben, dass diese Werkzeuge funktionieren.«[26]

10 Toleranz und Christenheit

»Bevor wir die Ruinen unserer Gesellschaft reparieren«, schreibt J. B. Cheaney, »sollten Christen besser auf die zerfallenden Mauern der Christenheit sehen und den Auftrag wieder wahrnehmen, der uns hier gegeben wurde. Gott ist nicht hier für uns; wir sind hier für ihn. Wenn wir durch seine Gnade Gutes tun, geschieht es nicht um der Güte willen, sondern zum Lobpreis seiner Herrlichkeit. Unser erstes Ziel ist nicht, eine moralische Gesellschaft zu begründen, sondern Gott zu verherrlichen und zu beten, dass sich unsere Treue zu ihm in unserer Kultur widerspiegeln möge.«[1]

Wir haben in zahllosen Beispielen genau gesehen, wie die neue Toleranz Bildung, Regierung und die Gesellschaft im Allgemeinen infiltriert hat ... vieles zur Gefährdung und zum Schaden von uns und unseren Kindern. Doch die gefährliche Lehre der neuen Toleranz ist auch in die christliche Gemeinde eingedrungen. Und was dem Widersacher, unserem alten Feind, durch Feuer und Hungersnot nicht gelungen ist, erreicht er bereits mit der Zusammenarbeit der Kirchen und Kirchgänger selbst – die Verdrängung und Unterwanderung der Christenheit selbst!

Betrachten Sie die folgenden Statistiken:

- 57% der *christlichen Jugendlichen* glauben nicht, dass es einen objektiven Maßstab für Wahrheit gibt;[2]
- fast genauso viele bibelgläubige, konservative *erwachsene Christen* – 53% – glauben nicht an absolute Wahrheit;[3]
- 84% der im ersten Studienjahr stehenden *Studenten an christlichen Colleges* können ihren Glauben nicht vernünftig verteidigen oder erklären;[4]
- zwei Drittel von den 70% der Amerikaner, die sagen, es sei wichtig den Lehren der Bibel zu folgen, *lehnen absolute moralische Maßstäbe ab.*[5]

Die Barbaren stehen nicht nur vor dem Tor; die Zeichentrickfigur Pogo beobachtete einmal so ausgezeichnet: »Wir haben den Feind getroffen: *Wir sind es!*«

Die weiße Fahne der Kapitulation

Die Kapitulation der christlichen Kirche vor den Ideen und Idealen der neuen Toleranz hat unbestreitbar begonnen und schreitet mit beängstigender Geschwindigkeit an drei Fronten voran: in der Leiterschaft, an den theologischen Ausbildungsstätten und in den Reihen der Gemeinden selbst.

Im Januar 1998 wurde Bischof Frank Tracy Griswold als geistlicher Führer von 2,4 Millionen amerikanischen Anglikanern eingesetzt. Die Anglikaner sind eine Denomination, die über solche Fragen wie Ordination praktizierender Homosexueller tief zerstritten ist. In seiner Antrittspredigt sagte der 60-jährige Bischof, dass die anglikanische Tradition eine »einzigartige Fähigkeit zur Vielfalt« besitze, und er erklärte, es gebe »verschiedene Dimensionen der Wahrheit«.[6] Griswolds Bemerkungen waren nicht gerade ein Ermutigung für diejenigen, die für eine Erweckung biblischen Glaubens und biblischer Praxis in seiner Denomination beten und darauf hoffen.

Ein kanadischer Freund von mir, Pastor Steve Brown, hatte die Gelegenheit, den Dekan einer durchschnittlichen Theologischen Hochschule in einem Apologetik-Kurs an Steves Seminar zu hören. Der gastierende Professor erzählte über seinen Weg vom evangelikalen Professor für Apologetik zum bekennenden Atheisten bzw. Agnostiker (Letzteres »an guten Tagen«). Steve schreibt:

> Er sprach auch … von seinem Glauben, dass *jede Kultur [ihre] eigene Wirklichkeit oder Wahrheit entwickle. Er* behauptete, so wie der Weihnachtsmann nicht wirklich sein muss, um eine Wirkung zu haben, so seien auch unterschiedliche Religionen oder Glaubensauffassungen gleich, unabhängig von ihrer Begründung in Wahrheit oder Tatsachen.
>
> Als die Zeit für Fragen begann … fragte ich den Gast: »Glauben Sie, dass es absolute moralische Wahrheit gibt?« Obwohl er eine lange Antwort gab, war seine Antwort letztlich »nein« und er kehrte zu seinem Argument zurück, dass *»jede Kultur und sogar Subkultur [ihre] eigene Wirklichkeit oder Wahrheit bestimme«*.
>
> Ich fragte ihn dann: »Wenn es keine absolute Wahrheit gibt, bedeutet das, dass Hitler in seiner Kultur Recht hatte, aber in unserer Kultur im Unrecht war?« Der Dekan sagte, das sei richtig [Hervorhebungen zugefügt].[7]

Was für eine Tragödie. Anstatt die Wahrheit der Bibel zu lehren, betete jener Dekan der Theologischen Hochschule die Grundsätze der neuen Toleranz nach.

Solche Ansichten schleichen sich jedoch nicht nur auf unsere Kanzeln und Rednerpulte ein; auch in den Reihen unserer Gemeinden sind sie zu finden. Drei Wissenschaftler, die einen Artikel in *Theology Today* schrieben, haben in einer christlichen Denomination ein wachsendes Phänomen festgestellt.[8] Sie dokumentieren eine vorherrschende Haltung unter den »Baby Boomern« (die geburtenstarken Jahrgänge von 1946 – 64), die praktisch von der neuen Toleranz nicht zu unterscheiden ist, wie sie sich außerhalb der Gemeinde zeigt. Das gilt insbesondere für die »Betonung der Akzeptanz von Unterschieden, die Toleranz der Ungewissheit, die starke Hingabe an den Individualismus und die … Stellung zu sozialen und moralischen Fragen«. Diese »Baby Boomer«, so berichten die Wissenschaftler,

> haben sich abgefunden mit den vielfältigen, oft widersprüchlichen kulturellen Botschaften, die sie in dieser Welt empfangen: Sie akzeptieren, dass eine Bandbreite verschiedener Ansprüche auf Wahrheit unvermeidbar ist.
>
> Obwohl sie sich über ihre eigenen Glaubensüberzeugungen im Klaren sind (wie wir gesehen haben, neigen sie zum konventionellen Christsein), zögern sie, sich für eine ultimative Autorität des christlichen Glaubens auszusprechen. Wenige würden zustimmen, dass die Errettung allein durch Jesus Christus möglich oder Christus die einzige Quelle absoluter Wahrheit ist. Eher vertreten sie die Auffassung, auch andere Glaubenstraditionen hätten den gleichen Anspruch auf Erkenntnis von Wahrheit und für Christen sei es unangemessen, diese alternativen Sichtweisen in Frage zu stellen … Viele … gehen so weit, dass sie sagen, sie wären zufrieden, wenn ihre Kinder nicht-westliche Religionen annähmen, »wenn sie dabei glücklich« und moralisch anständige Bürger sind.[9]

Wenn solche Meinungen die Sichtweise aus der Perspektive der Kirchenstühle widerspiegeln, dann ist die Gemeinde in großer Gefahr. Søren Kierkegaard drückte es so aus: »Sobald das Reich Christi sich mit der Welt abfindet, ist das Christentum abgeschafft.«[10]

Obwohl solche Anpassung heute tatsächlich in vielen Bereichen der Christenheit vorkommt, ist sie auf drei Gebieten am ausgeprägtesten und am meisten beherrschend, die eine große Gefahr für uns und unsere geliebten Anvertrauten darstellen.

Durch das Buch

Marcus J. Borg von der Oregon State University gehört zu den bekanntesten Bibellehrern unserer Zeit, besonders im Bereich der historischen Leben-Jesu-Forschung. Er bezeichnet sich als Christ und seine Ansichten sind in Teilen der heutigen Kirche in schmerzlicher Weise alltäglich. Von der Bibel sagt er:

> Ich betrachte die Bibel als Reaktion eines breiten Kulturstroms auf die Erfahrung Gottes. Ihr Ursprung ist nicht übernatürlich, sondern menschlich … Die Wahrheit des Christentums hängt nicht von der wörtlichen Wahrheit oder historischen Unfehlbarkeit der Bibel ab. Um ein spezielles Beispiel zu nennen: Glauben wir als Christen an die Auferstehung Jesu, weil wir unfehlbare Berichte von Augenzeugen haben – mit anderen Worten, weil die Ostergeschichten der Evangelien »beweisen«, dass die Auferstehung wirklich geschah? Bei manchen Christen ist das so und ich habe solche Osterpredigten gehört. Doch … ich würde argumentieren, dass die Wahrheit von Ostern nicht davon abhängt, ob es wirklich ein leeres Grab gab oder ob irgendetwas mit dem Leib Jesu geschah. Die Osterwahrheit ist, dass Jesus nach seinem Tod weiterhin eine lebendige Wirklichkeit war …[11]

Professor Borg, der auch ein Mitglied des berüchtigten »Jesus-Seminars«[12] war, kann wohl kaum als evangelikaler Christ betrachtet werden. Doch die postmodernen Ansichten, die er zum Ausdruck bringt, werden in heutigen evangelikalen Gemeinden in zerstörendem Maße zum Allgemeingut, wie folgende Geschichte veranschaulicht:

> Das wöchentliche Bibelstudium beginnt mit bequemer Gewohnheit. Nach dem üblichen Kuchen bekommen die Teilnehmer Kaffeetassen und setzen sich auf ihre vertrauten Plätze. Charlie, der Leiter, signalisiert mit lautem Räuspern, dass es jetzt losgeht. Wie jede Woche mit gnadenloser Regelmäßigkeit, beginnt er mit der Frage: »Also, was bedeuten euch diese Verse?«
>
> Die Diskussion folgt einem vertrauten Muster. Jeder antwortet, was die Verse ihm oder ihr bedeuten und die Gruppe erreicht ihren

wöchentlichen allgemeinen Konsens – zumindest bei den einfacheren Versen. Alle wissen aber, was jetzt kommt: eine weitere verfahrene Diskussion zwischen Donnell und Maria. Donnell ist seit einigen Jahren Christ und ist der selbst ernannte, alteingesessene Theologe. Aus irgendeinem Grund schien er sich immer mit Maria anzulegen, einer relativ junggläubigen Christin und begeisterten Studentin der Bibel.

Die Szene wiederholt sich jedes Mal, wenn sie zu schwierigen Versen kommen. Ein Abschnitt führt zu verschiedenen Auslegungen. Donnell argumentiert vehement für die Auslegung seines früheren Pastors, die dem Rest der Gruppe gewöhnlich etwas an den Haaren herbeigezogen vorkommt. Doch Maria ist es, frisch im Glauben und noch direkter, die Donnell herausfordert. Weil sie die Bibel noch nicht so gut kennt, bezieht sie den schwierigen Vers auf ihre eigene Erfahrung als Christin und das auf eine Weise, die Donnells Auslegung widerspricht. Donnell versucht mit doppelter Kraft seine Auslegung zu verteidigen.

Der Zwist endet gewöhnlich mit Charlie, dem Leiter, oder Betty, der bewährten Friedensstifterin, die der Diskussion zu einer »Lösung« verhelfen. Einer der beiden schließt in gelassenem Ton: »Nun, das ist wieder ein Beispiel dafür, dass das Bibellesen eine Frage der persönlichen Auslegung ist und dass ein Vers für den einen dieses und für den anderen jenes bedeuten kann.« Die Teilnehmer verlassen den Kreis mit einem beklommenen Gefühl in der Magengegend.[13]

Diese Geschichte schrieb Professor Walt Russell in seinem Artikel »Was es für mich bedeutet« in der Zeitschrift *Christianity Today*. Er hebt hervor, dass solche – Methoden des Bibelstudiums – die heute unter Christen häufig anzutreffen sind – den Einfluss postmodernen Gedankenguts auf die Christenheit widerspiegeln. »Die *Bedeutung* eines Textes«, schreibt er, »ändert sich nie. Unser vorrangiges Ziel [beim Bibelstudium] ist es, diese feststehende Bedeutung zu entdecken. Im Gegensatz dazu ist die *Anwendung* dieses Textes auf mich und andere sehr fließend und flexibel. Wenn wir Evangelikalen diese beiden Aspekte der Auslegungsmethodik durcheinander bringen, gehen wir mit einem interpretativen Relativismus an die Bibel heran. Wenn er für Sie eine Sache bedeutet und für mich etwas Anderes, was Ihrer Auslegung widerspricht, haben wir keine höchste Berufungsinstanz … Der Leser ›schafft Bedeutung‹ – angeblich zumindest.«[14]

Jede Herangehensweise an die Bibel, die allen Lesern erlaubt, die Bedeutung des Textes für sich selbst zu entscheiden, ohne dass sie vorgegebene Gedanken »auferlegt« (selbst wenn es Gottes Gedanken sind!), wird als »tolerant« hingenommen. Das ist dann aber auch eine Herangehensweise, die die Bibel auf ein Selbsthilfe-Handbuch reduziert, die das Wort Gottes seiner Autorität und Macht beraubt und so gerade die Fundamente der Gemeinde – und Ihres Glaubens – bedroht.

Wie können wir darauf reagieren? Was können wir tun gegen diesen Angriff auf das Wort Gottes?

- Überprüfen Sie zunächst Ihren eigenen Glauben und Ihr Leben. Sehen Sie die Bibel als Gottes inspiriertes Wort an? *Lesen* Sie sie? Studieren Sie sie? Wenn wir in der Gemeinde Gottes für die Glaubwürdigkeit seines Wortes eintreten wollen, *gibt es keinen Ersatz für eine Vertrautheit mit der Bibel und eine tiefe Bibelkenntnis* (5. Mose 6,6).
- Achten Sie im persönlichen und gemeinsamen Bibelstudium darauf, zwischen der *Bedeutung* und der *Anwendung* des Textes zu unterscheiden. Die Frage ist nicht: »Was bedeutet der Text *für mich*?«, sondern vielmehr: »Was bedeutet er?«, und: »Wie *wende* ich ihn auf mich *an*?«
- Widerstehen Sie höflich, aber entschieden allen Versuchen, das Wort Gottes zu entkräften, indem auf eine Weise an den Text herangegangen wird, als wäre es Sache des Hörers bzw. Lesers, die Bedeutung zu *entscheiden*, anstatt sie zu erkennen (2. Timotheus 2,15; 2. Petrus 1,20).
- Als Eltern beauftragen Sie nicht die Gemeinde mit der christlichen Erziehung eurer Kinder. Gott gebietet:

> Und diese Worte, die ich dir heute gebiete, sollen in deinem Herzen sein. Und du sollst sie deinen Kindern einschärfen, und du sollst davon reden, wenn du in deinem Haus sitzt und wenn du auf dem Weg gehst, wenn du dich hinlegst und wenn du aufstehst. Und du sollst sie als Zeichen auf deine Hand binden, und sie sollen als Merkzeichen zwischen deinen Augen sein (5. Mose 6,6-9).

Bringen Sie Ihren Kindern bei, die Bibel als Wort Gottes hoch zu schätzen und zu verehren. Bringen Sie ihnen bei, wie man sie liest, studiert und auf das persönliche Leben anwendet.

Liebe, Sexualität und Ehe

Sowohl liberale als auch evangelikale Kirchen und Denominationen sind in einen Kampf für und gegen die neue Toleranz in den Bereichen Liebe, Sexualität und Ehe verwickelt worden. Evangelikale Ansichten von vorehelichem Sex und Zusammenleben sind freizügiger geworden. Obwohl die Evangelikalen allgemein eine missbilligende Haltung zur Ehescheidung vertreten (und lobenswerterweise mehr Verantwortung für die Opfer solcher Tragödien wahrnehmen), vermeiden sie in ihrer Reaktion meistens zu erwähnen, dass willentliche Ehescheidung Sünde ist, und konzentrieren sich dafür auf »zerbrochene Familien« und die deren praktische Probleme – eine wesentlich unanstößigere Vorgehensweise. Doch die deutlichsten Auswirkungen der neuen Toleranz auf die Christenheit treten in der Beurteilung homosexuellen Verhaltens, homosexueller »Ehen« und der Ordination praktizierender Homosexueller zutage.

In North Carolina wurden 1992 zwei Kirchen zum Zentrum einer Kontroverse innerhalb der 15,2 Millionen Mitglieder starken Southern Baptist Convention, der größten protestantischen Denomination Amerikas. Die »Pullen Memorial Baptist Church« in Raleigh segnete die Verbindung zweier homosexueller Männer; die Binkley Memorial Baptist Church in Chapel Hill ordinierte einen als homosexuell bekannten Mann zum Pastoren. Die Vorfälle veranlassten 1993 eine Überarbeitung der Verfassung der Southern Baptist Convention, die der Denomination die Vollmacht erteilte, solche Gemeinden auszuschließen, die Homosexualität dulden.

Mahan Siler, Pastor der Pullen Memorial Baptist Church, drückte sein Bedauern aus, dass die Denomination nicht »zwischen ausnutzendem Sexualverhalten und Sexualverhalten im Rahmen einer fürsorglichen, treuen Beziehung« unterscheide. »Ich denke, die Kirche sollte fürsorgliche, treue Beziehungen unterstützen.«[15]

Andere Denominationen erlebten ähnliche Kämpfe. Das homosexuelle Programm ist in der Episkopalkirche und in der Presbyterianischen Kirche der USA auf wachsende Akzeptanz gestoßen, was viele Christen vor die schwierige Entscheidung stellte, entweder die Denomination zu verlassen oder mit dem Ziel darin zu bleiben, einen Reformversuch von innen zu unternehmen.

Obwohl die 8,5 Millionen Mitglieder zählende United Methodist Church (UMC) offiziell die traditionellen Lehren der Kirche über Sexualität und Ehe bestätigt hat, gewinnen homosexuelle Aktivisten immer mehr an Boden. Jimmy Creech, Pastor der 1900 Mitglieder starken First Methodist Church in Omaha, Nebraska, leitete eine lesbische kirchliche Hochzeit (er wurde später für 60 Tage bei voller Bezahlung und vollen Leistungen suspendiert). Sue Ann Morrow, methodistische Kaplänin an der Princeton University, zelebrierte in einer Universitätskapelle eine »Trauung« zweier Homosexueller, die zudem bekennende Atheisten waren, und sagte öffentlich, sie wolle auch in Zukunft gleichgeschlechtliche Paare trauen. Dem letzten Bericht zufolge sei ihr Bischof nicht administrativ gegen sie eingeschritten. Und ein neues Gremium namens CORNET (Covenant Relationships Network) versucht, in der UMC gleichgeschlechtliche Ehen durchzusetzen, indem es Kirchen und Klerus aufruft, solche Vereinigungen zu segnen – das sei eine »essentielle Form der pastoralen Unterstützung«.[16]

Erzbischof George L. Carey, geistliches Oberhaupt der 70 Millionen Mitglieder starken anglikanischen Kirche, warnte zwar kürzlich vor der Ordination Homosexueller, jedoch nicht aus biblischen Gründen. Er behauptete, dass Homosexuelle nicht ordiniert werden sollten, bevor »die große Mehrheit« der Kirchenmitglieder den Schritt unterstütze. »Seid vorsichtig«, sagte er, »dass wir nicht dem Fehler schneller Entscheidungen verfallen, die die Kirche zutiefst spalten können und ihre Effektivität schwächen.«[17] Careys Opposition gegen die Ordination Homosexueller gründete sich offensichtlich nicht auf biblische Wahrheit, sondern auf den Wunsch, eine Spaltung zu vermeiden.

Die neue Toleranz nimmt heute in der Kirche dermaßen überhand, dass biblische Maßstäbe ignoriert – oder aufgegeben – werden zugunsten einer »toleranteren« Haltung ... die bestrebt ist, Ehe und Sexualität nach menschlichen Maßstäben und »Empfindungen« neu zu definieren. Schon in Kürze wird diese so genannte tolerante Haltung Sie, Ihre Gemeinde und Ihre Kinder dazu zu verleiten, mit größerer Bereitwilligkeit solche Verhalten und Lebensweisen hinzunehmen, die Gott als »Gräuel« bezeichnet (3. Mose 18,22; 20,13).

Doch es ist möglich, auf diese Veränderungen und Herausforderungen in christusgemäßer Weise zu reagieren, wenn wir darauf Acht geben, *radikal* in Liebe zu leben und *demütig* für die Wahrheit einzutreten. Diesen Prozess können die folgenden Vorschläge erleichtern:

- Erwägen Sie betend und geduldig Gottes Willen. Selbst innerhalb der Kirche war die Reaktion der Christen zu oft die Trennung von denen, die eindeutige Programme verfolgen oder fragwürdige Ansichten vertreten. Wir haben versucht, die Reinheit der Kirche zu bewahren, indem wir einen Bogen gemacht haben um Bibelschulen, Denominationen, Kirchen, Gruppen und Einzelpersonen, die unbiblisches Gedankengut vertreten. Das Salz ist aus dem Salzstreuer geflohen.

  Wenn wir für biblisches Christsein eintreten wollen, sollten wir das vielleicht beginnen, indem wir starke, gesunde Beziehungen zu Menschen auf beiden Seiten der Streitfragen pflegen – selbst zu solchen auf der *andersdenkenden* Seite! Ich weiß, das ist einerseits riskant, denn Salz kann seinen Salzcharakter verlieren und wertlos werden (Matthäus 5,13). Doch Salz, das niemals etwas salzt, ist ebenso wertlos.

  Eine nette evangelikale presbyterianische Gemeinde in meiner Nachbarschaft hat kürzlich eine traumatische Zeit des Kampfes und der Umformung durchgemacht. Einige Mitglieder und Mitarbeiter, die sich um die veränderte Haltung der Denomination zur Homosexualität und zur Ordination Homosexueller sorgten, entschlossen sich, die Kirche zu verlassen und eine neue Gemeinde zu gründen; andere besorgte Mitglieder und Mitarbeiter entschlossen sich zu bleiben und zu versuchen, in der Denomination ein Zeugnis für biblisches Christentum zu sein (wobei sie die Denomination nicht weiter finanziell unterstützten und einige Kirchenanordnungen ignorierten).

  Ich trauere über eine heftige Kirchenspaltung, die durch die Kräfte der neuen Toleranz in dieser Denomination verursacht wurde. Und ich leide mit denen mit, für die die Zeit reif war, mutig Stellung zu beziehen und die Denomination und die Gemeinde zu verlassen, die sie jahrelang liebten. Doch ich bewundere auch den Mut derer, die geblieben sind, weil ich überzeugt bin, dass Beziehungen lebenswichtig sind für das Anliegen Christi, der neuen Toleranz entgegenzuwirken, die seine Kirche zu zerstören droht.
- Denken Sie daran, dass Menschen in der Kirche für dieselben Bedürfnisse empfänglich sind wie Menschen außerhalb der Kirche. Solche Bedürfnisse sind:
  - das Bedürfnis nach Annahme, das Gefühl, sich als Teil einer Sache oder einer Gruppe zu verstehen;

- das Bedürfnis nach Zuneigung, der Wunsch, geliebt zu werden und sich geliebt zu fühlen;
- das Bedürfnis nach Bestätigung, das Bedürfnis der Gutheißung des eigenen Verhaltens;
- das Bedürfnis nach Beachtung, der Wunsch, bemerkt zu werden;
- das Bedürfnis nach Unterstützung;
- das Bedürfnis nach Achtung.

Diese und andere Bedürfnisse motivieren die Leute in den Gemeinden oft, mit dem Strom des Toleranzwahns mitzuschwimmen. Ein Theologieprofessor mag – bewusst oder unbewusst – die Autorität und Inspiration der Bibel untergraben, weil er weiß, dass seine Schriften in der akademischen Welt dadurch weit mehr Anerkennung finden. Oder ein Pastor mag eine freizügige Sichtweise gegenüber homosexuellen Lebensgemeinschaften vertreten, wenn er sich bemüht – bewusst oder unbewusst –, fürsorglicher und mitleidiger zu erscheinen.

Solche unberechtigten Reaktionen, Bedürfnisse zu legitimieren, sind wohl nicht zu entschuldigen. Aber wenn wir die Bedürfnisse erkennen, die zu diesem Verhalten führen, können wir besser mit den wirklichen Fragen umgehen – und nicht nur mit den Symptomen, die mit vereinten Kräften die Mauern der Gemeinde zum Einsturz bringen.

- Nutzen Sie jede Gelegenheit, um zu zeigen, dass echte christliche Liebe immer über »Toleranz« triumphiert. Ein Christ wird nur schwerlich als Homophober bezeichnet, wenn er manchen Samstagnachmittag damit verbringt, auf den Bettkanten homosexueller Patienten in AIDS-Stationen zu sitzen. Eine Kirche wird nur schwerlich der Frömmelei beschuldigt werden, wenn ihre Mitglieder sich über ethnische Grenzen hinweg zusammen tun, um ein Kirchengebäude wiederaufzubauen, das von einem Brandstifter in Schutt und Asche gelegt worden war. Eine Christin wird nur schwerlich als intolerant gebrandmarkt werden, wenn sie einer Person herzliche Annahme erzeigt, die anders ist als sie.

Ich möchte das einmal näher veranschaulichen und Ihnen von einem Vorfall berichten, der sich auf einer Konferenz abspielte, auf der ich einen Vortrag hielt. Die Konferenz fand in einem Erholungszentrum statt, das so groß war, dass sieben Gruppen gleichzeitig darin Quartier beziehen konnten. Als unsere Gruppe, eine Konferenz christlicher Autoren, in den Speisesaal kam, um die erste Mahlzeit einzunehmen, gesellte sich eine andere Gruppe dazu: 50 oder 60 Teenager aus einer Gemeinde, die unter »alternativen« Kindern arbeitete, von denen einige wild gekleidet waren und sogar auf der Straße lebten.

In der Schlange an der Essensausgabe stand vor mir eine weißhaarige Dame, eine Teilnehmerin der Autorenkonferenz. Vor ihr wiederum stand ein etwa 18- oder 19-jähriges Mädchen, das wild gekleidet war und eine bizarre Stachelfrisur mit scheinbar tausend verschiedenen Farben zur Schau trug.

Ich beobachtete mit Interesse, wie die Dame das Erscheinungsbild des Mädchens musterte und dann ihre Hand ausstreckte, um ihr auf die Schulter zu klopfen. Mir stockte der Atem.

Die ältere Dame sagte mit einer zitterigen, aber klaren Stimme: »Ich *liebe* dein Haar!«, sagte sie, herzlich lächelnd und auf die Frisur des Mädchens hinweisend. Die junge Frau lächelte zurück, und die beiden begannen ein Gespräch, das fast die ganze Mahlzeit über dauerte.

Diese christliche Frau tat mehr, als ihre Begleiterin nur zu tolerieren; sie suchte liebevoll den Kontakt zu ihr. Ich weiß nicht, ob ihr auch das übrige Erscheinungsbild des Mädchens gefiel. Ich weiß nicht, ob sie den Wunsch des Mädchens nach Aufmerksamkeit bemerkte. Doch sie fand offensichtlich etwas, das sie mochte, und auf diese Weise entdeckte sie einen Weg, um dem Mädchen das zu geben, was es ersehnte. Die warmherzige (und unerwartete) Reaktion der Frau traf offensichtlich die richtige Wellenlänge bei dem Mädchen – und bei mir.

Kinder geringerer Götter

Vor nicht langer Zeit kam Brett Hershey mit einem moslemischen Freund aus seiner Basketballmannschaft nach Hause.

Brett und seine Eltern sind Christen. Sie besuchen eine evangelikale, christliche Kirche. Sie leben in einer kleinen Gemeinde im mittleren Westen. Und sie sind von Kindern und Familien umgeben, die in nichtchristlichen Religionen und neuen spirituellen Strömungen wie fernöstlichen Mystizismus, New-Age-Bewegung usw. leben.

Dies ist in der westlichen Gesellschaft eine der grundlegendsten Veränderungen der letzten 20 Jahre. Christine Wicker schreibt in *The Dallas Morning News*: »Was amerikanische Teenager heute von Jugendlichen früherer Generationen unterscheidet, ist ihre wesentlich breitere Erfahrung mit Menschen anderer Glaubensüberzeugung.«[18]

Sie und Ihre Kinder leben nicht nur in einer viel pluralistischeren

Gesellschaft, sondern Don C. Richter zufolge, dem Leiter einer »Sommer-Bibelschule« für Teenager, machen sich christliche Kinder »viel Gedanken über die exklusivistischen Ansprüche des Christentums, über die Vorstellung, dass Jesus der Weg und das Licht ist und dass ›niemand zum Vater kommt als nur durch mich‹«.[19]

Mit solchen Fragen beschäftigen sich heute nicht nur christliche Kinder; wir finden sie auch in der übrigen Christenheit. Einer der verhängnisvollsten Auswirkungen der neuen Toleranz auf die heutige Christenheit wird in der Verwerfung des »christlichen Exklusivismus« gesehen, der am besten von Professor J. Robert Nelson definiert wird:

> Hierin liegt die Einzigartigkeit. Der Herr, unser Gott, ist *ein* Herr; und dieser eine Gott ist auf *eine* Weise, in *einem* Menschen, zu *einer* Zeit, um aller Menschen zu allen Zeiten willen in den Lauf der Menschheitsgeschichte eingetreten. Das ist der ganze Kern des christlichen Glaubensbekenntnisses.[20]

Viele Stimmen aus der Christenheit scheinen nach einer Verwerfung dieses Glaubensbekenntnisses zu rufen, und das nicht in erster Linie, weil es die Wahrheit des Christentums beansprucht, sondern weil es notwendigerweise den Irrtum aller anderen Lehren behauptet (und das geht der neuen Toleranz natürlich gegen den Strich). Der Missionar Harold Netland erklärt, dass »christlicher Exklusivismus nicht bedeutet, dass *überhaupt keine* Aussage anderer religiöser Traditionen wahr ist. Was jedoch sehr wohl dadurch abgestritten wird, ist, dass Glaubensauffassungen anderer Traditionen wahr sein können, wenn sie mit der biblischen Lehre unvereinbar sind.«[21]

Und in einer von der neuen Toleranz dominierten Gesellschaft erheben sich gerade dort die Probleme. In seinem Buch mit dem Titel *Christ's Lordship and Religious Pluralism* (»Christi Herrschaft und religiöser Pluralismus«) stellt W. Cantwell Smith fest:

> Immer mehr Christen erscheint Exklusivismus als unmoralisch. Wenn der Kopf beweist, dass er wahr ist, während das Herz ihn als böse und unchristlich empfindet, sollten Christen dann nicht dem Herzen folgen? Vielleicht ist das die Crux unseres Dilemmas.[22]

Paul Knitter meint in seinem Buch *No other Name? – A Critical Survey of Christian Attitudes toward Other Religions* (»Kein anderer

Name? – Eine kritische Untersuchung christlicher Einstellungen gegenüber anderen Religionen«):

> Die konservative evangelikale Erklärung, eine authentische, zuverlässige Offenbarung gebe es nur in Christus, hält einfach nicht Stand im Licht des Glaubens, der Hingabe, Liebe und des Friedens, den Christen in den Lehren und besonders bei Anhängern anderer Religionen finden können.[23]

Bill Phipps, Synodalpräsident der United Church of Canada, der größten protestantischen Denomination dieses Landes, sagte kürzlich, »er glaube nicht, dass Jesus Christus Gott, leiblich auferstanden oder der einzige Weg zu Gott sei«. Nachdem seine Bemerkungen zu einem Aufschrei der Entrüstung in dieser Denomination führten, verkündete der Rat der UCC, der aus 70 Laien und Klerikern besteht, dass Phipps Kommentare »gut in das Spektrum der United Church passen«.[24]

Sehen Sie, was vor sich geht? Stimmen von *innerhalb der Kirche* rufen Christen auf, nicht länger hartnäckig daran festzuhalten, dass Jesus der einzige Weg zur Errettung sei und der einzige Name, durch den wir errettet werden müssen (Johannes 14,6; Apostelgeschichte 4,12). Stimmen von *innerhalb der Kirche* versuchen uns und unsere Kinder zu überzeugen, dass der christliche Glaube nicht anders und nicht wahrer sei als jeder andere Glaube auch.

Wenn die Kirche Christi versucht, mit der Welt im Einklang zu stehen, dann erschallt Søren Kierkegaards Warnung vor solch einem unheiligen Kompromiss mit der neuen Toleranz wie ein lautes Echo: »Das Christentum ist abgeschafft.«[25]

Ihre Kinder wachsen in einer anderen Kirche auf als einst Sie. Wie D.C. Richter sagt, neigen sie weitaus mehr dazu, zu fragen: »Warum hat die Bibel mehr Autorität als die Bhagavad Gita und der Koran?« Sie werden sinngemäß etwa sagen: »Ich habe diesen buddhistischen oder diesen moslemischen Freund und sie sind besser als ich und wenn sie nicht in den Himmel kommen, dann bin ich nicht sicher, ob ich dorthin kommen werde.« Die neue Toleranz, die in die Kirche eingedrungen ist, bedroht die Heilsgewissheit Ihrer Kinder, ihren Glauben an die Bibel und schließlich ihren Glauben an Jesus Christus als den einzigen Weg zur Errettung. Die Toleranz, die in der Kirche heute existiert, veranlasst sie vielleicht sogar, Errettung irgendwo anders zu suchen … und gefährdet so ihre unsterblichen Seelen.

Wie treten wir solchen Gefahren entgegen? Wie verhindern wir, dass der Sirenengesang der neuen Toleranz unsere Kinder vom Glauben weg verführt? Es beginnt, so glaube ich, mit der Erkenntnis, dass die Aufgabe, einstürzenden Mauern der Kirche wieder aufzurichen, wie J. B. Cheaney sagt, nicht allein unsere Aufgabe ist. Es ist schließlich die Kirche Christi und er baut seine Kirche (Matthäus 16,18). Doch genau wie die Kirchenmauern Stein für Stein zerfallen sind, dürfen wir uns an ihrem Wiederaufbau beteiligen … Stein für Stein, und zwar auf folgende Weise:

- Bedenken Sie, wie in Kapitel 7 erwähnt, dass die Kirche die *multikulturellste Einrichtung* der Welt ist. Die Erkenntnis dieser Tatsache sollte die Durchführung von Peter Tze Ming Ngs Vorschlag fördern, »zur Entwicklung von Lehrplänen, Bibelstudien und Gottesdienstmaterialien zu ermutigen, die das multikulturelle Wesen des christlichen Glaubens betonen«.[26]
- Machen Sie Ihre Kinder mit grundlegenden Prinzipien kritischen Denkens vertraut, wie z. B. dem Gesetz des Nichtwiderspruchs (zwei einander widersprechende Positionen können nicht beide zugleich wahr sein, aber beide können falsch sein) und dem in Kapitel 9 erörterten Prozess der drei Schritte (verstehen, bewerten, reagieren).
- Erkennen Sie die Arroganz der Position, die behauptet: »Es ist arrogant zu behaupten, der christliche Glaube sei einzigartig.« Wer unterstellt, christlicher Exklusivismus sei von Natur aus arrogant und moralisch anstößig, ist sicher nicht minder arrogant als jene, die er oder sie der Arroganz beschuldigt. So jemand tut genau das, was er den Christen vorhält – die Einstellung und das Verhalten jemand anderes verurteilen!
- Versuchen Sie nicht, Ihre Kinder zu beschützen oder sie von anderen Religionen zu isolieren; konfrontieren Sie sie stattdessen vorsichtig mit nichtchristlichen Religionen, und zwar auf eine Weise, die ihnen beibringt, zu unterscheiden zwischen biblischen und unbiblischen Ideen, zwischen harmlosen und gefährlichen Dingen. Eine Möglichkeit dazu ist, Ihr Haus zu einem sicheren, heimeligen Ort für Ihre Kinder zu machen, wohin sie ihre Freunde einladen – einschließlich der nichtchristlichen –, weil Sie in diesem Umfeld Ihren Kindern helfen können zu verstehen und zu bewerten, was die anderen Kinder denken und glauben. Und gehen Sie sicher, dass Ihre Kinder stets weitergeben, dass jeder Mensch – unabhängig von

seinem Glauben – eine im Bild Gottes geschaffene, unbezahlbare Seele ist, der Christus das Heil anbietet.

Brett Hersheys Vater beispielsweise akzeptierte nicht nur den moslemischen Freund seines Sohnes, sondern setzte sich zu ihm und stellte ihm Fragen über den Islam, während Brett zusah und zuhörte. Nachdem er den Freund seines Sohnes über dessen Glauben befragt hatte, bat er ihm erklären zu dürfen, was Christen glauben. Seine Methode konfrontierte nicht nur Brett auf eine sichere Weise mit dem Islam, wodurch er den Glauben seines Freundes besser bewerten konnte, sondern bot dem Freund auch eine Gelegenheit, von Christus zu hören.

- Wenn Ihre Kinder Interesse an einer nichtchristlichen Religion oder spirituellen Bewegung ausdrücken, versuchen Sie nicht, ihre Neugier zu unterdrücken; versuchen Sie vielmehr zu verstehen, wovon Ihr Kind angezogen wird. Fragen Sie sich selbst: *Was findet er bzw. sie daran so interessant oder faszinierend? Versucht das Kind, einem Bedürfnis zu begegnen oder eine Art Lücke auszufüllen?* Charles Strohmer sagt: »Zu oft versuchen Eltern die Neugier ihres Kindes zu unterdrücken, anstatt sie zu verstehen.« Es ist besser, sagt er, »die Gründe einzuschätzen, weshalb diese Ansicht oder Tradition jemanden so fasziniert und die Wahrheit aufzuzeigen, die die Lüge beantwortet. Es ist besser zu sagen: ›Du interessierst dich für Reinkarnation? Oh, schön, das tust du wahrscheinlich, weil du dich für das Leben nach dem Tod interessierst. Lass uns darüber reden.‹ Auf diese Weise reden Sie mit dem Jugendlichen über das, was ihn interessiert, anstatt ihn zu kritisieren.«[27]
- Streben Sie nach der Gesinnung, die Harold Netland beschrieb, ein Missionar der Evangelical Free Church in Japan:

> Christlicher Exklusivismus kann sicher nicht mit erschöpfender Erkenntnis Gottes prahlen. Es gibt eine große Menge Erkenntnis über Gott und die Welt, derer wir uns nicht bewusst sind. Und schließlich ist im korrekt verstandenen Exklusivismus kein Platz für irgendeinen Stolz oder eine arrogante Siegerhaltung. Wir alle sind bestenfalls nicht mehr als durch die Gnade Gottes errettete Sünder. Wir sollten auch nicht vergessen, dass Anhänger anderer religiöser Traditionen, wie wir, in Gottes Bild geschaffen und Gegenstände der grenzenlosen und unergründlichen Liebe Gottes sind. Demut und echter Respekt soll-

ten unseren Umgang mit Angehörigen anderer Glaubensüberzeugungen kennzeichnen.[28]

- Meinen Sie nicht, Sie müssten *allem* entgegentreten, was in der Kirche irgendwie nach »Toleranz« riecht. Während sich Christen beispielsweise gegen jede Auffassung schützen sollten, alle Kulturen, kulturellen Praktiken und Wahrheitsansprüche seien gleichwertig, kann eine nichtwestliche Gottesdienstgestaltung (Gesang in Fremdsprachen, musikalische Begleitung mit nichtwestlichen Instrumenten) sehr nützlich und angebracht sein. Und westliche Gläubige müssen demütig anerkennen, dass wir zwar vieles an andere Kulturen weiterzugeben haben, aber auch viel von ihnen lernen können.
- Bedenken Sie, dass Jesus seinen Kritikern antwortete, indem er für sie genau wie für seine Nachfolger starb. Seine Nachfolger können nichts Besseres tun, als selbstlos lieben und diejenigen segnen, die sich der Kirche und dem Evangelium widersetzen (Sprüche 25,21-22; Römer 12,20).

11 Scheinen wie Himmelslichter

Als Joan zum ersten Mal Robert traf, war sie nicht gerade begeistert davon, mit ihm zusammenzuarbeiten. Und Roberts erste Worte zu ihr ließen die Situation noch weniger verheißungsvoll erscheinen.

»Ich möchte nur, dass Sie wissen, dass ich Menschen wie Sie hasse«, sagte er.

Joan, von Beruf Schriftstellerin, war in ein faszinierendes und einträgliches Projekt vertieft, als sie empfand, dass Gott sie berief, ihre Arbeit für etwas anderes beiseite zu legen. Sie hatte keine Vorstellung, was genau sie für Gott tun sollte, doch nach ein paar schwachen Argumenten und Vernünfteleien gab sie auf.

Nicht lange danach erwachte sie eines Morgens mit dem kristallklaren Eindruck, dass sie einen Roman schreiben sollte über Gottes Liebe und Gnade, wie sie von einer christlichen Familie mit einem homosexuellen und AIDS-kranken Angehörigen erlebt wurden.

Warum sollte ich das tun?, fragte sie sich. *Weder kenne ich jemanden mit der Krankheit, noch habe ich, um ehrlich zu sein, den Wunsch, jemand solchen kennen zu lernen.*

In jener Nacht sah sie in der Zeitung einen Leserbrief von einem jungen Mann namens Robert. Robert war ärgerlich. Er würde sterben. Und er hatte AIDS.

Joan bekam Roberts Telefonnummer heraus und rief ihn an. Sie kam sich ein wenig albern vor, doch sie erklärte ihm, dass sie Christin ist und dass sie glaubt, Gott habe sie berufen, ein Buch über AIDS zu schreiben. Würde er ihr helfen?

Nach einem Augenblick der Stille antwortete Robert. »Sicher«, sagte er. »Ich werde Ihnen helfen. Aber nur, weil ich sicher gehen möchte, dass Sie den Roman richtig schreiben. Und ich habe eine Bedingung: Keine Predigt!«

Joan stimmte zu, und sie trafen sich zum Mittagessen. Kaum hatten sie ihre Plätze an einem Tisch am Fenster eingenommen, da begann Robert das Gespräch mit seiner ärgerlichen Bemerkung.

Verblüfft konnte Joan nur nach dem Grund fragen.

»Ich hasse Menschen wie Sie«, erklärte Robert, »weil es euer Fehler ist, dass ich AIDS habe – all ihr selbstgerechten religiösen Fanatiker und eure so genannten Regeln. Wenn ihr nicht wärt, könnten wir Schwulen heiraten wie jeder andere auch und wir hätten uns nicht auf diese wechselnden Beziehungen eingelassen und hätten uns vor dem Risiko AIDS schützen können.«

Bevor Joan antworten konnte, fuhr er fort und führte seine Klagen gegen die Welt auf – besonders gegen Christen. Seine Sprache war mit Flüchen gepfeffert und versenkte sich in Sarkasmus und Bitterkeit.

Wie sie so schweigend dasaß und sich seine hasserfüllte Rede anhörte, ertappte sich Joan dabei, Gott zu hinterfragen. Warum wollte er zulassen, dass sie solch einer verbalen Diskriminierung ausgesetzt wurde? Was könnte aus solch einer Beziehung überhaupt Gutes hervorgehen? Welchen Sinn hatte es überhaupt, dass sie ein Buch über AIDS schreiben sollte? Konnte nicht jemand anderes diese Arbeit tun? Schließlich hätte es doch gewiss eine weniger unbequeme Person als Robert gegeben, die ihr bei diesem Projekt hätte helfen können. Joan entschloss sich, das Treffen so schnell wie möglich zu beenden und Robert zu sagen, dass sie sich entschieden hätte, doch nicht mit ihm zusammenzuarbeiten.

Und dann machte Robert – nur für einen Augenblick – eine Pause und blickte aus dem Fenster. Als er seinen Kopf wieder in Joans Richtung drehte, entdeckte sie die Spur einer Träne in seinen blassen blauen Augen. »Manchmal«, sagte er, seine Stimme kaum lauter als ein Flüstern, »frage ich mich, ob Menschen wie Sie Recht haben.« Dann machte er seiner Wut erneut Luft.

Für den Bruchteil einer Sekunde hatte Gott es Joan erlaubt, einen kurzen Blick auf Roberts schwachen Punkt zu erhaschen. Das war alles, was sie brauchte. Sie hielt ihr Versprechen ein, ihn nicht »anzupredigen« und so vertieften sie sich in das Projekt und arbeiteten mehrere Monate gemeinsam an dem Manuskript. Joan wollte ein Kapitel entwerfen, das die Botschaft der Liebe und Gnade Gottes in das Gefüge der Geschichte einbringen sollte. Dann wollte Robert es lesen und ihr seine Gedanken und Bemerkungen mitteilen. Doch die Verletzlichkeit, die sie damals beim Essen kurz wahrgenommen hatte, wiederholte sich nie. Robert drückte weiterhin nichts als Feindschaft gegen Gott und die Christen aus, wenngleich er nur selten unfreundlich zu Joan war.

Zu der Zeit, als Joan das letzte Kapitel schrieb, lag Robert auf seinem Sterbebett, kaum in der Lage, die Blätter zu heben, die sie ihm zur Lektüre geschickt hatte. Dann rief er sie eines Tages an.

»Joan«, sagte er, um Atem ringend, »glaubst du wirklich all diesen Stoff über Jesus, über Liebe und Vergebung, Himmel und Hölle?«

»Ja«, flüsterte sie ins Telefon. »Ich glaube wirklich daran, Robert.«

»Dann hast du fünf Minuten, um mir zu erklären, warum ich mich nicht umbringen und allem ein Ende setzen sollte.«

Es dauerte mehr als fünf Minuten, doch bevor Joan spät an jenem Nachmittag ihren Telefonhörer einhängte, hatte sie Robert zum wirklichen Leben geführt. Der junge Mann, der Christen hasste, war selber einer von ihnen geworden. Zwei Wochen später starb er. Seine letzten Worte waren: »Ich kann es nicht abwarten, heimzugehen und Jesus zu sehen.« Als der Organist bei seiner Beerdigung »Amazing Grace« spielte, saß Joan neben Roberts Mutter und weinte – nicht nur, weil sie einen Freund vermisste, sondern weil sie in den wenigen Monaten, in denen sie Robert kannte, mehr über Liebe und Gnade gelernt hatte als in all den Jahren, in denen sie in der Kirche Predigten darüber gehört hatte.

Unser eigenes Leben mitteilen

Die Geschichte Joans ist wahr. Sie ist auch eine Veranschaulichung dessen, wie real christusgemäße Liebe wirkt – selbst im Zeitalter der neuen Toleranz. Ich glaube, dass es diese Art praktischer Liebe ist, die Paulus meinte, als er den Christen in Thessalonich schrieb: »Wir sind in eurer Mitte zart gewesen, wie eine stillende Mutter ihre Kinder pflegt. So, in Liebe zu euch hingezogen, waren wir willig, *euch nicht allein das Evangelium Gottes, sondern auch unser eigenes Leben mitzuteilen, weil ihr uns lieb geworden wart*« (1. Thessalonicher 2,7-8).

Paulus und seine Mitarbeiter teilten nicht nur das Evangelium mit, sondern *ihr ganzes Leben*. Was bedeutet das? Es ähnelt dem, was Christus tat, wie Johannes es beschreibt: »Das Wort wurde Fleisch und wohnte unter uns« (Johannes 1,14). Jesus sandte nicht nur das Evangelium; er predigte nicht nur die gute Botschaft. Er wurde Fleisch. Er kam auf unsere Ebene herab. Er erfuhr Menschlichkeit. Er lebte unter uns. Er litt Schmerzen mit uns. Er weinte mit uns. Er freute sich mit uns. Er gab sein Leben für uns und teilte uns sein Leben mit.

Weil dieser selbe Christus in jedem wahren Christen wohnt, hat jeder Christ die Kraft, mehr zu tun als nur das Evangelium logisch vorzustellen und überzeugende Argumente zu bringen. Wenn das Wort der Wahrheit zu einem Bestandteil unseres ganzen Lebens geworden ist, können wir diese Wahrheit sowohl in unseren Beziehungen als auch mit unseren Worten weitergeben.

David Ferguson von Intimate Life Ministries ist Pionier darin, christlichen Leitern beizubringen, wie wir unser Leben den Menschen in unserer Umgebung mitteilen. Er schreibt:

> Wenn das lebendige Wort in unserem Leben erfahren wird und wenn wir uns in unseren Beziehungen zu anderen dementsprechend verhalten, teilen wir tatsächlich unser Leben anderen mit. Wahrheit kann oft mit minimalem Einfluss studiert und redegewandt verkündigt werden. Aber wenn die Wahrheit verinnerlicht und zu einem lebendigen Brief gemacht wird und dann durch das Leben des Lehrers weitergegeben wird, trägt es die Autorität und Macht Gottes in sich. Es sind nicht mehr nur Ideen und Gedanken aus einem autoritativen Buch, sondern es ist tatsächlich die Wahrheit Gottes, die durch das Leben eines »demütigen Dieners durch die Kraft des Geistes Gottes« vermittelt wird.
>
> Wenn Sie Ihr Kind, Ihren Ehepartner oder einen Freund in der Kraft von 2. Korinther 1,3-4 liebevoll und demütig trösten, teilen Sie dieser Person Ihr Leben mit. Wenn Sie liebevoll und demütig einem Freund oder Fremden oder einem geliebten Menschen in der Kraft von 1. Korinther 12,25 Aufmerksamkeit schenken, teilen sie dieser Person Ihr Leben mit. Wenn Sie liebevoll und demütig einem Bedürftigen in der Kraft von Galater 6,2 Unterstützung widerfahren lassen, teilen sie dieser Person Ihr Leben mit.[1]

Freundschaften und Beziehungen sind nicht nur Mittel zum Zweck der Evangelisation. Als das Wort Fleisch wurde, wurde in der Person Jesu Christi die Wahrheit tatsächlich in menschlichen Beziehungen erfahrbar. Wir müssen in mancherlei Hinsicht neu definieren, was es bedeutet, Christus mitzuteilen. Wir müssen mehr tun als die Wahrheit umklammern oder sie als ein theoretisches Modell predigen. Um in diesem Zeitalter der neuen Toleranz andere zu erreichen – selbst unsere eigenen Kinder –, müssen wir das Evangelium durch die Mitteilung unseres ganzen Lebens weitergeben … so wie es Jesus tat.

Eine neue Apologetik

Ich habe einen großen Teil meines Lebens damit verbracht, die Beweise unseres Glaubens zu dokumentieren. Ich habe versucht, auf die Ermahnung aus 1. Petrus 3,15 zu hören: »Seid aber jederzeit bereit zur Verantwortung jedem gegenüber, der Rechenschaft von euch über die Hoffnung in euch fordert.« Doch wegen des weit verbreiteten Einflusses der neuen Toleranz habe ich entdeckt, dass die Wahrheit des Glaubens – und die Tatsachen, die seine Wahrheit bestätigen – in unserer Zeit immer weniger Thema ist. Immer weniger Menschen stellen Fragen, die mit einer theoretischen und faktischen Apologetik beantwortet werden können. Diese Fragen müssen gestellt und beantwortet werden. Doch in unserer postmodernen, relativistischen Kultur ist eine Betonung der Frage »Was ist wahr?« zurückgegangen und das Interesse an der Frage »Was wirkt?« hat zugenommen.

Ich bin überzeugt, dass die große Mehrheit der jungen Leute, die heute Christen werden, nicht zum Glauben kommen, weil der christliche Glaube wahr und glaubwürdig ist, sondern weil er die beste ihnen bis dahin vorgestellte Sache ist. Und folglich kann ich Ihnen im Grunde genommen garantieren, dass diese Jugendlichen weggezogen werden und den Glauben aufgeben, sobald ihnen etwas anderes begegnet, das ihnen besser erscheint.

Wegen der neuen Toleranz fragt unsere heutige Kultur nicht so sehr, ob das Evangelium glaubwürdig ist; sie fragt, ob das Evangelium relevant ist. Und wenn wir eine bedürftige Welt zu Christus ziehen wollen, müssen wir demonstrieren, dass er sowohl *theoretisch glaubwürdig* als auch *für das menschliche Leben relevant* ist. Das bedeutet, dass wir uns eine neue Apologetik aneignen müssen, eine neue Verteidigung, die den Glauben sowohl als *glaubwürdig* als auch *relevant* erweist. Und ich glaube, wenn wir das praktizieren wollen, sollten wir unsere neuen Bemühungen auf mindestens fünf Bereiche konzentrieren:

1. Gemeinschaft entwickeln

> Ein neues Gebot gebe ich euch, dass ihr einander liebt, damit, wie ich euch geliebt habe, auch ihr einander liebt. Daran werden alle erkennen, dass ihr meine Jünger seid, wenn ihr Liebe untereinander habt (Johannes 13,34-35).

Ich brauche Ihnen nicht erklären, dass wir in einer Welt leben, die an Liebesmangel verhungert. Eine Zusammenschau mehrerer Studien zeigt, dass 80 – 85% unserer erwachsenen Bevölkerung unter schlimmen Bedingungen aufgewachsen sind: Entweder hatten sie unter der Trennung der Eltern zu leiden, unter körperlichem oder sexuellem Missbrauch oder unter einem Verhalten ihrer Eltern, das sie in eine Sucht trieb.[2] Eine solche verletzte Generation muss nicht allein die Botschaft des Evangeliums von der Errettung in Christus hören; sie muss auch sehen, wie die Wahrheit des Evangeliums in einer Gemeinschaft von Menschen gelebt und ausgelebt wird, die einander wirklich lieben und ein biblisches Modell zwischenmenschlicher Beziehungen vor Augen führen.

Wahre christliche Gemeinschaft – die das Neue Testament *koinonia* nennt – ist vollmächtig anziehen und gewinnend. Wenn unsere Kinder und die Welt sehen, wie wir liebevoll unser Leben miteinander teilen – in den Häusern miteinander essen, materielle Güter miteinander teilen, einander unterstützen und ermutigen, miteinander beten, miteinander weinen, miteinander feiern – werden sie wissen wollen: »Woher habt ihr solche Liebe?« Wenn andere an uns sehen, dass unsere Beziehungen untereinander tiefe Bedeutung für das wirkliche Leben haben – relevant sind –, haben wir nicht nur die Gelegenheit, sie auf die Quelle dieser Liebe hinzuweisen, sondern wir können auch die Beweise mitteilen, die zeigen, dass unser Gott die eine und einzige Quelle der Liebe ist.

2. Barmherzigkeit zeigen

> Glücklich der, dessen Hilfe der Gott Jakobs ist, dessen Hoffnung auf den HERRN, seinen Gott, steht, der Himmel und Erde gemacht hat, das Meer und alles, was in ihnen ist; der Treue hält auf ewig. Er schafft Recht den Bedrückten, er gibt den Hungrigen Brot. Der HERR macht die Gefangenen frei. Der HERR öffnet die Augen der Blinden. Der HERR richtet die Gebeugten auf. Der HERR liebt die Gerechten. Der HERR behütet die Fremdlinge; Waisen und Witwen hilft er auf, aber er krümmt den Weg der Gottlosen (Psalm 146,5-9).

Wir dienen dem »Vater der Erbarmungen und Gott allen Trostes« (2. Korinther 1,3), einem Gott, der »voll Erbarmen« (Psalm 116,5; Schl) ist. Und wenn wir uns den Witwen, Waisen, Heimatlosen, Armen und Bedürftigen zuwenden, spiegeln wir die Natur Gottes wider und werden »gute Verwalter der verschiedenartigen Gnade Gottes« (1. Petrus 4,10).

Leider jedoch fürchte ich, dass wir in der Kirche zu oft unsere Verantwortung, für die Bedürftigen zu sorgen, abgetreten haben oder versuchten, unsere Verantwortung den Regierungsprogrammen und Sozialämtern zu übertragen. Wir müssen uns wieder das Herz eines barmherzigen Gottes aneignen, »der uns tröstet in all unserer Bedrängnis, damit wir die trösten können, die in allerlei Bedrängnis sind« (2. Korinther 1,4).

Selbst eine von der neuen Toleranz beherrschte Kultur wird es schwierig finden, dem erbarmenden Herzen eines Gläubigen und Jüngers des wahren Gottes zu widerstehen. Wir werden häufiger Gehör finden, wenn wir die Wahrheit Gottes weitergeben, indem wir barmherzig für die Bedürfnisse anderer sorgen.

3. Die Schöpfung schützen

> Und Gott sprach: Lasst uns Menschen machen in unserm Bild, uns ähnlich! Sie sollen herrschen über die Fische des Meeres und über die Vögel des Himmels und über das Vieh und über die ganze Erde und über alle kriechenden Tiere, die auf der Erde kriechen! (1. Mose 1,26).
>
> Und Gott, der HERR, nahm den Menschen und setzte ihn in den Garten Eden, ihn zu bebauen und ihn zu bewahren (1. Mose 2,15).

Es mag eigenartig erscheinen, zu behaupten, dass ein Anliegen für die Schöpfung – d. h. die Umwelt – irgendetwas damit zu tun haben könnte, einen offensichtlich glaubwürdigen und für das zwischenmenschliche Leben relevanten Glauben vorzuleben. Doch ich bin überzeugt, dass dies ein weiterer Bereich ist, in welchem wir als Volk Gottes unsere Verantwortlichkeit vernachlässigt oder versäumt haben.

Als Gott sagte, der Mensch solle sich die Erde untertan machen, meinte er damit nicht ihre Verschmutzung und Zerstörung; die Wunder und Schönheiten seiner Schöpfung sind ein unbezahlbares anvertrautes Gut und diese biblische Wahrheit öffnet uns eine wirksame Tür des Dienstes (2. Korinther 2,12). So können wir solche Menschen aus unserer Umgebung ansprechen, denen am Herzen liegt, wie wir Menschen mit unserem Planeten umgehen und ihn missbrauchen. Wenn wir Respekt und Anliegen für Gottes Schöpfung zeigen, werden wir bei der heutigen umweltbewussten Generation Gehör finden.

4. Enge eheliche und familiäre Beziehungen bauen

> Ihr Männer, liebt eure Frauen! wie auch der Christus die Gemeinde geliebt und sich selbst für sie hingegeben hat ... So sind auch die Männer schuldig, ihre Frauen zu lieben wie ihre eigenen Leiber. Wer seine Frau liebt, liebt sich selbst. Denn niemand hat jemals sein eigenes Fleisch gehasst, sondern er nährt und pflegt es, wie auch der Christus die Gemeinde. Denn wir sind Glieder seines Leibes. »Deswegen wird ein Mann seinen Vater und seine Mutter verlassen und seiner Frau anhängen, und die zwei werden ein Fleisch sein« (Epheser 5,25.28-31).

Die von Gott verordnete Beziehung in Ehe und Familie ist Gottes schöner Schaukasten der Einigkeit und Einheit. Tatsächlich ist die Liebe Christi, die ihn dazu trieb, sich selbst für die Gemeinde zu opfern, das Vorbild für die Ehe. Kein Wunder also, dass Gott die Ehe und Familie gebrauchen möchte, um Menschen zu sich zu ziehen.

Unzählige Untersuchungen zeigen, dass die überwältigende Mehrheit der jungen Leute von heute sich ein glückliches Familienleben wünschen. Unsere eigene Studie von 1994 legte dar, dass kirchlich geprägte Jugend aus einer Liste von 15 erstrebenswerten Lebensumständen zu 85% »einen Ehepartner fürs Leben« als ersten Wunsch wählte.[3] Sie bewerten dies für sich höher als »gute körperliche Gesundheit«, »eine enge Beziehung zu Gott«, »einen bequemen Lebensstil« usw.

Wenn wir hoffen, in der heutigen Kultur einen wirksamen Einfluss auf andere – selbst auf unsere eigenen Kinder – zu haben, muss die Kirche zeigen, dass der christliche Glaube nicht allein glaubwürdig, sondern auch für gesunde Ehen und Familien relevant ist. Wenn die zwischenmenschliche Relevanz des Evangeliums in unseren Ehen und Familien ausgelebt wird, werden wir einer Generation, die auf keine andere Weise von Christus zu überzeugen ist, Rechenschaft geben »über die Hoffnung die in uns ist« (1. Petrus 3,15).

5. Ein unwiderstehliches persönliches Zeugnis bieten

> Nun ist das Heil und die Kraft und das Reich unseres Gottes und die Macht seines Christus gekommen; denn hinabgeworfen ist der Verkläger unserer Brüder, der sie Tag und Nacht vor unserem Gott

verklagte. Und sie haben ihn überwunden wegen des Blutes des Lammes und wegen des Wortes ihres Zeugnisses, und sie haben ihr Leben nicht geliebt bis zum Tod (Offenbarung 12,10-11).

Die neue Toleranz legt größten Wert auf persönliche Erfahrung. Die Frage »Ist es wahr?«, ist ersetzt worden durch die Frage »Wird mir nützen?«.

Christen können auf diese postmoderne Situation reagieren, indem sie jede Gelegenheit ergreifen, unser persönliches Zeugnis weiterzugeben und anderen zu erzählen, wie die umgestaltende Gnade unser Leben verändert hat. Nach 30 Jahren öffentlichen Dienst habe ich in den vergangenen Jahren festgestellt, dass mein persönliches Zeugnis von Christi Liebe und Vergebung effektiver ist als je zuvor.

Wenn wir heute unser Leben einer bedürftigen Welt mitteilen, werden wir unser persönliches Zeugnis genauso häufig einsetzen müssen wie bisher in der Kirchengeschichte, wenn nicht noch häufiger.

Das Evangelium in Liebe durch unser Leben mitteilen

Es ist keine Frage eines Entweder-oder, ob wir das Evangelium weitergeben und unser ganzes Leben mitteilen; wir brauchen nicht zwischen dem einen und dem anderen zu entscheiden.

Ebenso wenig ist diese Aufgabe, unser ganzes Leben mitzuteilen, eine Frage des *Vorher und Hinterher.* Diese Aufgabe tun wir nicht, um erst später zur »wirklichen« Aufgabe der persönlichen Evangelisation vorzudringen.

Wenn ich sage, wir sollen unser ganzes Leben mitteilen, meine ich damit die Initiative zu ergreifen, die Wahrheit von Gottes Liebe und Vergebung *im Kontext von Beziehungen* weiterzugeben.

Unser Auftrag ist es, hinzugehen und Menschen zu Jüngern zu machen (Matthäus 28,19). Das Gebot besteht darin, Jünger zu machen. Doch wir sollen Menschen zu Jüngern machen, indem wir »hingehen«. Wir sollen das Evangelium und unser Leben all denen mitteilen, mit denen wir Beziehungen knüpfen.

Die relevante Kirche – wir, die wir Christi Leib sind – hat das große Vorrecht, das 21. Jahrhundert mit der Weitergabe des Evangeliums und der Mitteilung unseres ganzen Lebens zu beginnen. Je mehr die Botschaft Christi für uns in zwischenmenschlichen Beziehungen relevant wird, desto attraktiver wird das Evangelium für eine bedürftige

Welt sein. Und je attraktiver und relevanter diese Botschaft ist, desto größer wird unsere Chance sein, zu zeigen, wie der eine wahre Gott wirklich und tatsächlich glaubwürdig ist.

Ich glaube, dass Gott seine Gemeinde in diesem Zeitalter der neuen Toleranz dazu aufruft, radikal in Liebe zu leben und demütig für die Wahrheit einzutreten. Ich glaube, dass er uns aufruft zu zeigen, wie wirkliche Liebe aussieht. Dazu sollen wir zu einem Volk werden, das eine Botschaft weitergibt, die für Beziehungen relevant und nachprüfbar glaubwürdig ist.

Die Organisation Hosanna Industries ist ein Beispiel dafür das, was ich meine. Dieses presbyterianische Missionswerk rekrutierte kürzlich 100 Freiwillige aus zwölf US-Bundesstaaten, um innerhalb einer Woche die St. Mark's Missionary Baptist Church einer vorwiegend afroamerikanischen Gemeinde wiederaufzubauen, die durch Brandstiftung zerstört worden war.[4]

Die Kirchen von Oxford, Ohio, sind ein weiteres Beispiel einer lauten, erfinderischen Antwort auf Gottes Ruf. Ein örtliches Autogeschäft arbeitete eines Samstags mit einigen Gemeinden zusammen an einem überkonfessionellen und völkerübergreifenden Unterfangen, kostenlosen Ölwechsel und Zündkerzenersatz für Witwen und alleinerziehende Mütter anzubieten. Die teilnehmenden Gruppen lehnten sogar angebotene Spenden ab und erklärten, dass sie aus christlicher Liebe und dem Wunsch zum Dienen handelten.

Eine gewisse Frau, die in Houston (Texas) an einer Konferenz über Evangelisation teilnahm, demonstrierte, was Gott für seine Gemeinde beabsichtigt. Als sie sich mit den anderen ihrer »Straßenmissionsgruppe« in einen örtlichen Park aufmachte, der von vielen Joggern frequentiert wurde, ignorierten die Jogger sie und die Polizei bat sie, sich zu zerstreuen. Als sie jedoch gerade von dannen ziehen wollten, sagte die Frau, sie habe eine Idee, sprang in ihr Auto und fuhr weg. Bald darauf kehrte sie zurück – mit 20 Dutzend Eis am Stiel! »Ich dachte, dass es wahrscheinlich kein Gesetz dagegen gibt, ohne Erlaubnis Eis am Stiel zu verteilen.« Binnen 20 Minuten war das Speiseeis vergriffen, aber einige Jogger hatten angehalten um zu reden, während sie ihr Gratiseis schleckten, und manche fragten sogar: »Was für Christen seid ihr eigentlich?«

Fragen wie diese werden durch echte christliche Liebe aufgeworfen – Liebe, die den Menschen unserer Umgebung nicht nur das Evangelium, sondern auch unser ganzes Leben mitteilt. Es ist eine Liebe, die einen Menschen unabhängig von seiner Glaubensauffassung oder seinem Verhalten akzeptiert; eine Liebe, die versucht, Bedürfnissen zu begegnen und die Gesundheit, das Glück und das geistliche Wachstum des anderen zu schützen und zu fördern; eine Liebe, die die Wahrheit reden wird, aber keine Verdammnis ausspricht oder die Bedürfnisse eines Menschen vernachlässigt.

Diese Art der Liebe motiviert christliche Freiwillige beim Missionswerk Voice of Calvary dazu, in einem Viertel in Jackson (Mississippi) 65 Häuser zu renovieren (und weitere 35 in einem anderen Viertel), bezahlbare Wohnungen, Kurse für Hauseigentümer und geistliche Beratung für Familien mit niedrigem Einkommen zur Verfügung zu stellen.[6]

Diese Art von Liebe veranlasste Kim Davison dazu, sich bei Love&Action zu engagieren, einem Missionsdienst für AIDS-Patienten in Annapolis (Maryland). Kim, selber HIV-positiv, »initiierte eine jährliche Sammlung von neuwertigen Stofftieren für HIV-positive Erwachsene und Kinder«. Nach ihrem Tod wurde das Stofftier-Unterfangen in »Kims Teddybär-Kampagne« umbenannt.[7]

Diese Art von Liebe veranlasste die 90-jährige Pauline Hord, Hunderten von Häftlingen das Lesen beizubringen[8] und motivierte Jim und Terri Cooney dazu, sieben »Regenbogenkinder« zu adoptieren – »afrikanisch, mexikanisch, kaukasisch, unbekannt – von denen viele Gemüts- und Verhaltensstörungen haben.[9]

Wenn Sie und ich, christliche Männer und Frauen, radikal Liebe üben und dabei demütig für die Wahrheit eintreten, wird die Mitteilung des Evangeliums und unseres Lebens nicht nur die militanten Kritiker des Glaubens und der biblischen Moral zum Schweigen bringen; wir werden durch Gottes Kraft und Gnade sogar Zeugen von größeren Dinge werden. Genauso wie der Christenhasser Robert zum Christen Robert wurde und genauso wie Paulus, der Verfolger der Gemeinde, zu Paulus, dem Gemeindegründer, wurde, so werden, wenn Gott will, manche unserer erbittertsten Feinde eines Tages zu Freunden Gottes – und zu unseren Brüdern und Schwestern in Christus – werden.

Schließlich besteht der einzige Weg, einen Feind wirklich loszuwerden, darin, ihn zu einem Freund zu machen. Das ist es, was Gott mit uns tat; als wir Gottes Feinde waren, so sagt die Bibel, hat er uns mit sich selbst versöhnt durch Christus und uns den Dienst der Versöhnung gegeben, »nämlich dass Gott in Christus war und die Welt mit sich selbst versöhnte, ihnen die Übertretungen nicht zurechnete und in uns das Wort von der Versöhnung gelegt hat. So sind wir nun Gesandte an Christi Statt, indem Gott gleichsam durch uns ermahnt« (2. Korinther 5,18-20).

Chuck Colson sagte: »Dies ist unsere beste Apologetik – die Wahrheit in Liebe ausleben.«[10] Möge Gott uns helfen, seinen Ruf zu beantworten und uns der Herausforderung zu stellen.

> Und die Verständigen werden leuchten wie der Glanz des Himmels; und die, welche die vielen zur Gerechtigkeit gewiesen haben, leuchten wie die Sterne immer und ewig (Daniel 12,3).

Begriffserklärungen

Ethischer Theismus
Eine Weltsicht, die von dem Glauben gekennzeichnet ist, dass Recht und Unrecht absolut und unveränderlich und von Gott bestimmt (und den Menschen mitgeteilt worden) sind.

Exklusivismus
In erster Linie auf Christen angewandt; der Glaube, dass Jesus der einzige Weg zur Errettung ist; dass die Bibel Gottes wahrhaftige, autoritative und endgültige Selbstoffenbarung ist und dass andere Glaubensauffassungen nicht als Wahrheit akzeptiert werden können, wenn sie unvereinbar mit den Aussagen der Heiligen Schrift sind.[1]

Inklusivismus
Die Ansicht, dass »es nur eine wahre Religion gibt, durch die Errettung erlangt werden kann ... Aber Gott kann den aufrichtigen Anbetern falscher Götter Errettung zuteil werden lassen. Obwohl solche Anhänger anderer Religionen es ablehnen mögen, an der richtigen religiösen Nahrung teilzunehmen (oder sie überhaupt kennen zu lernen), wird Gott sie nicht verhungern lassen.«[2]

Modernismus
Eine Weltanschauung, die »Vernunft (die Fähigkeit der Menschen, ihre Welt zu verstehen), Empirismus (der Glaube, dass Erkenntnis nur durch unsere Sinne gewonnen werden kann) und ... die Anwendung der Vernunft und des Empirismus durch Wissenschaft und Technologie« betont.[3] Für einen Modernisten ist jede Wahrheit, die nicht beobachtet und erfahren werden kann – wie z. B. geistliche oder moralische Wahrheit – *relativ* (d. h. von Mensch zu Mensch unterschiedlich).

Multikulturalismus
Die Förderung der Vertrautheit mit und die Akzeptanz von verschiedenen Kulturen, basierend auf der Annahme, Wahrheit sei kulturell begründet. »Multikulturalisten argumentieren, keine einzige Ansicht könne im letztlichen Sinne wahr sein, weil es vielfältige Beschreibungen

der Wirklichkeit gibt ... [Sie glauben, dass] keine Wahrheit die Grenzen der Kultur übersteigt, dass kein Gedanke oder moralisches Prinzip für jede kulturelle Gruppe oder jeden Menschen wahr sein kann.«[4]

Neue Toleranz
»Die *neue ... Toleranz* besagt defintionsgemäß, dass die Glaubensüberzeugungen, die Werte, der Lebensstil und das Wahrheitsverständnis jeder einzelnen Person gleich sind ... Es gibt keine Hierarchie der Wahrheit. Deine und meine Glaubensüberzeugungen sind gleich und alle Wahrheit ist relativ.«[5]

Politische Korrektheit
Ein Verhalten oder Glaube, das bzw. der, gemessen an den Maßstäben der neuen Toleranz (Postmodernismus, Multikulturalismus und Universalismus), gutgeheißen oder akzeptiert wird.

Pluralismus
Ein Zustand, der besteht, wenn in einer Gesellschaft viele verschiedene Religionen, Weltanschauungen und Wahrheitsansprüche vorliegen und keine davon dominiert. Auch als Synonym für *Universalismus* gebraucht (siehe unten).

Postmodernismus
Eine Weltanschauung, die vom Glauben gekennzeichnet ist, dass es keine Wahrheit im objektiven Sinne gibt, sondern eher geschaffen als entdeckt wird. Postmodernisten »denken, dass Dinge wie Vernunft, Rationalität und Vertrauen in die Wissenschaft kulturbedingte Tendenzen sind«.[6] Wahrheit – sei es in Wissenschaft, Bildung oder Religion – wird von der spezifischen Kultur geschaffen und besteht nur in dieser Kultur. Daher sind alle Systeme und alle Aussagen, die Wahrheit anderen mitzuteilen versuchen, ein Machtspiel, ein Versuch, Herrschaft über andere Kulturen zu erlangen.

Universalismus
Eine Sicht der Religion, die »(positiv) sagt, dass alle Weltanschauungen gültige Wege zum Seelenheil sein können und (negativ) dass jeder Exklusivismus falsch ist«.[7]

Anmerkungen

Kapitel 1: Eine wachsende Bedrohung

1. *Webster's New World Dictionary of English*, 3. Aufl., s.u. »tolerate«.
2. Monicas und Sherrys Geschichte ist fiktiv, aber sie basiert auf mehreren wahren Erfahrungen, die den Autoren berichtet wurden.
3. News release, The Rutherford Institute, 26. März 1997.
4. Brigid McMenamin, »The PC Enforcers«, *Forbes* (10. Februar 1997): 86.
5. Jay Sekulow and Keith Fournier, *And Nothing but the Truth* (Atlanta: Thomas Nelson, 1996), 82.
6. Brannon Howse, »The People and Agenda of Multicultural Education«, *Understanding the Times* (January 1997): 3.
7. Chuck Colson, »Facilitating Faith (Do We Need a Prayer Amendment?)«, *BreakPoint,* 8. Februar 1995.
8. Persönliche Erfahrung von Steve Brown, Wissenschaftler für die Josh McDowell Ministry.
9. »Christianity under Attack«, The Rutherford Institute, www.rutherford.org/central.html.
10. »Christianity under Attack«, The Rutherford Institute, www.rutherford.org/ne.html.
11. »Christianity under Attack«, The Rutherford Institute, www.rutherford.org/ne.html, S. 4.
12. Dennis McCallum, »Are We Ready?«, *The Death of Truth,* ed. Dennis McCallum (Minneapolis: Bethany House, 1996), 12.

Kapitel 2: Zwei Arten von Toleranz

1. Webster's New World Dictionary of English, 3. Aufl., s.u. »tolerate«.
2. Johannes 4,1-42
3. Lukas 19,1-10
4. Matthäus 8,1-4
5. Matthäus 15,21-28
6. Stanley J. Grenz, *A Primer to Postmodernism* (Grand Rapids: Wm. B. Eerdmans, 1996), 14.
7. Don Closson, »Multiculturalism«, *Probe Perspectives* (Richardson, Tex.: Probe Ministries, o.J.): 1.
8. Fernando Savater, *El Mito Nacionalista* (Madrid: Alianza Editorial, 1996), 16-19.
9. Thomas A. Helmbock, »Insights on Tolerance«, *Cross and Crescent* (das Organ der Lambda Chi Alpha International Fraternity), Sommer 1996, 2.
10. Edwin J. Delattre, »Diversity, Ethics, and Education in America«, *Ethics: Easier Said than Done,* Joseph & Edna Josephson Institute, 48-51.
11. Stephen Bates, »Religious Diversity and the Schools«, *The American Enterprise* 4, Nr. 5 (September/October 1993): 18.
12. Edwin J. Delattre, »Diversity, Ethics, and Education in America«, 49.
13. Personal correspondence with Josh McDowell.
14. Josh McDowell und Bob Hostetler, *Glaube ohne Werte* (Bielefeld: CLV, 1997), 21.
15. »Flexible Ethics: It Depends«, USA Snapshots, *USA Today,* 29. April 1997.

16. Dr. James Banks, *An Introduction to Multicultural Education* (Boston: Allyn & Bacon, 1994).
17. Edwin J. Delattre, »Diversity, Ethics, and Education in America«, 48-51.
18. E. Calvin Beisner, »The Double-Edged Sword of Multiculturalism«, *The Freeman* (März 1994): 109.
19. Ibid., 109-110.
20. John Leo, *Washington Times*, wie zitiert in »That's Outrageous! (It's All Relative)«, *Reader's Digest* 152, Nr. 910 (Februar 1998): 75.
21. John Leo, »Heather Has a Message«, *U.S. News & World Report* 113, Nr. 7 (17. August 1992): 16.
22. David O. Sacks and Peter A. Thiel, *The Diversity Myth* (Oakland: The Independent Institute, 1995), 176.
23. Richard Bernstein, *Dictatorship of Virtue: Multiculturalism and the Battle for America's Future* (New York: Alfred A. Knopf, 1994), 75.
24. »Christianity under Attack«, The Rutherford Institute, www.rutherford.org/central.html, 3.
25. »Christianity under Attack«, The Rutherford Institute, www.rutherford.org/west.html, 3.
26. »Christianity under Attack«, The Rutherford Institute, www.rutherford.org/southw.html, 1.

Kapitel 3: Die Kosten der Toleranz

1. Richard Bernstein, *Dictatorship of Virtue: Multiculturalism and the Battle for America's Future* (New York: Alfred A. Knopf, 1994), 90.
2. »Christianity under Attack«, The Rutherford Institute, www.rutherford.org/ne.html, 4.
3. Ibid., 1.
4. David F. Wells, *No Place for Truth* (Grand Rapids: Wm. B. Eerdmans, 1993), 259-260.
5. Entnommen aus: *Glaube ohne Werte* von Josh McDowell und Bob Hostetler, (Bielefeld: CLV, 1997), 37-39.
6. Dennis McCallum, »Are We Ready?« *The Death of Truth,* Hrsg. Dennis McCallum (Minneapolis: Bethany House, 1996), 13.
7. Stanley J. Grenz, *A Primer to Postmodernism* (Grand Rapids: Wm. B. Eerdmans, 1996), 17.
8. Jean-Francois Lyotard, *The Postmodern Condition: A Report on Knowledge,* Übers. Geoff Bennington and Brian Massumi (Minneapolis: University of Minnesota Press, 1984), xxiv.
9. Jim Leffel, »Our New Challenge: Postmodernism«, *The Death of Truth,* Hrsg. Dennis McCallum (Minneapolis: Bethany House, 1996), 35.
10. Ibid., 40.
11. Gene Edward Veith, *Postmodern Times* (Wheaton, Ill.: Crossways 1994), 13.
12. Jim Leffel, »Our Old Challenge: Modernism«, *The Death of Truth,* Hrsg. Dennis McCallum (Minneapolis: Bethany House, 1996), 21.
13. Andres Serranos »Piss Christ«, ein »Kunstwerk«, gesponsert von der National Endowment for the Arts (NEA).
14. Tony Snow, »Christmas in Public Is No Crime«, *The Cincinnati Enquirer,* 23. Dezember 1997.
15. Inside D.C., Gary L. Bauer, Family Research Council, »Bashers, Bombers and Bigots«, *Washington Watch,* 26. März 1996, 4.
16. Edgard Pisani, »Against Intolerance«, *The Unesco Courier,* Juni 1992, 38.

17. Bruce B. Suttle, »The Need for and Inevitability of Educational Intolerance,« Manuskript.
18. Kim Sue Lia Perkes, »Baptist Group May Shun Austin Church«, *The Austin American Statesman,* 10. Februar 1998.
19. Ryszard Legutko, »The Trouble with Toleration«, *Partisan Review* 61, Nr. 4 (1994): 617.
20. Stephen Bates, »Religious Diversity and the Schools«, *The American Enterprise* 4, Nr. 5 (September/Oktober 1993): 19.
21. Bob Harvey, »Wanted: Old Fashioned Virtue«, *Montreal Gazette,* 19. Februar 1995.
22. »Declaration of Principles on Tolerance«, Die Mitgliedsstaaten der UNESCO, 28. Sitzung der Generalkonferenz in Paris, vom 25. Oktober bis 16. November 1995.
23. Ryszard Legutko, »The Trouble with Toleration«, 619.
24. Ibid., 620.
25. Jay Sekulow und Keith Fournier, *And Nothing but the Truth* (Atlanta: Thomas Nelson, 1996), 44. Nachdem sie von der Anordnung des Direktors erfahren hatte, erzwang die Familie des Mädchens eine Entscheidung und stellte schließlich Audreys Recht sicher, ihre Bibel im Schulbus zu lesen.
26. Brannon Howse, »The People and Agenda of Multicultural Education«, *Understanding the Times* (January 1997): 3.
27. »California Cross Lamp Must Be Kept under a Bushel«, *World,* 20. September 1997, 19. Die Beamten der Stadtverwaltung von San Francisco ersonnen später einen Plan, ein Drittel der Fläche um das Kreuz einer privaten Gruppe für 26.000 Dollar zu verkaufen und so den Verbleib des Kreuzes zu erlauben. Einschränkungen wurden jedoch noch durch die Zivilkäger, die Amerikanische Union für Bürgerliche Freiheiten und den Amerikanischen Jüdischen Kongress, welche den Rechtsstreit betrieben hatten, für die Beleuchtung des Kreuzes auferlegt.
28. »BC Teachers Withhold Accreditation for TWU«, *Faith Today,* September/Oktober 1996, 51.
29. Scott Scruggs, »Truth or Tolerance«, *Probe Perspectives* (Richardson, Tex.: Probe Ministries, o.J.): 1.
30. James E. Wood Jr., »Tolerance and Truth in Religion«, *Journal of Church and State* 24, Nr. 1 (Winter 1992).
31. J. Robert Nelson, »Tolerance, Bigotry, and the Christian Faith«, *Religion in Life* 33, Nr. 4 (Herbst 1961).
32. Widersprüchliche Religionen können nicht alle wahr sein (wenn zum Beispiel die Behauptung des Christentums, dass es keinen anderen Namen unter dem Himmel gibt, durch welchen wir errettet werden müssen [Apg 4,12], wahr ist, dann können die gegenteiligen Behauptungen anderer Religionen nicht ebenfalls wahr sein).
33. Ravi Zacharias, *Deliver Us from Evil: Restoring the Soul in a Disintegrating Culture* (Dallas: Word, 1996), 66.

Kapitel 4: Die Folgen der Toleranz

1. Brannon Howse, »The People and Agenda of Multicultural Education«, *Understanding the Times* (January 1997): 3.
2. John D. Woodbridge, »Culture War Casualties«, *Christianity Today* (6. März 1995): 25.
3. Francis Schaeffer, *Wie können wir denn leben?* (Neuhausen: Hänssler, [3]1991), 141. Übersetzung dem Original angepasst (»Allgemeines« => »Absolutes«; engl. »an absolute«).
4. Fernando Savater, *El Mito Nacionalista* (Madrid: Alianza Editorial, 1996), 16-19.

5. Das weit verbreitete Randalieren und Plündern wurde, wie verlautet, durch den Zorn verursacht, den die Gemeinschaft nach einem von einer vollständig weißen Jury verhängten Urteilsspruch (»nicht schuldig«) im Prozess gegen den weißen Polizeibeamten empfand, der der brutalen Körperverletzung an dem schwarzen Autofahrer Rodney King beschuldigt worden war.
6. Don Closson, »Multiculturalism«, *Probe Perspectives* (Richardson, Tex.: Probe Ministries, o.J.): 5.
7. *Merriam- Webster's Collegiate Dictionary*, 10. Aufl., s.u. »conviction«.
8. Jay Sekulow and Keith Fournier, *And Nothing but the Truth* (Atlanta: Thomas Nelson, 1996), 45-46.
9. In seinem Buch *Deliver Usfrom Evil: Restoring the Soul in a Disintegrating Culture* (Dallas: Word, 1996), bietet Ravi Zacharias eine treffende Illustration dieses Punktes:

    Ein definitives Beispiel dieser öffentlichen Vertreibung religiöser Ideen kann aus zwei historischen Vorfällen in Toronto, Kanada, gesehen werden. In den 80er Jahren des 19. Jahrhunderts war William Howland Bürgermeister jener Stadt. Howlands Plattform, als er die Werbetrommel für das Amt rührte, war eine der Sorge um die moralische Entartung der Stadt. Er versprach, darauf hinzuarbeiten, Toronto zu einer anständigen Stadt zu machen und sie von einigen der öffentlichen Laster und Händel zu befreien, die ihre Bevölkerung schikanierten. Sein Versuch war erfolgreich, und er ließ als Erbe der Stadt Toronto den Ausdruck »Toronto, die gute Stadt« zurück. Ironischerweise verursachte fast ein Jahrhundert später wiederum eine moralische Frage eine politische Debatte zwischen den Kandidaten, die sich für den Bürgermeisterposten in Toronto bewarben. Der amtierende Bürgermeister wurde mit Bitten überhäuft, seine Position zu der Frage zu überdenken. Er widerstand diesem Druck standhaft, indem er feststellte, dass die meisten derer, die mit seiner Einstellung Probleme hatten, religiös gesinnte Menschen seien, die, wie er sagte, »in solchen Fragen mit Vorurteilen behaftet« seien, und daher könne er ihren Rat missachten (S. 57).

10. Chuck Colson, »Underhanded Compliment: Christianity on Campus«, *BreakPoint*, 8. März 1993.
11. Chuck Colson, »Not to Remain Silent«, *BreakPoint*, 15. Juni 1995.
12. William A. Henry III., »The Politics of Separation«, Time (Herbst 1993): 75.
13. Calvin J. Camp, »Chinese Seek Stability«, Leserbrief in *USA Today*, 5. November 1997.
14. Andrea Park, wie zitiert in *The Diversity Myth*, by David O. Sacks und Peter A. Thiel (Oakland: The Independent Institute, 1995), 32.
15. Ryszard Legutko, »The Trouble with Toleration«, *Partisan Review* 61, Nr. 4 (1994): 616.
16. Quoted in »The Politics of Separation«, by William A. Henry III., 75.
17. Simopekka Virkkula, »One Man's War«, *Books from Finland*, 24 (1990), 45-50.
18. Cited by Charles Colson in *The Body* (Dallas: Word, 1992), 176.
19. Gene Edward Veith, *Postmodern Times* (Wheaton, Ill.: Crossway, 1994), 75.
20. »Ottawa Woman Strolls Topless«, *Toronto Star*, 11. Mai 1997.
21. *Washington Times*, 1. September 1997.
22. Transkript, *Alan Keyes Show Live*, 1. September 1997.
23. »Tragedy, Stranger than Fiction«, *Alliance Defense Fund Update*, 17. März 1997.

Kapitel 5: Die Taktik der Toleranz

1. 2. Korinther 4,4
2. Johannes 8,44

3. Römer 1,16
4. Debra J. Saunders, »Diversity Training«, *The San Francisco Chronicle,* 23. Juni 1996.
5. »Who Is Intolerant?« *Campus Alert* 4, Nr. 2 (Januar 1996): 1.
6. Debra J. Saunders, „Diversity Training.»
7. »CUSA Plays God«, Editorial in *The Charlatan,* Carleton University, Ottawa, Canada, 16. Januar 1997.
8. Chuck Colson, »The Six-Second Crime«, *BreakPoint,* 9. Februar 1994.
9. Brannon Howse, »*The People and Agenda*«, 1.
10. Midge Decter, writing in *Commentary.* Quoted by Daniel Levitas in »A.D.L. and the Christian Right«, *The Nation,* 19. Juni 1995, 882.
11. Dinesh D'Souza, »The Visigoths in Tweed«, *Forbes* 147, Nr. 7 (1. April 1997): 84.
12. Mona Charen, »Kwanzaa Not All It's Cracked Up to Be«, *Hamilton journal,* 31. Dezember 1997.
13. Michael Blowen, »Asian Actor Wins Role in ›Miss Saigon'«, *The Boston Globe,* 18. Dezember 1991.
14. Charles Krauthammer, »Quebec and the Death of Diversity«, *Time,* (13. November 1995).
15. Siehe Kapitel 4 von Dennis McCallum's *The Death of Truth* für eine stichhaltige Erklärung der Signifikanz der Micht im postmodernen Gedankengut und Verhalten.
16. Dawn Gibeau, »RICO Ruling Adds More Fire to Abortion Debate«, *National Catholic Reporter,* 4. Februar 1994, 4.
17. »Evolution's Unbelievers Unwelcome in Science«, Focus on the Family *Citizen* (21. Januar 1991): 14.
18. Ibid., 15.

Kapitel 6: Der vortrefflichere Weg

1. S.D. Gaede, *When Tolerance Is No Virtue* (Downers Grove, Ill.: InterVarsity, 1993), 47.
2. Matthäus 22,29
3. Johannes 8,11
4. Hebräer 4,15
5. Römer 5,8
6. Epheser 5,2
7. Max Lucado, *In the Grip of Grace* (Dallas: Word, 1996), 30-31.
8. Ibid., 21.
9. Johannes 4,16-26
10. Johannes 8,3-11
11. John Stott, *Romans: God's Good News for the World* (Downers Grove, Ill.: InterVarsity, 1994), 82.
12. »Wretched Right-Wing Refuse«, *Furman University Daily,* 27. September 1996, 9.
13. Geevarghese Mar Osthathios, »Conviction of Truth and Tolerance of Love«, *International Review of mission* 74, Nr. 246 (October 1985): 496.
14. D. Ferguson, *The Great Commandment Principle* (Wheaton, Ill.: Tyndale House, 1998).
15. John D. Woodbridge, »Culture War Casualties«, *Christianity Today* (6. März 1995): 25-26.

Kapitel 7: Toleranz und Bildung

1. Entnommen aus *Vote of Intolerance,* von Josh McDowell und Ed Stewart (Wheaton, Ill.: Tyndale House, 1997), 234-245.

2. Sara Bullard, *Teaching Tolerance* Magazine (1998). At www.splcenter.org/teaching-tolerance/tt-1.html.
3. Ibid.
4. »Curriculum Guidelines for Multicultural Education«, *Social Education* 56, Nr. 5 (September 1992), 277.
5. Kenneth S. Stern, »Battling Bigotry on Campus«, *USA Today 120,* Nr. 2562 (March 1992): 62.
6. Stephen Bates, »Religious Diversity and the Schools«, *The American Enterprise* 4, Nr. 5 (September/Oktober 1993): 18.
7. Persönliches Gespräch mit Josh McDowell, 7. April 1998.
8. Richard Bernstein, *Dictatorship of Virtue: Multiculturalism and the Battle for America's Future* (New York: Alfred A. Knopf, 1994), 252.
9. Lynn V. Cheney, »Taking Steps to Build Support for Change«, *Change* 25, Nr. 1 (Januar/Februar 1993): 8-11.
10. Ibid., 244, 181.
11. Richard Bernstein, *Dictatorship of Virtue,* 283.
12. Quoted by John Zmirak in »Uncommon Ground«, *Working at Home* (Winter 1998): 90.
13. Ellen Somekawa und Elizabeth A. Smith, »Theorizing the Writing of History or, I Can't Think Why It Should Be So Dull, for a Great Deal of It Must Be Invention«, *Journal of Social History* (Herbst 1988): 154.
14. Gene Edward Veith, *Postmodern Times,* (Wheaton, Ill.: Crossway, 1994), 50.
15. Adapted from John Leo, »History Standards Are Bunk«, *U.S. News & World Report* 118, Nr. 5 (6. Februar 1995): 23.
16. Dinesh D'Souza, »The Visigoths in Tweed«, *Forbes* 147, Nr. 7 (1. April 1997): 81.
17. Ibid., 86.
18. Richard Bernstein, *Dictatorship of Virtue,* 263.
19. Ibid., 283.
20. John Leo, »History Standards Are Bunk«, *U.S. News & World Report* 118, Nr. 5 (6. Februar 1995): 23.
21. S.D. Gaede, *When Tolerance Is No Virtue* (Downers Grove, Ill.: InterVarsity, 1993), 63.
22. Peter Tze Ming Ng, »Toward a New Agenda for Religious Education in a Multicultural Society«, *Religious Education* 88, Nr. 4 (Herbst 1993): 591.
23. Ibid., 587.
24. Ibid., 63-64.
25. Dinesh D'Souza, »The Visigoths in Tweed«, 83.
26. Ibid., 83.
27. Florence King, »The Goading of America«, *Chronicles,* 26. Mai 1991.
    John Leo von *U.S. News & World Report* rief sieben prominente Ägyptologen willkürlich an, um sie nach ihrer Meinung zur Theorie des Schwarzen Ägyptens zu befragen, wie sie von afrozentrischen Gelehrten wie Martin Bernall aus Cornell, Asa G. Hilard aus dem Georgia und Theophile J. Obinga aus Gabun propagiert wurde. Alle sieben sagten, dass die Theorie »nicht wahr« sei und baten dann, dass ihre Namen nicht genannt würden; einer erklärte, dass es politisch zu heiß wäre, über den Bericht zu diskutieren.
28. Don Feder, »›Multiculturalism‹ Often Is Much like Reason«, *Human Events,* 28. September 1991, 787.
29. Richard Bernstein, *Dictatorship of Virtue,* 277.
30. Chuck Colson, »Facilitating Faith«, *BreakPoint,* 8. Februar 1995.
31. Richard Bernstein, *Dictatorship of Virtue,* 65.

32. Paul Weyrich, »Politically Correct Fascism on Our Campuses«, *New Dimensions: The Psychology Behind the News* (Juni 1991): 44.
33. *Westside Community Board of Education v. Mergens*
34. Jay Sekulow und Keith Fournier, *And Nothing but the Truth* (Atlanta: Thomas Nelson, 1996), 84-85.
35. Paul Kurtz, *Toward a New Enlightenment* (New Brunswick, N.J.: Transaction, 1994).
36. Robert Holland, »Outcome-Based Education: Dumbing Down America's Schools«, *Family Policy* 6, no. 5 (January 1994): 6.
37. John Ellement, »State High Court OK's Falmouth Plan to Provide Condoms in Public Schools«, *The Boston Globe,* 18. Juli 1995.
38. H. Stephen Glenn and Jane Nelsen, *Raising Self-Reliant Children in a Self-Indulgent World* (Rocklin, Calif.: Prima Publishing & Communications, 1989), 26-27.

Kapitel 8: Toleranz und Regierung

1. Philip Yancey, »A State of Ungrace«, *Christianity Today* (3. Februar 1997): 35.
2. Ambassador Alan Keyes, speech to Christian Coalition, Road to Victory Conference, 13. September 1997.
3. *Brigham Young University Law Review* 2 (1986): 371-404, quoted by Richard V. Pierard in »As We See It«, *The Reformed Journal* 38, Nr. 5 (Mai 1988): 2-3.
4. »Commandments, Prayer, Can Stay in Ala. Courtroom«, USA *Today,* 26. Januar 1998.
5. »National News Briefs«, *Christian Times* 3, Nr. 9 (14. September – 11. Oktober 1997): 16.
6. Edward E. Plowman, »Broadcasters Targeted«, Religion Notes, *World,* 31. Januar 1998, 16.
7. Jay Sekulow and Keith Fournier, *And Nothing but the Truth* (Atlanta: Thomas Nelson, 1996), 21-22.
8. Ibid., 54.
9. Edward E. Plowman, »Opening Eyes on Capitol Hill«, *World,* 20. September 1997, 20.
10. Tom Minnery, »Lessons in Love«, Focus on the Family *Citizen* 11, Nr 6 (23. Juni 1997): 5. Der Ausdruck »Todesmaschinerie« wurde von Harry A. Blackmun, einem Richter am Obersten Gerichtshof der USA, verwendet. Er schrieb in einer Bemerkung zu einem jüngeren Fall in Verbindung mit der Todesstrafe: »Von diesem Tag an werde ich nicht mehr an der Todesmaschinerie herumbasteln. Ich fühle mich moralisch und intellektuell verpflichtet, einfach einzuräumen, dass das Experiment der Todesstrafe gescheitert ist.« Leider erstreckte sich sein moralischer und intellektueller Widerwille nicht bis zu den 35 Millionen Babys, die seit der *Roe-versus-Wade*-Entscheidung abgetrieben worden sind.
12. Reynolds Holding, »Supreme Court Rejects Appeal by Sacramento Abortion Pickets«, *The San Francisco Chronicle,* 28. November 1995.
13. »Who's Intolerant?« *World,* 6. September 1997, 10.
14. Nicholas A. Christakis, et al, »Survival of Medicare Patients after Enrollment in Hospice Programs«, *The New England Journal of Medicine* (18. Juli 1996): 174.
15. »Dr. Jack Kevorkian«, www.efn.org/-ergo/Kevorkian.html, accessed January 27, 1998. Diese Zahl bezieht sich auf dokumentierte Fälle wie im Januar 1998.
16. Michele Evans in einem Brief an den Herausgeber, *Los Angeles Times,* 21. März 1997, wie zitiert von Matt Kaufman in »Hurry Up and Die«, Focus on the Family *Citizen* (28. Juli 1997): 12.
17. »Bills in State Senate Promote Homosexuality, Attack the Church« *Christian Times* 3, Nr. 8 (10. August – 13. September 1997): 1.

18. Brannon Howse, »The People and Agenda of Multicultural Education«, *Understanding the Times,* January 1997.
19. Ibid.
20. Philip Yancey, »A State of Ungrace«, *Christianity Today* (3. Februar 1997): 34-35.
21. Johannes 8:31-32
22. Deborah Mendenhall, »Homosexual Anger Met with Outpouring of Christian Love«, Focus on the Family *Citizen* 11, Nr. 6 (23. Juni 1997): 15.

Kapitel 9: Toleranz und Gesellschaft

1. Phyllis Schlafly, »Congress Promotes Decadence through NEA«, *AFA Journal* (Oktober 1993).
2. William A. Henry III., »The Politics of Separation«, *Time* (Herbst 1993): 75.
3. Jim Leffel, »Postmodern Impact: Literature«, *The Death of Truth*, Hrsg. Dennis McCallum (Minneapolis: Bethany House, 1996), 20.
4. Kenneth L. Woodward, »Religion: God Gets the He-Ho«, *Newsweek* 126, Nr. 11 (11. September 1995): 76.
5. Dennis McCallum, »Evangelical Imperatives«, *The Death of Truth,* Hrsg. Dennis McCallum (Minneapolis: Bethany House, 1996), 256.
6. According to the *Advocate,* a national gay-and-lesbian magazine, as cited by Bruce Handy in »Roll Over, Ward Cleaver«, Time (14. April 1997): 80.
7. Robert Bork, *Slouching Towards Gomorrah* (New York: Regan Books, 1996), 144-145.
8. Der Glaube, dass »alles eins ist«, eine Sichtweise, die sich in dem beliebten Lied »The Circle of Life« widerspiegelt.
9. Die Ansicht, dass Gott in allem enthalten sei: in Tieren, Pflanzen, Felsen, Flüssen und natürlich Menschen.
10. »Colors of the Wind«, Musik von Alan Menken, Text von Stephen Schwartz, © 1995, Wonderland Music Company, Inc., und Walt Disney Music Company.
11. David F. Wells, *No Place for Truth* (Grand Rapids: Wm. B. Eerdmans, 1993), 84.
12. Donal P. O'Mathuna, »Postmodern Impact: Health Care«, *The Death of Truth,* Hrsg. Dennis McCallum (Minneapolis: Bethany House, 1996), 20. Zitate von Dolores Krieger, *Accepting Your Power to Heal: The Personal Practice of Therapeutic Touch* (Santa Fe, N.M.: Bear & Company, 1993), 3-4, 11-13, 17.
13. Stanley Krippner, Vorwort zu Dolores Kriegers *Accepting Your Power to Heal,* xvi.
14. Janet Mentgen and Mary Jo Trapp-Bulbrook, *Healing Touch, Level 1 Notebook* (Lakewood, Colo.: Healing Touch, 1994), 51.
15. Jeffrey Kluger, »Mr. Natural«, *Time* 149, Nr. 19 (12. Mai 1997): 75.
16. Donal P. O'Mathuna, »Postmodern Impact: Health Care«, 63-64.
17. Das ist die Position der U.S. Equal Employment Opportunity Commission (EEOC). Siehe EEOC *Notice* N-915:022 (September 1988).
18. William T. Jarvis, »Quackery: A National Scandal«, *Clinical Chemistry,* 38 (1992): 1576.
19. Walter Williams, »Elite Nazis Have Taken Over Campuses«, *Dallas Morning News,* 20. February 1993.
20. Chuck Colson, »Science by Decree: The Trials of Dean Kenyon«, *BreakPoint,* 19. April 1994.
21. Ibid.
22. Ibid.
23. Lee Campbell, »Postmodern Impact: Science«, *The Death of Truth,* Hrsg. Dennis McCallum (Minneapolis: Bethany House, 1996), 190.
24. Fritjof Capra, *The Tao of Physics* (Boston: Shambhala, 1991), 25.

25. Dennis McCallum, »Practical Communication Ideas«, *The Death of Truth,* Hrsg. Dennis McCallum (Minneapolis: Bethany House, 1996), 267-268.
26. Lee Campbell, »Postmodern Impact: Science«, *The Death of Truth,* Hrsg. Dennis McCallum (Minneapolis: Bethany House, 1996), 192.

Kapitel 10: Toleranz und Christenheit

1. J.B. Cheaney, »But Can It Save?« *World,* 20 September 1997, 34.
2. Josh McDowell und Bob Hostetler, *Glaube ohne Werte* (Bielefeld: CLV, 1997), 21.
3. George Barna, *What America Believes: An Annual Survey of Values and Religious Views in the United States* (Ventura, Calif.: Regal Books, 1991), 85.
4. Ted Olsen, »Many College Students Do Not Probe Beliefs«, *Christianity Today* 41, Nr. 2 (3. Februar 1997): 88.
5. Gallup Poll, *PRRC Emerging Trends,* Februar 1992, 3.
6. »Nationline: New Bishop«, *USA Today,* 12. Januar 1998.
7. Persönlicher Brief von Steve Brown, 2. Juni 1997.
8. *Theology Today and Vanishing Boundaries:The Religion of Mainline Protestant Baby Boomers* (Louisville, Ky.: Westminster John Knox Press, 1993). Die hier wiedergegebene Studie konzentrierte sich auf 500 Christen aus den geburtenstarken Jahrgängen, die in 23 presbyterianischen Kirchen in den USA konfirmiert worden waren. Die Verfasser der Studie betrachteten ihr Werk als repräsentativ für liberale Denominationen; es wäre für evangelikale Denominationen weniger repräsentativ.
9. Donald A. Luidens, Dean R. Hoge, and Benton Johnson, »The Emergence of Lay Liberalism among Baby Boomers«, *Theology Today* 51, Nr. 2 (Juli 1994): 253.
10. Quoted by Michael S. Horton, *Beyond Culture Wars* (Chicago: Moody, 1994), 37.
11. Marcus J. Borg, »Faith and Scholarship«, *Bible Review,* August 1993, 9.
12. 1985 veröffentlichte diese Gruppe von 74 Gelehrten eine Zusammenfassung ihrer »Ergebnisse« unter vielem Medienrummel in *The Five Gospels: What Did Jesus Really Say?* (1993). Das Seminar erklärte, dass nur 20% der Worte, die Jesus in den Evangelien zugeschrieben werden, tatsächlich (oder sogar nur wahrscheinlich) von ihm gesprochen wurden. Eine ausgezeichnete Widerlegung der Ansichten des »Jesus Seminars« wird geboten in: *Jesus under Fire,* Michael J. Wilkins and J. P. Moreland, eds. (Grand Rapids: Zondervan, 1995).
13. Walt Russell, »What It Means to Me«, *Christianity Today* (26. Oktober 1992): 30.
14. Ibid., 31.
15. Gustav Niebuhr, »Southern Baptists Enact Curbs on Homosexuality«, *The Washington Post,* 16 June 1993.
16. Edward E. Plowman, »Methodist Rebels«, *World,* 20. Dezember 1997, 18.
17. L.B. Stammer, »Anglican Leader Visits L.A.«, *The Los Angeles Times,* 25. Mai 1996.
18. Christine Wicker, »On Religion: Youths' Questions Present Opportunity for Churches«, *The Dallas Morning News,* 8. Juli 1995.
19. Ibid.
20. Robert J. Nelson, »Tolerance, Bigotry, and the Christian Faith«, *Religion in Life* 33, Nr. 4 (Herbst 1964).
21. Harold Netland, »Exclusivism, Tolerance, and Truth«, *Evangelical Review of Theology* 12, Nr. 3 (Juli 1988): 258.
22. Wilfred Cantwell Smith, »An Attempt at Summation«, in *Christ's Lordship and Religious Pluralism,* Hrsg. Gerald H. Anderson and Thomas F. Stransky (Ann Arbor, Mich.: Books on Demand, 1981), 202.
23. Paul Knitter, *No Other Name? A Critical Survey of Christian Attitudes toward the World Religions* (Maryknoll, N.Y.: Orbis, 1985), 93.

24. Edward E. Plowman, Religion Briefs: »Canadian Rift«, *World*, 20. December 1997, 17.
25. Quoted by Michael S. Horton, *Beyond Culture Wars* (Chicago: Moody, 1994), 37.
26. Peter Tze Ming Ng, »Toward a New Agenda for Religious Education in a Multicultural Society«, *Religious Education* 88, Nr. 4 (Herbst 1993): 589.
27. Charles Strohmer, persönliches Interview mit Bob Hostetler, 20. Februar 1997.
28. Harold Netland, »Exclusivism, Tolerance, and Truth«, *Evangelical Review of Theology* 12, Nr. 3 (Juli 1988): 258.

Kapitel 11: Scheinen wie Himmelslichter

1. Great Commandment Ministry Workbook (Austin, Tex.: Intimacy, 1998), 77.
2. *Marriage in America Report,* Institute for American Values (New York, 1995).
3. *Church Youth Survey* (Richardson, Tex.: Josh McDowell Ministry, 1994).
4. »100 Things the Church Is Doing Right«, *Christianity Today* (17. November 1997): 28.
5. Steve Sjogren, *Conspiracy of Kindness* (Ann Arbor, Mich.: Servant, 1993), 20-1.
6. »100 Things the Church Is Doing Right«, *Christianity Today* (17. November 1997): 28.
7. Ibid., 29.
8. Ibid., 26.
9. Ibid., 24-25.
10. Chuck Colson, World Shapers Conference, Toronto, Canada, 1996.

Begriffserklärungen

1. Harold Netland, »Exclusivism, Tolerance, and Truth«, *Evangelical Review of Theology* 12, Nr. 3 (Juli 1988): 258.
2. Gary W. Phillips, »Evangelical Pluralism: A Singular Problem«, *Bibliotheca Sacra,* 151 (April – Juni 1994): 141.
3. Dennis McCallum, »Are We Ready?« *The Death of Truth,* Hrsg. Dennis McCallum (Minneapolis: Bethany House, 1996), 13.
4. Don Closson, »Multiculturalism«, 1.
5. Thomas A. Helmbock, »Insights on Tolerance«, *Cross and Crescent,* Sommer 1996, 2.
6. Jim Leffel, »Our Old Challenge: Modernism«, *The Death of Truth,* Hrsg. Dennis McCallum (Minneapolis: Bethany House, 1996), 20.
7. Gary W. Phillips, »Evangelical Pluralism: A Singular Problem«, 141.

Hardcover

Josh McDowell / Bob Hostetler

Handbuch Jugendseelsorge

Ein komprimierter Führer für Jugendmitarbeiter, Prediger, Eltern und Lehrer

640 Seiten
DM 39.80
ISBN 3-89397-383-4

Zusammengestellt aus mehr als 6.000 Seiten Forschungsergebnissen soll dieses Buch Sie ausrüsten, Jugendlichen zu helfen mit den wichtigsten Problemen fertig zu werden – und sie so auf dem Weg ins Erwachsenensein zu begleiten.

Dabei ist es für eine einfache Handhabung entworfen. Jedes Thema ist so gestaltet, dass Sie zu einer effektiven Analyse in fünf einfachen Schritten durch den Hilfestellungsprozess geleitet werden. Zuerst wird das Problem identifiziert, dann werden die Ursachen aufgedeckt. Es folgt eine Bestimmung der Auswirkungen und ein Gegenüberstellen der biblischen Sichtweise. Als Letztes beschreiben die Autoren die richtige Reaktion.

clv

Taschenbuch

Josh McDowell

Die Tatsache der Auferstehung

192 Seiten
DM 4.80
ISBN 3-89397-712-0

Bestätigen die historischen Fakten die Auferstehung Jesu Christi? Indizien wären zu prüfen, Zeugen zu befragen, die Hinrichtung nachzuweisen, Bestattungsvorgänge zu untersuchen. Außerdem müsste man mögliche alternative Erklärungsversuche in Betracht ziehen, um dann zu einem Urteil zu kommen. Eine akribische Detektivaufgabe.

Der Autor nahm als Skeptiker den Fall der Auferstehung unter die Lupe, um das Christentum ›ad absurdum‹ zu führen. Mittlerweile bezeugt er in Vorträgen weltweit die Glaubwürdigkeit der Bibel.

Ein evangelistisches Buch besonders für Schüler und Studenten und alle logisch-rational geprägten Menschen.